# Richard Bandlers
# Leitfaden zur
# TRANCE-formation

# Richard Bandlers Leitfaden zur TRANCE-formation

## Make Your Life Great

⌘

## Dr. Richard Bandler

Bearbeitet von Garner Thomson

BOOKMARK NLP

Bookmark NLP Uwe Böhm
Welver 2010

Titel der Originalausgabe:
Richard Bandler's Guide to TRANCE-formation - Make Your Life Great

ORIGINAL ENGLISH LANGUAGE EDITION PUBLISHED 2008 BY
HarperElement, 77-85 Fulham Palace Road, Hammersmith,
London W6 8JB, UK  –  www.harpercollins.co.uk
(ISBN 978-0-00-730198-0)


Übersetzung aus dem Englischen von Uwe Böhm unter Mitarbeit und Beratung
von Petra Lehner.

Umschlaggestaltung, Satz und Layout: MedienService Ruth Frerker, Soest


Bibliographische Information Der Deutschen Bibliothek
Die Deutsche Bibliothek verzeichnet diese Publikation in der Deutschen
Nationalbibliographie; detaillierte bibliographische Daten sind im Internet über
http://dnb.ddb.de abrufbar.
ISBN 978-3-935672-07-8

# Inhalt

## Teil II: Induktionsmuster:
**Hypnose, veränderte Zustände und wie man
einen Lern-Zustand erzeugt**

## Teil III: Utilisationsmuster
**Wie man die Werkzeuge der TRANCE-formation benutzt**

# Vorworte

⌘

Mir wurde die große Ehre zuteil, dieses Buch von Dr. Richard Bandler über Hypnose und Neurolinguistisches Programmieren bearbeiten zu dürfen. Ein oder zwei Mal im Leben kann es einem passieren, dass man einen wahrlich einflussreichen Menschen trifft, jemand, der zum Nutzen der Menschen um ihn herum das Unmögliche möglich macht. Mit der allerersten Seite, die ich vor vielen, vielen Jahren in seinem ersten Buch „Struktur der Magie I" las, erkannte ich in ihm eines dieser seltenen Individuen. Seit dem habe ich viele Jahre bei Richard gelernt und in großem Maße sowohl von seinen Seminaren als auch seiner persönlichen Zuwendung profitiert, die er uns immer mit der größten Güte, Großzügigkeit und Geduld zuteilwerden ließ.

Ich kann nicht behaupten, dass das Herausgeben seiner Aufzeichnungen eine einfache Aufgabe gewesen ist – nicht wegen eines Mangels an Material, das ich verwenden konnte (wenige Menschen auf diesem Planeten können so beständig kreativ und produktiv sein wie Richard), sondern weil die Entscheidung schwierig war, was ich weglassen sollte.

Dies ist kein endgültiges Buch der Arbeit von Dr. Bandler. Kein einzelnes Buch könnte in Aussicht stellen, das zu sein. Stattdessen ist dies eines aus einer Reihe neuer Arbeiten, die dazu geschrieben

wurden, Anfänger – mit seinen eigenen Worten – in das Neurolinguistische Programmieren und seine unendlich kreative Entwicklung
dieses und verwandter Gebiete einzuführen.

In diesem Buch kehrt Richard zu seinen Wurzeln zurück – Hypnose, veränderte Bewusstseinszustände, Trance-Arbeit – er lehnt es
ab, es eine Sache zu nennen. Seit der Zeit, als er vor fast 40 Jahren
Milton Erickson kennenlernte, ist er sehr tief gehend daran interessiert gewesen, wie die Ausrichtung von bewussten und unbewussten
Prozessen anscheinend unheilbare Krankheiten heilen, tiefsitzende
emotionale Probleme beseitigen und eine strahlende Zukunft für diejenigen schaffen kann, die bereit sind, die Arbeit anzugehen. Es hat
ihn schon immer getrieben, die Grenzen dessen zu suchen, was möglich ist – Grenzen, die er, wie er sagt, bisher nicht gefunden hat.

Die Prinzipien, Prozesse, Techniken und Übungen, über die er
hier schreibt, scheinen einfach, was aber nicht täuschen sollte. Sie
sind sehr wirksam und Richards Fähigkeit, mit scheinbarer Einfachheit, mit Humor und einer Art von entspannter Energie zu unterrichten, verbirgt hochkomplexe und anspruchsvollen Unterbauten.
Bei Richard ist niemals das, „was du siehst, das, was du bekommst".
Was du bekommst ist das, was du bekommst – und es ist immer weit
mehr, als was du wahrnimmst, das er gibt, oder was du zu erhalten
erwartest.

Dieses Buch ist in drei Hauptabschnitte unterteilt. Der erste
beschäftigt sich mit der Struktur, dem Prozess und dem Elizitieren
der Muster menschlichen Bewusstseins (wie Menschen ihre eigene
Welt schaffen und wie wir wissen können, wie jemand anderes
denkt), der zweite erforscht veränderte Bewusstseinszustände und
ihre Rolle im beschleunigten Lernen und der dritte behandelt einige
Anwendungen dieser Prinzipien, Prozesse und Techniken, um
menschliches Verhalten zu optimieren.

Die Ressourcenblätter am Ende des Buches sind vor allem für diejenigen Leser gedacht, die noch nicht mit Richards Arbeit vertraut
sind. Anstatt den Erzählfluss mit zu viel Hintergrundinformationen
zu verlangsamen, sind die relevanten Blätter im Hauptteil des
Buches markiert, sodass es dem Leser, NLP- und Hypnose-Neuling

oder erfahrener Anwender, überlassen ist, dort entsprechend seinen Bedürfnissen nachzusehen.

Zwei einzigartige Transkripte von Richards Arbeiten mit echten Klienten runden das Buch ab.

Ich bin besonders dankbar für die Hilfe und Unterstützung, die Richard mir so geduldig zukommen ließ, wodurch viele meiner eigenen Wissenslücken gefüllt wurden. Gleichzeitig unterstützte er mich sowohl beim Schreiben meines eigenen Buches „Magic in Practice" als auch bei der Gründung der Society für medizinisches NLP, die dazu geschaffen wurde, um seinen Ansatz für Heilung und Gesundheit im medizinischen Bereich zu fördern. Hunderte Ärzte und Menschen verwandter Heilberufe (und deren Patienten) haben bereits vom Training im medizinischen NLP profitiert.

Ich hoffe, Ihnen macht das Lesen von „Richard Bandlers Leitfaden zur TRANCE-formation" genauso viel Spaß wie mir das Redigieren.

*Garner Thomson*
*London, 2008*

⌘

Sie lesen diese Worte und noch wissen Sie nicht, wohin diese Einleitung Sie leiten wird. Ebenso wenig wie ich damals, als ich die ersten Worte von Dr. Richard Bandler las, wusste, welche Orte sie mir eröffnen würden und ich folgte der Idee.

Ideen sind die Stammzellen unserer Realität und in einer Stammzelle ist alles Potenzial enthalten.

Ich war 12, als ich ein Buch mit diesem faszinierenden Wort „Hypnose" in Händen hielt. Mit jedem Wort, das ich mit meiner Taschenlampe erhellte, steigerte sich meine Neugier – Wort für Wort. So experimentierte ich mit Freunden. Wir befolgten die Anleitung, indem wir die vorgegebenen Sätze mit möglichst monotoner Stimme lasen und das Pendel langsam hin und her schwangen. Einer meiner Freunde schien zu der Gruppe zu gehören, die in diesem Buch als „nicht hypnotisierbar" klassifiziert wurden, und endlich war ich an der Reihe. Ich sah das Pendel, spürte die Schwere meiner Augenlieder und die Worte verschwanden, mit jedem Wort mehr tauchte ich ein, tiefer und tiefer, mit jedem Atemzug mehr ging ich an meinen Ort, sah mein inneres Universum, ganz einfach so – so einfach ganz. Es war der Beginn einer Idee und ich ahnte das große Potenzial.

Dr. Richard Bandler zeigt Ihnen ganz neue Orte mit jedem wORT. Kleine Änderungen der WAHRnehmung, die große Potenziale eröffnen. Alles WIRKlich SINNvolle verbirgt sich ganz OFFENsichtlich.

Dr. Richard Bandler ist Meister darin, das OFFENsichtliche WAHRzuNEHMEN und dieses SINNvolle auch für andere OFFEN-

sichtlich zu machen. GENIESsen Sie diese Reise von wORT zu
wORT.

Dieses Wort Hypnose ließ mich nicht mehr los. Ich war sehr jung,
als ich einen Showhypnotiseur in einer Diskothek erlebte. Da war sie
wieder, diese Ahnung um das Potenzial. Obwohl dieser Hypnotiseur
höchst unsympathisch war, ging ich auf die Bühne. Bis zu diesem
Zeitpunkt war ich überzeugt, zur Gruppe der „Hypnotisierbaren" zu
gehören. Der Showhypnotiseur jedoch – bat mich nach 3 Minuten
mit unfreundlichem Blick, die Bühne zu verlassen. Wie froh war ich,
zur Gruppe der „nicht Hypnotisierbaren" zu gehören, als ich das
Treiben aus der Entfernung sah.

Dr. Richard Bandler entmystifiziert und es gibt 3 Arten, dieses
Buch zu lesen:

1. Wort für Wort

2. wORT für wORT

3. und vielLEICHT entDECKEN Sie auch
die TRANCEpORTwege von wORT zu wORT

Jede der 3 Arten TRANCEformiert.

Im Alter von 20 Jahren hörte ich von einer Anthropologin, die Trancezustände erforscht. Und wieder war sie da, diese Ahnung des
Potenzials. Sie erforschte Trancezustände und deren Auswirkungen
auf unsere Gehirnwellen mittels eines EEGs und in mir machte sich
Wort für Wort wieder diese Neugier breit. Trance wurde nur durch
Rasseln induziert und die Reisen in diese bunten Universen waren
wunderschön und sind mir noch heute eine wertvolle Ressource.
Doch auch in dieser Gruppe gab es sie wieder, die „nicht Hypnotisierbaren".

Erst als ich Richard Bandler kennenlernte, wusste ich, was mir
bisher zur Erfüllung des erahnten Potenzials fehlte. Richard Bandler
ist die Flexibilität in Person und der bei Weitem beste „TranceFOR-
MATeur", den ich kenne. Seine WAHRnehmungen haben weltweit
unzählige Menschen beREICHert. Er spricht nicht mit MONOtoner

Stimme. Er braucht kein Pendel. Er nutzt wORTE und den ORT zwischen den wORTEN, um neue WahlMÖGLICHkeiten zu erschaffen. Er malt mit seinen wORTEN die Orte so, dass MÖGLICHkeiten ganz einfach so – so einfach ganz für JEDEN TRANCEportiert werden können.

Ich assistierte bei einem Seminar von Richard Bandler in Edinburgh und wieder war sie da – meine Neugier, als ich dieses Elektroenzephalogramm sah und mir endlich nach so langer Zeit beim Denken zusehen durfte. Ich experimentierte einfach und ging in meiner Phantasie mit meinen eigenen Worten an spezielle Orte, sah die Gehirnwellen und Täler, die mich tiefer und tiefer tranceportierten, und wusste: Ich muss es haben, dieses EEG.

Seither habe ich unzählige Messungen in offenen und auch Businessseminaren durchgeführt. Ich rechnete mit vorwiegend Alphawellen (leichte Entspannung 8 - 13 Hz), denn die meisten Messungen wurden einfach nur beim Zuhören meines Vortrags gemacht, doch weit gefehlt: Vorherrschend war und ist Theta (eine tiefe Trance, manche sagen Hypnose dazu, 4 - 7 Hz) in Verbindung mit Gamma (30 - ... Hz u. a. zur Integration verschiedener Qualitäten eines Stimulus). Selbst bei normalen Verkaufsgesprächen ist kaum Beta (klassisches Wachbewusstsein 14 - 30 Hz) vorzufinden, sondern sowohl beim Käufer als auch beim Verkäufer vorwiegend Theta. Die Messungen mit Kindern ergaben fast ausschließlich Theta und ich weiß: Menschen lernen leichter in Trance. In „ihrer" Trance. In diesem Buch lernen Sie, „Ihre" Trance sowie Trancen für andere individuell sinnvoll zu gestalten.

Dank Richard ist mir nun klar, warum im Seminar der Anthropologin nicht alle in diese schönen Trancen, die rein akustisch induziert wurden, einsteigen konnten. Sie waren z. B. für jemand vorwiegend visuell WahrNEHMENden einfach nicht SINNvoll. Dank Richard weiß ich nun auch, dass ich keinem Hypnotiseur ausgeliefert bin – egal, ob das negative Suggestionen von Politikern, Lehrern, ... oder Showhypnotiseuren sind.

Ich weiß, dass Trance ein völlig natürlicher Zustand ist – einer, der uns schon immer zustand.

Als ich Richard einige Zeit später wiedersah, sagte er zu mir: „Deine Messungen mit dem EEG sind vergleichbar damit, zu glauben, mit einer Taschenlampe das Universum erhellen zu können!" Seine Worte erinnerten mich an diese Ahnung des Potenzials und es dauerte einige Worte, bis ich bemerkte, das Potenzial von damals war die Taschenlampe. Es hatte sich transformiert.

Unser Potenzial ist ebenso groß wie unsere Fähigkeit, es wahrzunehmen.

Niemals hätte ich auch nur im Entferntesten zu träumen gewagt, die große Ehre zu haben, für den besten Hypnotiseur der Welt, wie viele Richard Bandler nennen, dieses Vorwort schreiben zu dürfen. Meine Dankbarkeit für seine Worte ist ebenso groß, wie jedes davon mein Universum erhellte.

Diese Einleitung ist die Taschenlampe. Lassen Sie sich leiten durch dieses Buch von wORT zu wORT und folgen Sie Ihrer Idee –.

*Yvonne van Dyck*

# Einführung

⌘

Es sind vier Jahrzehnte vergangen, seit ich mein erstes Buch „Die Struktur der Magie Band I" geschrieben habe. „Die Struktur der Magie" ist ein Buch darüber, wie Sprache unbewusst von Psychotherapeuten benutzt wird.

Seit dieser Zeit habe ich unbewusstes Verhalten studiert und modelliert, nicht nur bei Psychotherapeuten, Hypnotiseuren und großartigen Kommunikatoren, sondern auch bei Sportexperten und in vielen anderen Sparten sowie bei Menschen, die tief greifende Veränderungen in ihrem Leben vollzogen haben, mit oder ohne Psychotherapeut – Menschen, die großartige Lerner, großartige Erfinder, großartige Erneuerer waren.

Seit vielen Jahren entwickele ich als Modellierer solcher Menschen Verhaltenstechniken mit dem Ziel, anderen zu helfen, Probleme zu lösen und Ziele zu erreichen – selbst in vielen Fällen sehr, sehr erfolgreich, in denen andere „Experten" nicht helfen konnten.

Dieses Buch beinhaltet ein wenig von den alten Sachen, die ich gemacht habe, Muster, die ich in meinen Büchern beschrieb, eingeschlossen „Therapie in Trance", „Neue Wege zur Kurzzeittherapie" und „Die Struktur der Magie". Ich finde, viele dieser Dinge sind immer noch nützlich. Sie haben damals funktioniert und sie funktionieren heute, also biete ich sie Dir in der Hoffnung an, dass Du von den Jahren an Erfahrung profitieren kannst, die ich habe.

Ich möchte klarstellen, dass es einen sehr entscheidenden Unterschied zwischen meiner Arbeit und Psychotherapie gibt. Menschen, die mich kennen, wissen, dass ich die Bezeichnung „Therapeut" immer abgelehnt habe. Der Grund dafür liegt darin, dass die meisten Therapeuten erforschten, was schief lief, und versuchten, den Klienten dies verstehen zu lassen, sodass er sich bessern konnte. Diese Leute glaubten, dass „Einsicht" in das Problem der magische Schlüssel zur Veränderung war. Allerdings schien jahrelange Psychoanalyse nicht viel mehr zu erreichen, als Menschen Gründe zu geben, in ihren alten Verhaltensmustern weiter festzustecken, oder diese sogar zu verstärken, indem die alten Probleme fortwährend wieder erlebt wurden.

Es gab andere Psychologen, die ihre Patienten „konditionieren" wollten, weg vom alten Verhalten, hin zu etwas, was sie für gutes Verhalten hielten. Dann betrachteten natürlich noch Psychiater die Medikation in der Psychologie als einen enormen Fortschritt. Jetzt konnten sie Menschen Arzneimittel verabreichen, sodass sie nicht zwangsläufig gesünder wurden, aber ihre Probleme schienen sie nicht so sehr zu stören.

Andere glaubten trotzdem an eine vollkommen mechanische Herangehensweise an das Gehirn und seine Funktionen. Sie betrachteten es als kaputt oder als nicht funktionstüchtige Maschine, die der physischen Überholung bedurfte. Ich traf einmal einen Neurochirurgen, der mir erklärte, dass er nicht glaube, dass es auch nur ein einziges psychologisches Problem gäbe, das nicht mit dem Einsatz „eines kleines kalten Stück Stahls" gelöst werden könne. Er war ein Experte auf dem Gebiet der Frontal-Lobotomien – Operationen, bei denen Teile der präfrontalen Hirnrinde entfernt werden. Es stimmt, dass Menschen danach aufhörten, depressiv oder ängstlich zu sein, aber sie trotteten dann umher wie Schafe. Ich fragte ihn, warum er und seine Kollegen am Stirnlappen aufhörten. Warum entfernten sie nicht das ganze Gehirn, dann würde er jedes Problem lösen, das man je gehabt habe.

Seitdem hat sich vieles bewegt. Es werden nicht mehr so viele Frontal-Lobotomien durchgeführt. Sie müssen nicht sein. Es stehen ihnen zunehmend wirkungsvolle Medikamente zur Verfügung. Wenn Menschen aus dem Ruder laufen, können sie ihnen einfach mit der chemischen Keule eins über den Schädel ziehen.

Ich interessierte mich wiederum nie für das Problem der Klienten als solchem. Ich wollte sie auch nicht einfach reparieren und wegschicken. Ich wollte ihnen beibringen, wie sie dieses und andere Probleme lösen konnten, die ihnen vielleicht begegnen würden, wenn sie mein Büro verlassen hatten. Als ich dann wusste, wie das geht, wollte ich die gleiche Art Grundlage für andere Menschen in den „helfenden Berufen" legen, nicht nur für Therapeuten, sondern für jeden, der von Berufswegen andere in etwas unterrichtet. Ich wollte, dass sie verstehen, dass Menschen nicht zwingend für den Rest ihres Lebens verwirrt oder gebrochen waren oder feststeckten und nicht wie behindert behandelt werden mussten, sondern einfach noch keine anderen Wahlmöglichkeiten hatten außer denen, die ihre Probleme verursachten.

Deswegen glaube ich an den menschlichen Lernprozess. Menschen lernen automatisch. Wir lernen mühelos eine Sprache, weil wir mit den entsprechenden Verdrahtungen bereits geboren werden, die es uns erlauben, uns die Mittel zur Kommunikation mit anderen unserer Spezies anzueignen. Wir sind mächtige Sprachlernmaschinen. Wir sind aber auch Verhaltenslernmaschinen.

Einige Verhaltensweisen, die wir lernen, entpuppen sich als schlechte Gewohnheiten und einige entwickeln sich zu wirklich guten Angewohnheiten. Aber die Tatsache, dass wir all dies lernen, bedeutet, dass wir etwas anderes lernen können, etwas, das nützlicher ist, und etwas, das schneller und besser funktioniert.

Wir wissen heute, dass es keine lange Zeit und schwere Arbeit benötigt. Tatsache ist, dass Menschen am besten lernen, wenn sie schnell lernen und wenn sie lernen, Dinge unbewusst zu tun, sodass das Verhalten automatisch ist.

Wann immer wir etwas Neues lernen, fühlt sich das natürlich zunächst unangenehm an. Wir gewöhnen uns aber sehr schnell an Verhaltensweisen, die wir fortwährend üben. Wenn wir anfangen, Fahrradfahren zu lernen, gibt es die Balance, das Lenken und das

Treten der Pedale, an das wir denken müssen, alles auf einmal – und es scheint erst einmal unmöglich.

Aber dann gibt es einen magischen Moment, wenn sich alles zusammenfügt, und zwar für den Rest unseres Lebens. Und wir können immer wieder die Pedale treten und lenken, auch wenn wir jahrelang nicht Fahrrad gefahren sind.

Als Optimist ist meine Hoffnung, dass alles in diesem Buch noch mehr bringen wird. Die Leute sagen oft, dass ein Optimist jemand ist, der ein Glas als halb voll betrachtet. Ein wahrer Optimist schaut aber über das Glas hinaus. Wir richten unseren Blick darauf, wo die Flüssigkeit herkommt und wie sie dorthin kommt, wo sie ist. Wir schauen uns die Art von Behältnissen an, in die sie gefüllt werden kann und wie wir sie von hier nach dort bewegen können. Wir betrachten all die Möglichkeiten. Dann beginnen wir zu verstehen, dass wir nicht einfach nur das Glas, sondern Gefäße aller Arten mit verschiedenen Flüssigkeiten füllen und sie über die ganze Welt verbreiten können. Mit anderen Worten, wir suchen nach dem, was wir anderswo auf andere Art benutzen können, sodass wir anfangen können, alle möglichen Arten von Dingen zu tun, die noch nie zuvor gemacht wurden.

Das ist es, was erfolgreiche und kreative Menschen von Natur aus tun. Menschen, die im Beruf erfolgreich sind – vielmehr: Menschen, die auf irgendeinem Gebiet erfolgreich sind – schauen nicht nur auf Kurzfristiges, auf das unmittelbare Problem oder die Herausforderung. Sie schauen sich nicht einfach an, was „ist". Sie blicken weiter, wie es zu dem wurde, was es ist, und wie sie es besser machen können. Sie benutzen also diese Prinzipien, um viele weitere Probleme zu lösen und viele weitere neue Dinge für so viele Menschen wie möglich zu schaffen.

Es ist jetzt also an der Zeit, eine neue Art von Fahrradfahren zu lernen, ein Fahrrad, bei dem es um persönliche Freiheit geht. Ich habe schon immer gerne gesagt, dass die Ketten der Freiheit nur in der Vorstellung der Menschen existieren. Deine Ängste, deine Zweifel, deine Wirren, deine Gewohnheiten und Zwänge sind alles Nebenprodukte dessen, *wie* du denkst. – Und wie du denkst, bestimmt, wie du dich fühlst und dich verhältst und dein Leben führst.

Es ist nicht so, dass Höhe oder Spinnen oder das Kennenlernen neuer Leute dir Angst einjagen; es ist so, dass du gelernt hast, *wie* du Höhenangst, Angst vor Spinnen oder neuen Leuten empfindest. Wir wissen, dass Babys nur zwei angeborene Ängste haben: die Angst vorm freien Fall und die Angst vor lauten Geräuschen. All unsere anderen Ängste sind erlernt. Wenn du also gelernt hast, Angst zu haben, kannst du demzufolge lernen, keine Angst zu haben. Wenn du gelernt hast, etwas auf eine Art zu tun, kannst du lernen, wie du es vollkommen anders und besser machst. Lernen ist der Weg zu persönlicher Freiheit. Hypnose und NLP sind Werkzeuge, dies leicht zu machen und Spaß daran zu haben.

*Dr. Richard Bandler*

# Teil I

## Prozess- und Elizitationsmuster

Wie Menschen ihre Realität schaffen
und wie wir dies wissen können

⌘

# 1.

# Muster, Lernen und Veränderung:

## Wie du Kontrolle
## über dein Gehirn übernimmst

⌘

Ich habe viele Bücher geschrieben und zu zig hunderttausend Menschen über Hypnose und NLP gesprochen – und die Leute sind immer noch in Bezug auf die Gemeinsamkeiten und Unterschiede zwischen den Beiden verwirrt. Mit diesem Buch hoffe ich, zu einem besseren Verständnis beizutragen. Mein Standpunkt ist folgender: Bis zu einem gewissen Grade ist alles Hypnose. Menschen sind nicht einfach in Trance oder nicht, sondern bewegen sich von einer Trance in die nächste. Sie haben ihre Arbeitstrance-Zustände, ihre Beziehungstrancen, ihre Autofahrtrancen, die Elterntrancen und eine ganze Sammlung von Problemtrancen.

Eine Charakteristik der Trance ist, dass sie Muster aufweist. Sie wiederholt sich oder ist gewohnheitsmäßig. Das ist auch der Weg, wie wir lernen.

Nachdem wir geboren sind, müssen wir uns soviel Wissen und Kenntnisse aneignen – alles, angefangen vom Laufen, Sprechen und selbstständigen Essen bis hin zum Fällen von Entscheidungen darüber, was wir mit dem Rest unseres Lebens anfangen wollen – unser Gehirn ist also schnell darin, zu lernen, wie sich Verhalten automatisieren lässt. Das bedeutet natürlich nicht, dass es immer die „richtige" Verhaltensweise zu automatisieren lernt. Sehr oft lernt es Dinge auf eine Art und Weise zu tun, die uns unglücklich macht und sogar krank.

Wir lernen durch Wiederholung. Wenn wir etwas oft genug tun, erhält es seinen eigenen neuronalen Pfad im Gehirn. Jedes Neuron lernt, sich mit dem nächsten in der Reihe zu verbinden und zu feuern, und das Verhalten wird „festgelegt".

*Schlafen und Träumen sind wichtige Teile des Lernprozesses.*

Freud hielt Träume lediglich für „Wunscherfüllung" – und vielleicht waren sie es für ihn. Ich jedoch betrachte Träumen als unbewusste Probeaufführung. Wenn ich etwas tue, das ich nie zuvor getan habe, neige ich dazu, nach Hause zu gehen, zu schlafen und es die ganze Nacht hindurch zu tun. Dies ist eine der Funktionen von REM-Schlaf (Rapid Eye Movement: Schnelle Augenbewegungen, Zeichen von Traumschlaf, Anm. d. Übers.). REM-Schlaf ist die Art, wie das Unbewusstsein die Erlebnisse des Tages verarbeitet. Es ist buchstäblich wiederholtes Üben, um das neu Erlernte auf der neurologischen Ebene in Muster zu gießen. Es ist extrem wichtig, dass es qualitativ gute Informationen und qualitativ gutes Material zum Lernen hat. Wenn es nicht irgendetwas Bestimmtes zum Arbeiten bekommt, verarbeitet es Unsinn.

Wenn wir planen, die Kontrolle über unser Lernen zu übernehmen, müssen wir verstehen, dass nicht nur die Wiederholung von Wichtigkeit ist, sondern auch die Geschwindigkeit. Das Gehirn ist darauf ausgelegt, Muster zu erkennen, und die Muster müssen zügig genug präsentiert werden, damit es sie als das erkennen kann, was sie sind.

Die meisten Menschen haben eine Reihe von Strichfiguren auf die Ränder ihrer Schulbücher gemalt und sie dann durchgeblättert, um es so aussehen zu lassen, als ob sich die Figur bewegt. Du weißt, dass auf jeder Seite ein statisches Bild ist, aber das Gehirn wird ein Muster finden – in diesem Fall Bewegung – wenn man es schnell genug ablaufen lässt.

Wir würden keine Freude an Filmen haben, wenn das nicht so wäre. Wir würden die Geschichte niemals verstehen können, wenn wir nur ein Bild des Films pro Tag sähen.

Wenn wir also träumen, lassen wir Dinge ablaufen, um sie zu lernen, und wir tun es nicht in Echtzeit. Die „innere" Zeit unterscheidet sich von der Geschwindigkeit einer Uhr, indem wir sie dehnen oder raffen können. Wir lernen mit außergewöhnlicher Geschwindigkeit – wir können vielleicht die Arbeit von 8 Stunden in 5 Minuten erledigen, bevor wir aufwachen. Schlafforscher unterstützen diese Idee. Bei Probanden, die von extrem langen und komplexen Träumen berichteten, wurde durch neurale Messungen festgestellt, dass sie dazu nur Minuten oder sogar nur Sekunden geträumt hatten.

Schlaf ist daher einer der Wege, wie wir uns programmieren und umprogrammieren. Wenn du deine eigene Fähigkeit anzweifelst, dies zu tun, probiere heute Nacht folgendes aus:

Während du dich hinlegst, um zu schlafen, schau auf die Uhr und sag dir selbst mehrmals sehr bestimmt, dass du zu einer bestimmten Uhrzeit aufwachen wirst. Stelle den Wecker, wenn du willst, aber du wirst ein oder zwei Sekunden vor dem Läuten aufwachen.

Dies ist etwas, was mir in mehreren unterschiedlichen Kulturen begegnet ist. Einige Menschen schlagen so viele Male wie die Uhrzeit, um die sie aufstehen wollen, mit ihrem Kopf sanft gegen das Kopfkissen. Andere klopfen sich an den Kopf oder auf den Unterarm, um ihr Aufwachen „einzustellen". Auf welche Weise es auch gemacht wird, das Prinzip ist das gleiche; irgendwie „weißt" du, dass du eine innere Uhr hast, die du einstellen kannst, indem du ein bestimmtes Ritual ausführst. Und egal, wie tief du schläfst, sie wird dich so wirkungsvoll aufwecken wie irgendein Wecker.

Wenn wir uns also selbst programmieren können, eine kleine Sache zu tun, nämlich ohne Wecker aufzuwachen, können wir unser Gehirn programmieren, viele Dinge zu tun. Wir können entscheiden, in den Supermarkt zu gehen. Vielleicht brauchen wir Brot und Milch und Erdnusscreme und ein paar Packungen Saft. Wir können 5 Kilometer bis zum Supermarkt fahren, an tausend Produkten vorbeilaufen, uns vielleicht mit jemandem am Handy unterhalten und uns immer noch an Saft, Erdnusscreme, Milch und Brot erinnern.

Akademiker fordern mich manchmal zu etwas auf, das sie „wissenschaftlichen Beweis" nennen. Sie wollen die Theorie hinter dem, was ich tue, wissen. Sie wollen, dass ich sie erkläre, bevorzugt mit den passenden Quellenbezügen aus der Forschung. Mich haben sogar Leute angerufen, die die „korrekten" Quellenangaben für Dinge wissen wollten, die ich mir ausgedacht habe. So wie ich es sehe, ist es aber nicht meine Aufgabe, alles an der Arbeitsweise des Gehirns zu beweisen oder zu verstehen. Es interessiert mich auch nicht besonders, warum etwas funktionieren sollte. Ich möchte nur wissen, *wie*, sodass ich Menschen helfen kann, darauf einzuwirken und zu beeinflussen, was immer sie verändern wollen.

Die Wahrheit ist, sobald wir wissen, wie etwas gemacht wird, wird es einfach, es zu verändern. Das liegt daran, dass wir sehr programmierbare Wesen sind – so unpopulär diese Idee auch immer noch in einigen Bereichen ist.

Als ich anfing, den Begriff „Programmieren" zu benutzen, wurden die Leute wirklich ärgerlich. Sie sagten Dinge wie: „Du sagst, wir seien wie Maschinen. Wir sind menschliche Wesen, keine Roboter."

Tatsächlich war das, was ich sagte, genau das Gegenteil. Wir sind die einzige Maschine, die sich selbst programmieren kann. Dies befähigt uns zum „Meta-Programmieren" – und das bedeutet, dass wir Programme erstellen können, die von selbst ablaufen, bewusst entwickelte, automatisierte Programme, die sich um langweilige, banale Aufgaben kümmern, wodurch unser Bewusstsein Freiraum erhält, andere, interessantere und kreativere Dinge zu tun.

Gleichzeitig, wenn wir etwas automatisch tun, das wir nicht tun sollten – ob es sich um zu viel essen handelt, Rauchen, Angst vor Fahrstühlen oder der Welt da draußen, depressiv zu werden oder, wie es in der Bibel heißt, die Frau des Nachbarn zu begehren – dann können wir uns selbst darauf programmieren, uns zu verändern. Das hat dann nichts mit einem Roboter zu tun, das ist der Punkt, an dem ein Geist frei wird.

Für mich ist die Definition von Freiheit, fähig zu sein, unser Bewusstsein zu nutzen, um unsere unbewussten Handlungen zu steuern. Das Unbewusstsein ist immens mächtig, benötigt aber eine Richtung. Wenn du ihm die Entscheidung überlässt, was es tut, wirst du geistig verkrüppelt enden. Du wirst nach jedem Strohhalm greifen – und merken, dass es gar keine gibt.

# 2.

# Mehr von dem tun, was funktioniert

## Das Geheimnis müheloser Veränderung

⌘

Virginia Satir, die Familientherapeutin, sagte einmal etwas, das mir über viele Jahre im Gedächtnis geblieben ist. Sie sagte: „Weißt du, Richard, die meisten Leute glauben, dass der Wille, zu überleben, der stärkste menschliche Instinkt ist, aber das stimmt nicht. Der stärkste Instinkt ist, Dinge vertraut bleiben zu lassen."

Es stellte sich heraus, dass sie Recht hatte. Ich kenne Leute, die bereit waren, sich umzubringen, weil sie nicht der Tatsache ins Auge sehen konnten, ohne ihren Partner zu leben, der gestorben war oder der sie wegen jemand anderem verlassen hatte. Alleine bei dem Gedanken daran, wie die Dinge anders sein könnten, überwältigte sie die Angst.

Es gibt einen Grund dafür. Einer der Wege, wie wir Modelle der Welt entwickeln, ist durch Generalisierung. Wir überleben und kommen voran, indem wir uns Dinge vertraut machen. Aber wir schaffen uns auch Probleme.

Jeden Tag siehst du neue Türen, aber, auf einer praktischen Ebene, weißt du immer noch, dass es einfach eine Tür ist. Du musst nicht mehr herausfinden, was das ist und wie man es öffnet. Du schüttelst tausenden Menschen die Hand und selbst wenn es jedes Mal eine vollkommen neue Hand ist, ist es keine neue Begebenheit, denn irgendwie hast du daraus „das Gleiche" gemacht. Es ist in dem Bereich deines Gehirns abgespeichert, der „Hände schütteln" heißt.

Wenn du jedoch in Länder, wie zum Beispiel Japan, fährst, wo Traditionen anders sind, und du streckst deine Hand aus und jemand verbeugt sich stattdessen vor dir, lässt es das Muster komplett in die Brüche gehen. Du musst wieder zurück zu deinen Sinneswahrnehmungen kommen, um herauszufinden, wie man sich in dieser neuen Situation verhält.

Aber das ist die Art, wie es funktionieren soll. Wenn wir wirklich genau denken, machen wir uns alles vertraut, bis es nicht mehr funktioniert. Dann überprüfen wir es und ändern die Art, wie wir denken.

Manchmal machen wir uns jedoch etwas vertraut und wir bleiben dabei, selbst wenn es nicht mehr funktioniert, und da fängt es an, unser Leben zu stören. Statt die Situation neu zu definieren und sich ein neues Verhalten einfallen zu lassen, machen wir in gleichem Stil weiter – nur mit mehr Anstrengung!

Populärpsychologen reden von der „Komfort-Zone", wenngleich sie es treffender „Vertrautheits-Zone" nennen sollten. Menschen verharren in Situationen, die extrem unangenehm sind, einfach nur, weil sie sich daran gewöhnt haben. Sie sind sich nicht bewusst, dass sie Wahlmöglichkeiten haben, oder die Möglichkeiten, die sie sich selbst vorstellen, sind so Furcht einflößend – wie zum Beispiel für den Rest ihres Lebens alleine zu sein, weil sie einen gewalttätigen Partner verlassen haben –, dass sie sich weigern, Veränderungen anzugehen.

Jahrelang haben Psychologen Ratten gequält, indem sie sie Dinge tun ließen, wie zum Beispiel für ein Stück Käse durch ein Labyrinth zu laufen. Das Interessante an diesen Experimenten ist, dass, wenn die Wissenschaftler den Ort, wo der Käse lag, änderten, die Ratten den gleichen Weg nur drei oder vier Mal probierten, bevor sie anfingen, andere mögliche Routen zu erkunden. Wenn die Ratten jedoch durch Menschen ersetzt wurden, machten diese einfach immer weiter und weiter, in der Hoffnung, dass sie das gewünschte Ergebnis erzielten, indem sie das Gleiche einfach oft genug taten.

Abgesehen davon, dass Ratten schlauer als Menschen sind, zeigen diese Experimente uns, dass Leute oft bei ihren Gewohnheiten bleiben, bis sie gezwungen sind, etwas zu ändern – oder zu sterben, um diese Veränderung zu vermeiden.

All die Arbeit, die ich einsetze, um Veränderungen zu erreichen, basiert auf einem einzigen wichtigen Prinzip. Ich gehe hinein und finde heraus, was funktioniert und was nicht funktioniert. Ich schneide ab, was nicht funktioniert, und ersetze diese Bereiche mit neuen Bewusstseinszuständen, die besser funktionieren. So einfach ist das.

Aus meiner Sicht gibt es drei Schritte, um bleibende Veränderung zu erreichen: Erstens müssen Menschen es satt haben, ein Problem zu haben, sodass sie die Entscheidung treffen, sich wirklich verändern zu wollen. Dann müssen sie ihr Problem irgendwie aus einer neuen Perspektive oder in einem neuen Licht sehen und schließlich müssen neue und anziehende Möglichkeiten gefunden oder geschaffen und verfolgt werden. Wie Virginia auch sagte, wenn Menschen Wahlmöglichkeiten haben, werden sie die beste auswählen. Das Problem ist, dass sie oft keine Wahlmöglichkeiten haben.

Hier ist dann der Punkt, wo Hypnose sich als solch ein wertvolles Werkzeug erweist. Per definitionem müssen wir unseren Bewusstseinszustand verändern, um etwas Neues zu tun. Hypnose unterstützt dies nicht nur, sondern erlaubt uns, den Einfluss vergangener Erlebnisse zu minimieren oder zu entfernen und an ihrer Stelle neuere, nützlichere und passendere Zustände zu schaffen und zu installieren. Mit Hypnose können wir Menschen helfen, Wahlmöglichkeiten zu entdecken und zu erkunden. Und da Zeitverzerrung ein Charakteristikum des Phänomens ist, das wir „Trance" nennen, genauso wie es das von Träumen ist, können wir dies sehr schnell tun. Das Lernwerkzeug veränderter Zustände erlaubt es uns, Klienten in einem Bruchteil der Zeit, die sie im normalen Wachzustand brauchen würden, mit neuen Erfahrungen vertraut zu machen.

Damit dies passiert, müssen wir auf irgendeine Art die Wirkung vergangener, negativer Erfahrungen auf den Klienten verringern, um Platz für neue und nützlichere Wege zu schaffen, sich selbst und seine Umwelt zu erleben. Die Art, wie ich arbeite (und die Techniken, die in diesem Buch beschrieben werden), erlaubt der Person, die Gefangene ihrer Vergangenheit war, Raum für Veränderung zu schaffen.

Einige Muster in diesem Buch erreichen dies, indem Menschen ihre Vergangenheit auf eine neue Art „wiedererleben", während andere dazu führen, dass sie die Vergangenheit anschauen können und sie sich nicht mehr wirklich so anfühlt, als sei sie ein Teil von ihnen.

Um aber auch nur eines davon wirklich kreativ zu tun, müssen wir sowohl verstehen, wie Menschen ihre Repräsentation der Welt erzeugen, als auch, wie wir ihnen helfen können, neue und ressourcenvollere Alternativen zu schaffen. „Warum" sie sich so verhalten, wie sie es tun, ist weit weniger wichtig, als *was* sie tun, um ihre Problemzustände zu generieren, und *wie* sie diese aufrechterhalten. Wenn wir das wissen, gibt es selbst für das „unmöglichste" Problem eine Lösung.

Als ich anfing, fragte ich einige mir bekannte Psychiater, was sie für die schwierigsten Probleme hielten, mit denen sie sich beschäftigen mussten. Ohne zu zögern antworteten die meisten: „Phobien!"

Das ist leicht verständlich. Phobiker haben ihre phobische Reaktion immer – und immer unmittelbar. Sie vergessen sie nie.

Menschen beschreiben sich oft als „Phobiker", wenn sie in Wirklichkeit an einer Art von Angststörung leiden. Ängstliche Menschen müssen auf ihren Angstanfall hinarbeiten, Phobiker nicht. Sie sehen einen Fahrstuhl, oder denken auch nur daran, und legen sofort los: „Aaahhhh!" Sie machen nie eine Ausnahme.

Phobien können entweder erlernt sein, will heißen, von den Eltern oder einem Betreuer, oder durch ein emotional überwältigendes Ereignis in Sekunden angeeignet sein. Phobien sind eine anschauliche Demonstration der Fähigkeit des Gehirns, etwas wirklich schnell zu lernen – in diesem Fall in einem einzigen Durchgang.

Das faszinierte mich aus mehreren Gründen. Ich war nicht nur bereit, die Herausforderung anzunehmen, das „Unmögliche" zu tun, sondern ich wusste auch, wie nützlich es ist, wenn Menschen lernen, die Fähigkeit des Gehirns zu nutzen, sich schnell und leicht nützlichere Reaktionen anzueignen. Denk daran, wie anders das Leben von jemandem wäre, wenn er sich jedes Mal beim Anblick seines Partners sofort und vollkommen überglücklich fühlte – und umgekehrt.

Obwohl Menschen oft durch ihre Phobien behindert werden, sind sie immer unglaublich kreativ und engagiert, sie zu haben. Sie brauchen einen einzigen Auslöser zu erleben, um komplexe Entscheidungen zu treffen und Reaktionen in kürzerer Zeit zu zeigen, als nötig wäre, sie zu beschreiben. Wenn sie Höhenangst haben, wissen sie genau, was „hoch" ist, um die Reaktion zu zeigen.

Eine der bizarrsten Höhenphobien, die mir begegnet sind, war in Michigan. Ich fragte 300 Leute, ob irgendjemand eine wirklich ausgefallene Phobie habe, und ein sehr vornehmer Herr, etwa 50 Jahre alt, hob seine Hand und sagte: „Ich habe Höhenangst."

Das schien nicht besonders ausgefallen, aber als ich ihn auf die Bühne bat, die nur einen Meter hoch war, wurde er bleich und erwiderte: „Nein."

Ich streckte meine Hand aus und sagte: „Treten Sie nur auf die erste Treppenstufe", aber er machte einen Schritt rückwärts und seine Knie wurden weich. Für mich ist das eine echte, verdammt gute Phobie. Also stieg ich runter vor das Publikum, drehte ihn um, ließ ihn die Phobie-Heilungstechnik durchlaufen (siehe Kapitel 16) und fragte ihn dann, was sein Broterwerb sei.

Er sagte: „Ich bin Pilot bei einer Fluglinie." Es muss etwas in meinem Gesichtsausdruck gewesen sein, denn er fuhr fort: „Ich weiß was Sie denken, aber wenn Sie erst einmal im Flugzeug sind, ist es nicht das Gleiche." Er erklärte, dass ihm das Erklimmen einer Treppe unmöglich sei. Er könne nur Flugzeuge fliegen, wie zum Beispiel eine 747, die über eine Rampe zugänglich sind. Er erzählte, dass er, als er in der Air Force war, seine Augen schließen musste und dann rückwärts ins Cockpit gehoben wurde. Sobald er in der F16 saß, ging es ihm gut. Er konnte keine Leiter benutzen, um ins Cockpit zu klettern, vermochte aber mit doppelter Schallgeschwindigkeit zu fliegen und Napalm über Vietnam abzuwerfen, ohne sich darüber Gedanken zu machen.

Sein Problem hatte damit zu tun, wie er in seinem Kopf unterschied, wie hoch „hoch" war. Es hatte nichts damit zu tun, sich aufwärts zu bewegen. Es hing vollkommen vom Hinunterschauen ab. Sobald er hoch genug war, war er in Ordnung. Er sagte mir sogar: „Wenn ich in einen Fahrstuhl steige und ich fahre in die achte oder neunte Etage, kann ich aus dem Fenster schauen, oder von einem Balkon, und es geht mir gut. Wenn ich aber in der ersten Etage aussteige, habe ich ein Problem."

Sobald er in einem von diesen gläsernen Aufzügen war, konnte er nicht nach draußen schauen. Es war ihm nicht möglich, auf der ersten Etage herumzulaufen und hinauszublicken, aber wenn sein Zimmer auf der sechzehnten Etage war, fühlte er sich ziemlich sicher. Er musste nur mit dem Rücken zum Glas stehen und die Tür oder die Wand anstarren, während er zu seinem Zimmer hochfuhr.

Wie er seine Phobie in einem solch feinen Grade entwickeln konnte, ist wahrscheinlich alles in allem sehr kompliziert, aber es spielt nicht wirklich eine Rolle. Entscheidend ist, dass er einen Unterschied darin machte, dass er, wenn er sich auf einer bestimmten Höhe befand, fallen könnte, aber wenn es viel höher war, er sich sicher fühlte. Sobald er hoch genug war, hörte die Phobie schlicht und einfach auf zu funktionieren.

Irgendwo in seinem Kopf war ein Startpunkt und ein Punkt, an dem es aufhörte – beide sehr speziell und beide funktionierten vollständig außerhalb seiner bewussten Wahrnehmung. Sein Startpunkt für eine Höhenphobie war der niedrigste, den ich je gesehen habe.

Als er die Air Force verließ und ziviler Flugpilot wurde, hatte er kein Problem damit, Menschen in Jumbojets herumzufliegen, aber er konnte keine einzige Stufe hinaufsteigen. Natürlich tat ich alles, um ihn so schnell wie möglich wieder herzustellen. Ich möchte keine verrückten Leute im Cockpit eines Flugzeugs haben, in dem ich sitze. Ich möchte Menschen, die absolut unerschütterlich sind, mit außerordentlich genauer Sinneswahrnehmung, sodass sie exakt wissen, wo echte Gefahr beginnt und endet.

Interessanterweise enthalten Phobien oft einen Sinn. Menschen werden gewöhnlich phobisch in Bezug auf etwas, das ihnen unter gewissen Umständen tatsächlich schaden könnte. Wenn Menschen zu mir kommen und sagen: „Ich möchte absolut keine Angst mehr in der Gegenwart von Spinnen haben" oder „Ich möchte Höhe nicht mehr als störend empfinden, egal, wie hoch ich steige", lasse ich sie deswegen immer einen Schritt zurücktreten und einen realistischen Blick auf das werfen, worum sie bitten. In einigen Ländern, wie zum Beispiel Australien oder in Afrika, wäre es äußerst dumm, keine Angst vor Spinnen zu haben. Einige Spinnen sind extrem giftig. Genauso brauchte ein Mann mit einer Höhenphobie, der mir sagte, dass er angstfrei auf dem Geländer eines Balkons im 4. Stock tanzen können wolle, eine Realitätsprüfung.

Das Resultat einer Phobie-Heilung sollte immer die Tatsache respektieren, dass ein Teil des Gehirns der Person tatsächlich sehr effizient funktionierte, um ihr beim Umgehen von Gefahren zu helfen. Das wirkliche Problem ist, dass es überreagiert. Es braucht eine neue Sichtweise, um sich verändern zu können.

Zu der Zeit, als ich anfing, Phobien zu untersuchen, stritten sich alle über den „richtigen Ansatz" zur Psychotherapie. Es gab dutzende, wenn nicht hunderte verschiedener Schulen in der Psychologie, die alle darum stritten, wer Recht hatte. Interessant daran war, dass keine von ihnen erfolgreich war. Niemand war tatsächlich in der Lage, jemanden von diesen Problemen zu heilen. Mir erschien das besonders idiotisch bei einem Haufen von Leuten, die etwas nicht konnten und darüber stritten, wer den besten Weg hatte, es nicht zu schaffen.

Diese Therapeuten waren durch ihre eigenen unbewussten Muster beschränkt und das verurteilte sie dazu, zu scheitern. Sie konzentrierten sich alle auf den *Inhalt* der Erfahrung des Klienten – das „Warum" –, um herauszubekommen, was falsch lief, und Wege zu finden, dies zu reparieren. Sie achteten zu sehr darauf, zu versuchen, das, was ihre Klienten *sagten*, zu interpretieren, und nahmen nicht wahr, was diese *taten*.

Ich ging anders heran. Ich gab eine Anzeige in der Zeitung auf, für Menschen, die Phobien gehabt und diese überwunden hatten. Ich bot ihnen gegen Bezahlung an, sich mit mir zusammenzusetzen und von ihren Erfahrungen zu erzählen. Ich erwartete wirklich nicht mehr als ein paar, aber es stellte sich heraus, dass es viele, viele ehemalige Phobiker gab, denen es Spaß machte, über sich zu reden.

Sie erzählten mir alle mehr oder weniger die gleiche Geschichte. Sie berichteten z. B.: „Eines Tages hatte ich einfach genug. Ich sagte mir: ‚Jetzt reichts! Nie wieder!‘" Dann sagten sie alle: „Ich blickte auf mich selbst und auf einmal sah ich, wie dumm es war, mich so zu benehmen, wie ich es tat, und ich fing an zu lachen ..." Und dann veränderten sie sich.

Das ist es, was ich feststellte: Wenn sie sich veränderten, schalteten sie darauf um, sich selbst zu *sehen*, wie sie das Verhalten zeigten. Diese Menschen, die ihre Phobien loswurden, dachten nicht mehr länger so an die Erfahrung, als sähen sie sie mit ihren eigenen Augen, sondern riefen sie sich von einer anderen Perspektive aus ins Gedächtnis – aus der eines Beobachters. Egal, wie Angst einflößend die Phobie gewesen war, sie hatte keine derartige Wirkung mehr auf sie, als sie diese losgelöste oder „objektive" Sichtweise einnahmen. Versehentlich entdeckten sie, wie man sich von einer Problemerfahrung „dissoziiert".

Andererseits sahen die Menschen, die immer noch ihre Phobie hatten, Spinnen oder Flugzeuge oder Fahrstühle, *als ob sie tatsächlich darin wären*. Da sie den Gedanken vom Standpunkt, in der Erfahrung drin zu sein, repräsentierten, reagierte ein Teil ihres Gehirns darauf, als ob das Erlebnis tatsächlich stattfände und stürzte sie noch tiefer in einen Zustand der Panik.

Obwohl jeder von ihnen eine andere Geschichte über seine besondere Phobie zu erzählen hatte, bestand der einzige Unterschied, den ich erkennen konnte, in der Art und Weise, wie sie die Erfahrung ihrer Phobien für sich *repräsentierten*. Also ließ ich es einige Leute mit Phobien ausprobieren. Ich ließ sie aus ihrem Körper „heraustreten" und ihre Reaktionen beobachten, als ob sie in der anderen Ecke des Raumes wären. Und es funktionierte. Sie wurden ihre Phobien wirklich schnell los. Ihr Gehirn schaltete einfach die Art um, wie sie ihre Situation wahrnahmen, und ihr Problem löste sich in Luft auf.

Die Reaktion der Psychiater war, dass sie immer mehr Menschen mit Phobien zu mir schickten. Einige von ihnen waren extrem kreativ und unterhaltsam in der Art, wie sie ihre Probleme angelegt hatten. Ein Mann zum Beispiel hatte ein Phobie davor entwickelt, Huntington, Ohio, zu verlassen. Er fuhr recht frohgemut dahin, kam dann an die Stadtgrenze, machte eine Vollbremsung und flippte aus. Er war seit viereinhalb Jahren nicht fähig, die Stadt zu verlassen.

Da ich immer probiert habe, einfachere und schnellere Wege zu finden, um Dinge zu erledigen, ließ ich ihn sich vorstellen, er sei Superman. Ich ließ ihn aus seinem Körper gleiten und nebenher fliegen, während er sich in seinem Pick-up fahren sah. Er flog ein paar Kilometer, sah sich dann nervös werden, in die Bremse treten und in Panik geraten – *aber er flog weiter!*

Was den Unterschied hervorrief, war ein Trick. In seinen Gedanken flog er nicht nur gelassen dahin, sondern er konnte auch zum ersten Mal seit Jahren die Stadt verlassen. Da nun ein Teil seines Gehirns *diese* Erfahrung als Realität wahrnehmen konnte, konnte ich beginnen, den Reizauslöser, den er hatte, mit der Reaktion zu verbinden, die er wollte. Wir schickten ihn raus, um eine Fahrt zu machen, und er verschwand für Stunden. Als er zurückkam, war er ganz erstaunt. Er sagte, er sei über die Stadtgrenze gefahren, kam zu einer Brücke, die aus Huntington hinausführte, und wartete die ganze Zeit darauf, dass seine Phobie losginge – aber er fuhr einfach weiter.

Überflüssig zu erwähnen, dass einige Psychiater sehr tiefe Skepsis hegten. Sie sagten mir immer wieder, dass Veränderung mit Schmerz verbunden sei und langsam erfolgen musste, und ich sagte: „Nun, das war nicht meine Erfahrung. Ich habe Veränderung schnell herbeigeführt, viele Male und ohne Schwierigkeiten."

Tatsächlich haben wir das alle. Vielleicht hast du mal etwas in einem Buch gelesen, das dein Leben in einem Augenblick verändert hat. Jemand hat vielleicht etwas gesagt, das nicht nur sofort die Art verändert hat, wie du bestimmte Dinge tust, sondern auch die komplette Qualität der Erfahrung, die du gemacht hast. Plötzlich, ohne dir dessen tatsächlich bewusst zu werden, ist etwas passiert, was das Problem ab- und die Lösung eingeschaltet hat.

Es faszinierte mich, dass unter all den konkurrierenden Fraktionen einige wenige Therapeuten über das Land verstreut lebten, die fähig zu sein schienen, als geniale Agenten der Veränderung zu agieren. Die Neugier trieb mich, herauszufinden, wie sie das machten. Es war damals meine Grundregel und es blieb bis heute meine Grundregel: Wenn du herausfinden möchtest, wie du etwas machst, was du bisher noch nicht kannst, finde jemanden, der es kann, und frag sie.

Jetzt nennen wir diese Vorgehensweise „Modellieren" und einige Leute haben daraus ein unnötig langes und kompliziertes Verfahren gemacht. Ich war jedoch erstaunt, herauszufinden, dass hocherfolgreiche Menschen sich geschmeichelt fühlten, wenn man sie fragte, wie sie so wurden, und sie erzählten gewöhnlich gerne davon.

Das einzige Problem war, dass sie nicht immer wussten, wie sie so wurden, wie sie waren.

# Übung:
## Gefühle durch Dissoziation verändern

1. Erinnere dich an ein Erlebnis, das immer noch etwas Traurigkeit oder Stress in dir auslöst. Während du dich erinnerst, stell sicher, dass du es wieder-erlebst, „als ob" es gerade jetzt passiert. Sieh alles, als ob du durch deine Augen schautest, spüre die Gefühle – einschließlich der damit verbundenen Emotionen – mit deinem eigenen Körper. Achte besonders auf irgendwelche Klänge. Dies schließt möglicherweise alles ein, was von dir oder irgendeinem anderen bedeutsamen Anwesenden in der Originalszene gesagt wurde. Es kann auch dein eigenes Selbstgespräch beinhalten.

2. Tue jetzt so oder stell dir vor, du kannst aus dem Erlebnis heraustreten, sodass du dich selbst dort sehen kannst, als ob es auf einer Leinwand wäre. Schieb die ganze Szene von dir weg, weiter und weiter, und du bemerkst, während es sich weiter in die Ferne bewegt, wie die Farben verblassen und die Details sich verlieren. Schieb es soweit weg, wie du es schieben musst, damit du einen signifikanten Unterschied in der Art spüren kannst, wie du die Erlebnisse empfindest.

*Anmerkung:* Ausgenommen, du wünschst dir das Unbehagen zurück, kannst du die Erfahrung dort belassen, wo sie ist – oder sie in den Weltraum wirbeln und in der Sonne explodieren lassen.

# 3.
# „Realität" repräsentieren
## Die Geburt individueller Freiheit

⌘

Neurolinguistisches Programmieren wurde vor vielen Jahren geboren, teilweise durch die Ereignisse einer Nacht in einem Hypnose-Seminar. Die Leute erreichten ein paar sehr tiefe hypnotische Zustände und demonstrierten einige sehr dramatische hypnotische Phänomene.

Manche von ihnen erzeugten zum Beispiel eingeschränkte Sicht und positive Halluzinationen. Andere kontrollierten ihren Blutdruck. Ein junges Mädchen beschleunigte sogar die Art, wie ihre Augen arbeiteten, aber nicht den Rest von sich, sodass sie die Welt in Zeitlupe sehen konnte. Ohne irgendwelches Training war sie fähig, rund um einen Kampfsportler, einen Freund von mir, herumzulaufen. Von ihrem Standpunkt aus war alles vollkommen verlangsamt. Für den Beobachter bewegte sie sich zweimal so schnell wie der andere Kerl.

Natürlich sind verschiedene Menschen fähig, verschiedene Stufen von Kompetenz zu erlangen, und das ließ mich nachdenken.

Die Psychologen, die Hypnose erforschten, hatten bereits entschieden, dass es so etwas wie „Hypnotisierbarkeit" gab, die gemessen werden konnte – was bedeutet, dass eine Person einfach mehr oder weniger hypnotisierbar „war" als eine andere.

Ich glaubte das einfach nicht. Ich war von dem Konzept einer Hypnotisierbarkeitsmesslatte nicht beeindruckt. Ich fragte immer wieder: „Besitzt irgendjemand eine? Hat irgendjemand je überhaupt eine gesehen?"

Was die Forschung mir jedoch wirklich sagte, war, dass, wenn du den gleichen Input bei einigen Menschen benutzt, sie anders darauf reagieren werden als andere. Im Falle von Hypnose gehen einige Menschen tiefer, andere nicht. Für mich war die Analogie einfach die, dass, wenn du eine Gruppe von Untersuchungsprobanden auf gleichbleibender Höhe mit der Faust schlügest, du einige von ihnen am Kopf treffen würdest und die wirklich großen ins Knie. Insgesamt drängte sich die Frage auf: Was ist es, das der eine mit seinem Kopf macht, was der andere nicht tut? Es schien mir, dass das, was diese Psychologen wirklich maßen, ihre eigene Inkompetenz war.

Vor dieser Nacht hatten mehrere Leute bereits beobachtet, dass die Welt, wie wir sie als darin Lebende wahrnehmen, nur eine Repräsentation von „Realität" ist, was immer das auch ist. Denker wie Hans Vaihinger, Alfred Korzybski und Gregory Bateson machten alle die gleiche Beobachtung. Sie diskutierten Variationen des Themas „unser Erleben der Realität ist nicht das Gleiche wie die Realität selbst". Einige sehr alte Kulturen waren zu den gleichen Schlussfolgerungen gekommen. Sie hatten schon vor Jahrtausenden erkannt, dass das, was außerhalb des Bewusstseins war, nicht das Gleiche war, wie das, was im Bewusstsein war. Teil ihrer Art, damit umzugehen, war, über Jahre und Jahre zu meditieren, um erleuchtet zu werden und die „Illusion" aufzulösen.

Für die übrigen von uns blieb das Problem jedoch bestehen. Selbst wenn wir akzeptierten, dass unsere Erfahrung in unserem Kopf konstruiert war, was dann? Was konnten wir mit diesem Wissen anfangen? Auf welchen Unterschied lief das hinaus?

In „Die Struktur der Magie I" schrieb ich: *„Wir als menschliche Wesen interagieren nicht direkt mit der Welt. Jeder von uns schafft sich eine Reprä-*

*sentation der Welt, in der wir leben – das bedeutet, wir entwickeln eine Land-*
*karte oder ein Modell, welches wir benutzen, um unser Verhalten zu gene-*
*rieren. Unsere Repräsentation der Welt bestimmt in großem Maße, was unser*
*Erleben der Welt sein wird, wie wir die Welt wahrnehmen und welche für uns*
*verfügbaren Wahlmöglichkeiten wir sehen, so wie wir in ihr leben.“* (S. 27)

Mein Punkt dabei war, dass jene Leute in diesem Workshop, die
positive und negative Halluzinationen erzeugen konnten oder eine
selektive Amnesie hatten oder ihre Arme betäubten, ihre Welt anders
repräsentierten als die, die dies nicht tun konnten. Sie veränderten
ihre Art, auf Dinge zu blicken; sie veränderten ihren Überzeugungen. Das Faszinierende daran ist, dass, in einigen Fällen, sich mit
der Suggestion *nicht nur ihre subjektive Erfahrung veränderte, son-*
*dern auch ihre Physiologie.*

Hypnose war daher ein zentraler Teil in der Entwicklung des NLP.
Sie machte die Existenz des NLP möglich, denn sie erlaubte uns,
„veränderte Zustände“ zu erforschen. Wir konnten damit Grenzen
verschieben, denn es war ein Werkzeug, das uns erlaubte, zu lernen,
was möglich war. Sobald wir einige Dinge sahen, die möglich
waren, konnten wir anfangen, darauf zu achten, wie sie geschehen
und was wir tun mussten, um die Resultate zu reproduzieren. In
diesem Sinne kann man NLP als die zugrundeliegende „Struktur“
der Hypnose verstehen.

Es war nicht möglich, von der Psychologie Hilfe zu bekommen,
denn die meisten „Experten“ stritten nicht nur miteinander über die
Entscheidung, wessen Theorie korrekt war, sondern sie konzentrierten sich auch nur darauf, warum Menschen krank wurden oder
feststeckten oder wie sie es schafften, zu versagen.

Ich verbrachte einmal einen ganzen Winter damit, auf das Haus
eines befreundeten Psychiaters aufzupassen. Aus schierer Langeweile las ich jedes Buch, das er hatte. Es war eine faszinierende
Erfahrung. Hunderte von Texten von all diesen wichtigen Doktoren
und Professoren konnten dir alles erklären, das du darüber wissen
musstest, wie Menschen krank wurden oder feststeckten – aber nicht
einer von ihnen hatte auch nur die Spur einer Ahnung davon, wie sie
ihnen helfen konnten, damit es ihnen besser ging. Es schien ihnen

nicht einmal in den Sinn zu kommen, dass es eine nützliche Richtung sei, die man verfolgen könne.

Das war eine Frage, die ich mir immer und immer wieder stellte.
Wie machten Menschen es, dass es ihnen besser ging? Denn einigen
von ihnen *geht* es besser, manchmal mit der Hilfe von Ärzten oder
Psychologen. Anderen geht es einfach von alleine besser.

Aber mein Interesse reichte darüber hinaus. Ich wollte wissen, wie
Menschen ihre Ziele erreichen und was einige von ihnen auf ihrem
Gebiet herausragend machte. Ich wollte nicht nur wissen, wie Menschen ihre Ziele erreichten, ich wollte auch wissen, wie Menschen
vortreffliche Leistungen erreichten.

Es gab zu der Zeit einige wenige Therapeuten, die weit bessere
Ergebnisse erzielten als ihre Kollegen. Sie lebten und praktizierten
in verschiedenen Teilen des Landes. Ihre Methoden waren unterschiedlich und sie wussten nichts voneinander oder von der Art, wie
sie arbeiteten. Aber diejenigen, die sie kannten und ihre Arbeit
sahen, beschrieben ihre Resultate als „magisch" – und sie waren es,
verglichen mit den Ergebnissen ihrer Fachkollegen.

Ihre Anhänger priesen ihr „Talent" oder ihre „Genialität" oder
„Intuition", als ob das ihre Fähigkeiten erklärte, aber keiner verstand
zu dieser Zeit wirklich, wie sie es geschafft hatten, so zu sein, am
wenigsten die Therapeuten selbst.

Als Wissenschaftler und Mathematiker wusste ich, dass es eine
Struktur geben musste, und ich wollte wissen, was die Struktur war.
Ich wusste, dass, wenn sie identifiziert werden konnte, es möglich
sein sollte, sie zu reproduzieren und sogar anderen Menschen beizubringen. Jeder konnte selbst ein Zauberer werden.

Ich verbrachte einige Zeit damit, in Zusammenarbeit mit John
Grinder diese therapeutischen Zauberer zu studieren. Zunächst konzentrierten wir uns auf die Familientherapeutin Virginia Satir, den
Gestalttherapeuten Fritz Perls und Milton Erickson, den Großvater
der modernen Hypnotherapie. Wir schauten ihnen bei der Arbeit zu
und statt uns im Inhalt dessen, was sie taten, zu verfangen, richteten
wir unseren Blick auf die Syntax dessen, was sie sagten und taten.
Sobald wir es uns auf diese Art und Weise anschauten, sprangen die

Muster überall hervor: in den Fragen, die sie stellten, den Wörtern, die sie benutzten, den Gesten, die sie machten, in der Tonalität und Geschwindigkeit, in der sie sprachen. Wir fingen an zu erkennen, dass, auch wenn sie alle sehr verschiedene Persönlichkeiten waren, sie doch viele Charakteristika gemeinsam hatten.

Das Interessante war, dass sie alle intuitiv handelten. Sie hatten alle ihre eigenen Landkarten und Modelle von Therapie. Es gab Gleichheiten und Unterschiede. Oft hatten sie überhaupt keine Ahnung, warum etwas erfolgreich war, das sie gemacht hatten. Alle teilten jedoch die Überzeugung, dass das Weltmodell des Klienten verändert werden konnte. Egal, was sie taten oder was sie dachten, das sie taten, jeder glaubte daran, zu helfen, die subjektive Erfahrung des Klienten zu erweitern und zu bereichern.

NLP nimmt die Position ein, dass keine zwei Menschen genau die gleichen Erfahrungen teilen. Die Landkarte oder das Modell, das sie sich erschaffen, um der Welt Sinn zu geben oder sich in ihr zurechtzufinden, basieren teilweise auf diesen Erfahrungen und der charakteristischen Art und Weise, auf die sie sie verarbeiten. Daher unterscheidet sich das Modell eines Menschen bis zu einem gewissen Grade von dem eines jeden anderen. Wir leben buchstäblich verschiedene Realitäten, einige reicher und einige sehr viel ärmer als andere.

Das erzeugt nicht immer Probleme. Wir haben etwas, das als „einvernehmliche" oder „gemeinsam geteilte" Realität bezeichnet wird. Das bedeutet, wir alle, mehr oder weniger, stimmen darin überein, entsprechend den gleichen Halluzinationen zu agieren – und das ist eine nützliche Sache. Wir müssen gewisse Regeln haben, nach denen wir alle funktionieren. Wir müssen uns darüber einig sein, was „oben" ist und was „unten". Wir müssen den Unterschied zwischen „links" und „rechts" kennen – etwas, das ich für mich selbst zum ersten Mal entdeckte, als ich Großbritannien besuchte und herausfand, dass sie auf der anderen Straßenseite fahren als in Amerika. Den Bürgersteig zu verlassen und nur in eine Richtung zu schauen ist keine gute Idee, wenn du dich immer noch entsprechend einer Landkarte verhältst, die woanders angewandt wird.

Wenn nun eine Landkarte oder ein Modell die Realität adäquat repräsentiert, die sie oder es beschreibt, wird das Individuum, das sie geschaffen hat, wahrscheinlich in seiner Welt adäquat funktionieren. Die Erfahrung zeigt uns aber, dass die meisten Menschen, die mit Schmerzen zu uns kommen, sich blockiert und eingeschränkt fühlen und keine Wege oder Möglichkeiten erkennen. Mit anderen Worten, es ist nicht die Welt, in der sie leben, die beschränkt ist. Es ist die Armut ihrer Landkarten, die ihnen Schmerz zufügt und sie weiter leiden lässt.

Daraus folgt dann, dass es oft viel produktiver ist – und um einiges leichter – die Landkarte zu verändern, die jemand bisher benutzt hat, statt das Gebiet, in dem er agiert. Dies war es im Endeffekt, was uns die Therapeuten, die wir modellierten, in ihrem Verhalten zeigten.

Trotz der Tatsache, dass einige Menschen – gewöhnlich Psychotherapeuten – glauben, dass Veränderung nur mit viel Zeitaufwand und Mühe möglich ist und nur dann, wenn der Klient nicht im „Widerstand" ist, zeigten uns Hypnose, effektive Therapeuten und Menschen, die sich „einfach verändert hatten", dass es viel schneller und einfacher ging. Die Werkzeuge dafür waren zu dieser Zeit noch nicht verfügbar, sodass ich sie kreieren musste. Durch NLP war es mir möglich, erlernbare Prinzipien, Verfahrensweisen und Techniken zu entwickeln, die Veränderung systematisch und leicht machten.

Wie ich in „Die Struktur der Magie I" darlegte, sind Wahrnehmung und Erfahrung eher aktive als passive Prozesse. Wir alle erschaffen uns unsere subjektive Erfahrung aus dem „Zeug" der externen Welt und einer der Gründe, warum wir nicht alle am Ende bei dem gleichen Modell landen, ist, dass unser Erleben von bestimmten Restriktionen und Beschränkungen bestimmt wird.

Dies sind die Beschränkungen unserer individuellen Nervensysteme (neurologische Einschränkungen), der Gesellschaften, in denen wir funktionieren (soziale Einschränkungen) und unsere persönliche Geschichte (persönliche Einschränkungen). Das NLP-Modell, das wir zur damaligen Zeit vorantrieben, um diesen Prozess zu erklären, war vereinfacht, aber es hielt sich über die Jahre bemerkenswert gut. Im Grunde schlägt es vor, dass jeder von uns seine fünf Sinne ein bisschen anders benutzt als die anderen, um eingehende Informationen zu verarbeiten. Die Modelle, die wir uns schaffen, hängen davon ab, welche Sinne wir bevorzugen, welche Informationen wir aufnehmen, wie viel wir davon weglassen und wie wir das interpretieren, was durchkommt.

# Um es kurz zusammenzufassen:

## Neurologische Einschränkungen

Wir empfangen Informationen über die Welt durch fünf Sinneskanäle – visuell, auditiv, kinästhetisch (Gefühle), Geruch (olfaktorisch) und Geschmack (gustatorisch). Statt jeden Sinneskanal mit jedem anderen gleich zu gewichten, bevorzugt jeder von uns einen oder zwei der oben genannten. Natürlich wissen wir, dass es eine beachtliche Überlappung zwischen den Teilen des Gehirns gibt, die für die Verarbeitung unserer Sinne verantwortlich sind, aber der eine oder andere dominiert gewöhnlich die Erfahrung. Dies ist bekannt als deine „Sinneskanal-Preferenz" oder „bevorzugtes Sinnessystem".

## Soziale Einschränkungen

Als Mitglieder einer bestimmten Gesellschaft unterliegen wir einer Anzahl von gegenseitig vereinbarten Filtern, wovon der bedeutendste die Sprache ist, in die wir hineingeboren werden.

Je spezifischer unsere Sprache ist und je mehr Unterscheidungen wir treffen können, desto reicher wird unsere Erfahrung sein. Dies ist zentraler Bestandteil in der praktischen Anwendung sowohl des Neurolinguistischen Programmierens als auch der Hypnose. Worte sind Macht und die Sprach-Muster, die du aus diesem Buch lernen wirst, werden helfen, diese Macht nutzbar zu machen, sowohl für dich als auch für andere.

## Individuelle Einschränkungen

Wie der Name schon sagt, entwickelt sich die dritte Kategorie von
Einschränkungen aus unserer persönlichen Erfahrung. Wir werden
alle in eine bestimmte Umgebung hineingeboren und während wir
aufwachsen, erleben wir eine zunehmende Anzahl von Erfahrungen.
Dies wiederum lässt individuelle Zu- und Abneigungen, Gewohnheiten, Regeln, Überzeugungen und Werte entstehen. Die Landkarten, die wir uns daraus erschaffen, werden reich und nützlich
sein, oder einschränkend und destruktiv und wir werden weiter in
Verwirrung und Schmerz leben, es sei denn, wir verstehen, wie wir
unsere subjektive Welt erschaffen.

Menschen machen sich nicht unglücklich, weil sie die Wahl dazu
haben, auch wenn es manchmal so scheint. NLP sieht Menschen
selbst nicht als schlecht, verrückt oder krank an. Unser Standpunkt
ist, dass sie aus einer verarmten Landkarte heraus agieren, beschränkt in der Anzahl an Wahlmöglichkeiten, die sie haben. Um es
anders auszudrücken, sie verwechseln das Modell mit der Realität.
Das ist es, was wir meinen, wenn wir sagen:

*„Die Landkarte ist nicht das Gebiet.“*

Sowohl der Reichtum als auch die Armut unserer Landkarten
werden durch drei Filtermechanismen geschaffen: Tilgung, Verzerrung und Generalisierung. Dies sind alles Prozesse, die wir ausführen müssen, um die Informationen zu handhaben, die bei uns
ankommen, damit wir nicht davon überwältigt werden. Probleme
entstehen, wenn die falsche Information getilgt, verzerrt oder generalisiert wird, was Muster erzeugt, die entweder unser Wohlergehen
nicht unterstützen oder es aktiv vermindern.

## Tilgung

Tilgungen treten auf, wenn wir auf bestimmte Teile unserer Erfahrung auf Kosten anderer Teile achten. Dies ist etwas, was wir von
Natur aus tun. Stell dir vor, mit vielen Leuten in einem Raum zu

sein, wo du dich mit einem Freund unterhältst. Du siebst automatisch die Geräusche der Unterhaltungen der anderen Leute aus – bis du hörst, wie jemand aus der anderen Ecke des Raumes deinen Namen ausspricht.

Tilgung ist ein notwendiger und nützlicher Mechanismus, um sicherzustellen, dass deine Welt eine handhabbare Größe hat – aber unter bestimmten Umständen kann sie zu Schmerz und Leiden führen. Ich habe zum Beispiel noch nie einen depressiven Menschen getroffen, der sich an einen Zeitpunkt erinnern konnte, als er wirklich glücklich war. Soweit es Depressive betrifft, waren sie immer unglücklich. Ähnlich bemerken Leute, die unter chronischen Schmerzen leiden, nicht die Zeiträume, wenn ihr Schmerz geringer oder nicht da ist. Dann gibt es die Menschen, die glauben, dass die Welt ein feindseliger Ort ist, und einfach nicht wahrnehmen, wie viele Menschen sich sorgend und unterstützend verhalten.

## Verzerrung

Verzerrung ist eine Qualität, die alle kreativen Menschen im Überfluss haben. Wir müssen fähig sein, die Bedeutung der gegenwärtigen Realität zu verstellen – zu verzerren – um etwas Neues erschaffen zu können. Große Schriftsteller oder Künstler sind Experten in Verzerrung.

Als mustergenerierende Wesen tendieren wir jedoch genauso dazu, Realität auf Arten zu verzerren, die uns Schmerz und Stress bereiten.

Vor einigen Jahren war ich in einem Restaurant und hörte am nächsten Tisch ein Paar miteinander streiten. Der Mann sagte etwas wirklich Nettes – offensichtlich, um Frieden mit seiner Partnerin zu schließen – aber sie blaffte zurück: „Ach, du sagst das nur, um mir ein gutes Gefühl zu geben!"

Natürlich versuchte er, sie sich besser fühlen zu lassen; daran war nichts falsch, soweit ich das beurteilen konnte. Aber sie verzerrte seinen Versuch, Frieden zu stiften, in einen feindseligen Akt. Ich beugte mich also rüber und sagte: „Ja, er ist wirklich schlecht darin.

Stellen Sie sich vor, er möchte der Frau, die er liebt, ein gutes Gefühl geben." Für einen Moment waren sie beide fassungslos. Dann lachten sie und fingen an, auf viel nettere Weise miteinander zu reden.


## Generalisierung

Der dritte Mechanismus ist Generalisierung – der Prozess, in dem die Person ein oder zwei Erlebnisse nimmt und entscheidet, dass dies die Art ist, wie alle Dinge sein werden, immer.

Generalisierung ist ein nützliches Werkzeug beim Lernen. Wenn wir uns schneiden, wenn wir sorglos mit einem scharfen Werkzeug umgehen, generalisieren wir in dem Ausmaß, dass wir glauben, „alle" scharfen Gegenstände sind in der Lage, uns zu verletzen. Also behandeln wir sie mit Respekt. Wir haben über viele hunderttausend Jahre gelernt, durch das Anwenden von Generalisierung am Leben zu bleiben.

Generalisierung ist der Mechanismus, durch den Menschen überall auf der Erde wissen, wie man eine Tür öffnet, einfach, weil sie Informationen aus ein oder zwei prägenden Erfahrungen generalisiert haben. Generalisierung ist aber auch die Wurzel vieler Probleme. Als ich zur Schule ging, glaubten die Lehrer immer noch, dass wir Linkshänder dazu gezwungen werden sollten, mit unserer rechten Hand zu schreiben. Ihre Art, dies zu tun, war, an unseren Tischen zu patrouillieren und uns eins mit dem Lineal überzuziehen, wenn sie uns dabei erwischten, dass wir mit der „falschen" Hand schrieben.


Später konnte ich mehr Dinge so tun, wie ich es wollte. Als Linkshänder drehte ich alle Türen in meinem Haus um, um es für mich einfacher zu machen. Überall anderswo öffneten die Türen nach innen. Meine öffneten nach außen. Für mich fühlte es sich so einfach richtig an.

Freunde von mir kamen jedoch vorbei, versuchten einzutreten und riefen dann: „Hey, deine Tür klemmt." Ich ging zur Tür, öffnete sie in die andere Richtung und beim nächsten Mal, wenn sie vorbeikamen, spielte sich das Gleiche wieder ab. Ihr motorisches Programm kam einfach nicht mit einer Ausnahme ihrer Generalisierung zurecht, wie Türen sich öffnen „sollten".

Dies kann ernsthafte Konsequenzen für das Leben von Menschen haben, wenn sie es nicht schaffen, Generalisierungen „rückgängig zu machen", die nicht mehr funktionieren. Einer, der als Kind misshandelt wurde, hat vielleicht für sich entschieden, vor allen Männern (oder Frauen), oder allen „Autoritätspersonen", Angst zu haben und eine Abneigung gegen sie zu empfinden. Ein Mensch, der mehrere gescheiterte Beziehungen erlebt hat, entscheidet vielleicht, dass „Liebe etwas für Verlierer" ist, und zieht sich in ein einsames Dasein zurück. Sexualstörungen halten sich beharrlich bei Männern, weil sie glauben, ein einziger Zwischenfall wird für alle körperlichen Begegnungen zutreffen.

Im Prinzip entstehen Generalisierungen, wenn jemand eine einmalige Regel auf alle Situationen anwendet, die der ähneln, in der die ursprüngliche Regel entstand. Der Zusammenhang hat sich von „eines" auf „alle" geändert, von „manchmal" zu „immer".

Das Verstehen dieses Mechanismus gibt uns Einsicht in viele Verhaltensweisen, die ansonsten eigenartig oder sogar bizarr erscheinen. Wenn wir anerkennen, dass die Regel im angemessenen Kontext sinnvoll ist, können wir beginnen, Menschen dabei zu helfen, Verhaltensweisen wieder auf die Situation oder die Situationen zurückzubringen, in der sie entstanden sind, oder ihnen zu helfen, neue und angemessenere Verhaltensweisen zu generieren. Daher können wir im NLP sagen, dass alle Verhaltensweisen auf irgendeiner Ebene eine „positive Absicht" haben.

Freiheit kann nur kommen, wenn wir Informationen auf eine verarmte Landkarte zurückbringen. Sobald wir einmal anfangen zu erforschen, wie jede individuelle „Realität" konstruiert ist, öffnen wir uns und andere für eine ganze Reihe von Möglichkeiten und Gelegenheiten. Statt zu versuchen, Menschen ihre Beschwerden oder ungewollten Reaktionen zu nehmen – Menschen dazu zu bringen, die Depression oder Angst oder Essstörung „nicht zu haben" – kreieren wir neue Wahlmöglichkeiten für sie, in der Überzeugung, dass, wenn sie mehr und bessere Wahlmöglichkeiten haben als zuvor, sie die Wahl auf einer schlüssigeren Basis treffen.

## Übung:
## Identifiziere deine sensorische Präferenz

Du kannst diese Übung mit einem Partner oder alleine machen. Wenn du allein bist, hilft es sehr, laut zu sprechen, wenn möglich in ein Diktiergerät, sodass du deine Erfahrungen später noch mal nachhören kannst.

1. Stell dir so deutlich wie möglich einen Spaziergang am Strand vor. Es kann ein Strand sein, den du kennst, oder ein vollkommen imaginärer. Dein Ziel ist, das Erlebnis in so vielen Einzelheiten zu beschreiben, wie du kannst, indem du im Wechsel alle deine fünf Sinne durchgehst. Beschreibe zuerst alles, was du siehst – die Farbe des Himmels und des Ozeans, die Möwen in der Luft, den weißen Schaum, der in die Luft fliegt, wenn die Wellen auf die schwarzen Felsen schlagen, die farbenfrohe Kleidung von Kindern, die im Sand spielen usw. Dann geh zum nächsten Sinneskanal über, sagen wir mal hören, und beschreibe alles, was du hören kannst, vom Geräusch deiner Füße auf dem Strand bis hin zum Signalhorn eines Schiffes in der Ferne. Mach weiter, bis du deine Beschreibung in allen fünf Sinnen vervollständigt hast.

2. Höre dir jetzt noch mal deine Beschreibung an und stelle fest, ob es einfacher war, Bilder zu kreieren, Klänge zu hören oder Gefühle zu empfinden, wie zum Beispiel die Temperatur der Luft auf der Haut. War es einfach, sich den Geruch des Salzes und Ozons in der Luft vorzustellen oder den Geschmack eines Hotdogs, das du dir an einem Strandstand gekauft hast? Einer dieser Sinneskanäle wird dominieren. Dies ist deine „sensorische Präferenz".

*Anmerkung:* Eine Präferenz für eine sensorische Modalität zu haben bedeutet nicht, dass du nicht auch alle anderen Sinne einsetzt oder dass du deine bevorzugte Modalität in allen Situationen benutzt. Wir alle tendieren dazu, alle Sinne zu nutzen, um Informationen zu verarbeiten, aber einige werden in größerem oder geringerem Maße genutzt.

# 4.

# Sprache und Veränderung:

## Die sanfte Art, zu verzaubern

⌘

Ich benutzte den Begriff „Beschwörungsformel" in „Die Struktur
der Magie I", um den Gebrauch von Sprache in der Veränderungsarbeit zu beschreiben, aus gutem Grund. Worte – wie Okkultisten, Phi-
losophen, Psychologen und Schriftsteller nur zu gut wissen – können
buchstäblich magische Wirkung haben. Wenn ich Klienten einlade,
sich „für einen Spell (deutsch: eine Weile, aber auch: Zauber) zu
setzen", ist die Mehrdeutigkeit Absicht. Ich möchte, dass sie anfangen, für die Möglichkeit einer Veränderung und für die Tatsache
offen zu sein, dass die Veränderung wie ein „Zauber" erscheinen
mag, was sie oft auch ist.

Um Menschen zu helfen, sich zu verändern, ist sicherzustellen,
dass sie das Gefühl haben, dass du ihr Problem verstehst. Dann versetze sie so schnell wie möglich aus ihrem Problemzustand in die
Lösung, die du für sie vorbereitet hast. Worte sind das primäre
Mittel, mit dem du helfen kannst, diese Art von Veränderung zu
kreieren.

Als ich mir anschaute, wie Virginia Satir arbeitete, bemerkte ich,
dass sie dazu tendierte, die sensorischen Prädikate ihrer Klienten

widerzuspiegeln – jene Worte und Ausdrücke, die signalisieren, welcher der fünf Sinneskanäle zum Zeitpunkt des Sprechens dominierend ist.

Jemand sagt vielleicht: „Ich fühle, dass sich alles auf meine Schultern lädt, und ich kann mich nicht vorwärts bewegen und nicht rückwärts. Ich sehe einfach keinen Weg hindurch." Sie erwiderte: „Ich fühle, das Gewicht deiner Probleme hält dich davon ab, deine Richtung zu finden, und der beste Weg, den du einschlagen kannst, ist noch nicht klar."

Sie tat dies intuitiv und erreichte eine wirklich enge Beziehung zu ihren Klienten.

Andererseits beobachtete ich oft Therapeuten, die keine Ahnung von der sensorischen Präferenz ihrer Klienten hatten und einfach auf die gleiche Art mit jedem sprachen, mit dem sie zu tun hatten. „Ich werde von all meinen Problemen heruntergezogen." – „Gut, du musst auf das hören, was ich sage, damit du Licht am Ende des Tunnels sehen kannst." Sie sprachen buchstäblich eine andere Sprache als ihre Klienten, und ihre Klienten empfanden es so, als ob die Therapeuten ihnen irgendwie nicht zuhörten oder sie verstanden.

Paare geraten manchmal in Schwierigkeiten, indem sie diese Unterschiede nicht erkennen. Eine Person – der Visuelle – drückt Liebe vielleicht in Form von Geschenken und Blumen aus, aber der andere – der auditive Partner – fühlt sich immer noch vernachlässigt, weil die Worte „Ich liebe dich" nicht tatsächlich laut ausgesprochen werden.

Sobald du dich einmal erfolgreich dem bevorzugten sensorischen System einer anderen Person angepasst hast, kannst du beginnen, sie in neue Richtungen zu führen, ihre Fähigkeit zu steigern, sich effektiver zu entwickeln und sich bleibend zu verändern. Wir wollen nicht, dass die Person in einem Verarbeitungsmodus stecken bleibt; es ist dieser Mangel an Flexibilität, der sie überhaupt erst in Schwierigkeiten gebracht hat.

Genau dies ist einer meiner Einwände gegen die Montessori-Methode. Ursprünglich, wenn ein Kind als kinästhetisch identifiziert war, wurde es nur mit kinästhetischen Methoden unterrichtet. Entsprechend wurden visuelle Kinder nur visuell unterrichtet und auditive Kinder nur auditiv, womit man sie fürs ganze Leben verkrüppelte. Sie blieben in einem Kanal stecken, während wirkliches Lernen beinhaltet, zu anderen sensorischen Kanälen überzuwechseln, um das individuelle Potenzial zu optimieren.

Die Erfahrung eines Klienten zu erweitern, indem man die Grenzen seines subjektiven Modells erweitert, ist bei den Methoden von zentraler Bedeutung, die von den wirklich wirkungsvollen Therapeuten und Lehrern übernommen wurden, die ich studiert habe. Andere Charakteristika, die ich feststellte, beinhalteten:

- Sie tendierten dazu, proaktiv und ergebnisorientiert zu sein, statt in ihrem Ansatz formalistisch.
- Ihre sensorische Genauigkeit war gut entwickelt und sie reagierten auf den Patienten *in dem Moment*, anstatt einem Konzept zu entsprechen, was zu tun wäre.
- Sie demonstrierten Verhaltensflexibilität, probierten neue Ansätze und arbeiteten mit dem Ziel, die gleiche Qualität in ihren Klienten zu schaffen.
- Sie teilten eine Überzeugung – nicht unbedingt explizit ausgedrückt –, dass die Struktur des Problems des Klienten wichtiger war, um Veränderung zu erreichen, als sein Inhalt.
- Sie sahen „Problem"-Klienten als Herausforderung und als Gelegenheit, zu lernen.
- Sie betrachteten den Zustand des Klienten als Versuch, sein Problem zu bewältigen, statt als ein Zeichen, dass er „hängen geblieben" oder „kaputt" war.
- Sie haben bestimmte unbewusste oder intuitive Fertigkeiten und Verhaltensmuster gemeinsam.

Unter diesen Gemeinsamkeiten war die Art der Fragen, die sie stellten. Irgendwie schienen diese Menschen die Fähigkeit zu haben, Fragen zu stellen, die den Klienten auf den Weg der Besserung brachten. Wenn wir sie analysierten, fanden wir heraus, dass sie weniger darauf abzielten, mehr Informationen über die möglichen

Ursprünge des Problems zu erhalten, sondern mehr darauf, dem Klienten zu helfen, Informationen wiederzugewinnen, die gelöscht, verzerrt oder generalisiert worden waren. Auf diese Art war der Klient fähig, seine innere Landkarte neu zu konfigurieren. Die syntaktischen Unterscheidungen, veröffentlicht als das Meta-Modell in „Die Struktur der Magie I", waren dazu gedacht, die zugrundeliegende, vollständige sensorische Repräsentation der Gedanken (die Tiefenstruktur) und Äußerungen (die Oberflächenstruktur) zu erkunden, die entstanden war, nachdem Informationen durch die Prozesse der Tilgung, Verzerrung und Generalisierung gefiltert worden waren. Eine vereinfachte Version des Modells wird im Ressourcenblatt 4 beschrieben. Ich empfehle dir, etwas Zeit damit zu verbringen, die unterschiedlichen Muster und ihre Hinterfragung zu studieren. Der folgende Abschnitt verfolgt die Absicht, ein Gefühl dafür zu vermitteln, was möglich ist, wenn man ein Meister des Modells ist.

Im Laufe der Jahre sind einige Menschen dazu übergegangen, das Meta-Modell als Therapieform zu betrachten, möglicherweise, weil das Buch ein Transkript einer Therapiesitzung enthält, in der die Meta-Modell-Verletzungen des Klienten gemeinsam mit den Hinterfragungen des Therapeuten identifiziert werden.

Das Meta-Modell hat aber nichts mit Therapie zu tun. Es ist ein mächtiges, rekursives linguistisches Muster, das dazu benutzt werden kann, wertvolle Informationen zu erhalten. Daran liegt es, dass ich immer zuerst nach dem größten Informations-Chunk (Einheit) frage, wenn ich das Meta-Modell anwende. Ich fange mit dem umgekehrten Weg an, als er in „Die Struktur der Magie I" dokumentiert ist.

Der Zweck des Meta-Modells ist, äußerst genau zu sein, die Art Fragen zu stellen, die dir helfen werden, herauszufinden, wie das Problem von jemandem funktioniert, sodass du sicherstellst, dass du genau dieses Problem veränderst und nicht alles andere im Leben dieses Menschen.

Wenn also jemand reinkommt und sagt: „Ich bin deprimiert", hinterfrage ich die Generalisierung (den Universal-Quantifikator) in der

Aussage, indem ich frage: „Jeden Moment von jedem einzelnen Tag? Selbst in der Dusche?" Sie geben vielleicht zu: „Gut, nicht immer." Ich frage dann: „Also, wie weißt du dann, wann du deprimiert zu sein hast?" Einige Leute sagen: „Ich bin deprimiert, wann immer ich freie Zeit habe." Mit dem Meta-Modell als Werkzeug gibt es keinen Grund, aufzuhören. Ich frage: „Wie weißt du, wann sie frei ist?" und sie antworten: „Weil mein Verstand rast ..."

„Ah, der rasende Verstand", mache ich weiter. Jetzt fange ich an, wertvolle Informationen zu erhalten. Ich sage: „Wenn dein Verstand rast, was genau tut er dann?" und das ist der Moment, in dem alle Details dessen zutage treten, wie der Klient seine Erfahrung erzeugt: all die vorbeilaufenden Bilder, dahinquatschende Stimmen, Gefühle, die von hier nach da schwappen, oder jegliche Kombination daraus.

Was tatsächlich bei diesem Ansatz passiert, ist, dass du buchstäblich die Erfahrung als gewollt definierst, anstatt außerhalb der Kontrolle durch die Person. Du sagst Dinge wie: „Wenn du also ein Bild von X machst, dann sagst du zu dir selbst Y, dann fühlst du Z ..." Dies alles ist Prozess und setzt, auf diese Weise ausgedrückt, voraus, dass es offen ist für Veränderung.

Wenn wir die andere Art, Dinge zu sagen, akzeptieren: „Ich habe Depressionen" oder „das Problem ist mein Frust", hat der Sprecher ein Verb genommen und es in ein Substantiv verwandelt (Nominalisierung) und, indem er dies tut, Informationen gelöscht – wie die Tatsache, dass er die Bilder erzeugt, diese negativen Sachen in seinem Kopf sagt und diese schlechten Gefühle in sich fühlt.

Jeder Satz hat einen verlorenen Performativ (einen Hinweis darauf, wer für die Handlung verantwortlich ist, auf die sich die Beschwerde bezieht) und sobald du das wieder herstellst, gibst du dem Klienten Verantwortung und Macht zurück. Ich benutze den Ausdruck: „Also, was du mir sagst, ist ...", um den verlorenen Performativ zu ersetzen.

Sie sagen vielleicht: „Ich bin nicht glücklich", und behaupten, sie seien „niemals wirklich" glücklich gewesen.

Ich kann wählen, sie zu hinterfragen, indem ich das „niemals" infrage stelle, oder ich kann zum Beispiel sagen: „Du sagst mir also, dass du nie glücklich sein kannst", und sie sagen: „Naja, ja." Ich frage: „Und wie weißt du das?" – weil sie einen Kommentar zu ihrem Bewusstseinszustand geben und nicht zur Natur der Wirklichkeit.

Sie antworten gewöhnlich: „Na, ich weiß es einfach, weil ..." und ich unterbreche sie: „Nein, nein, ich will nicht wissen, warum. Ich möchte wissen, *wie* du das weißt." Sie werden etwas antworten, wie etwa: „Naja, weil ich bisher nie wirklich glücklich gewesen bin", und ich sage: „Gut, wenn du etwas nie versucht hast, wie weißt du, ob du es magst oder nicht? Vielleicht ist Glücklichsein gar nicht, was du erwartest? Vielleicht sind wirklich glückliche Menschen in Wirklichkeit elend dran? Es könnte ja so sein, dass sie nur so tun. Es könnte ja alles ein reiner Schwindel sein." Dann gestehen sie ein: „Okay, ich weiß es, denn ich hatte Momente, in denen ich glücklich war." Ich erwidere: „Ahh, es hat also bisher Momente gegeben. Wie war das?"

Das Benutzen des Meta-Modells erfordert einen gewissen Grad an Gewandtheit und Eleganz. Einfach die Fragen rein mechanisch zu stellen, wird nicht das Ergebnis bringen, das du willst. Es sollte in den Worten, die du gebrauchst, immer die Vorannahme stecken, dass sich etwas verändert. Wenn ich zum Beispiel jemanden aus einer Trance hole, sage ich ihnen oft, „zurückzugehen und sich dieses schlechte Gefühl zum letzten Mal ins Gedächtnis zu rufen". Niemand hat das je infrage gestellt. Ich frage: „Hast du es geschafft?"

Sie antworten: „Es ist jetzt wirklich schwer."

Ich sage: „Gib dir mehr Mühe."

Ob sie nun das Gefühl ein bisschen oder sehr stark zurückholen können, spielt keine Rolle. Sie haben bereits die Vorannahme akzeptiert, dass das schlechte Gefühl „zum letzten Mal" da sein kann und wird.

Meta-Modell-Fragen sind darauf ausgelegt, Informationen zu sammeln. Du kannst dir das Modell selbst als Schwert vorstellen, das Wortbedeutung in kleinere Stücke teilt. Es schneidet Dinge heraus, sortiert das, was funktioniert, aus dem, das nicht funktioniert, heraus, sich immer auf das Resultat zubewegend, das du haben willst.

Was immer es also ist, was sie wollen, du signalisierst ihnen: „Okay, wir schneiden all die Dinge weg, die dich nicht dorthin bringen."

Menschen werden dir sagen, dass sie etwas wollen, wie „öffentliches Reden als angenehm zu empfinden". Die Annahme darin ist, um es gleich vorwegzunehmen, dass das, worum sie bitten, etwas Gutes ist. Du kannst das, was das Meta-Modell als den Universal-Quantifikator bezeichnet, hinterfragen, indem du fragst: „Willst du damit sagen, dass du vor deinen Zuhörern einschlafen willst?" und sie werden erwidern: „Nein, natürlich nicht. Nein, vielleicht ist es – ich möchte, dass mich die Leute bewundern." Du reagierst darauf vielleicht mit: „Ohne besonderen Anlass? Du möchtest, dass sie einfach rumhängen und dich wie besessen bewundern?" Sie werden sagen: „Oh, nein. Das möchte ich nicht, ich möchte ..."

Du schneidest den Unsinn also weg, bis sie schließlich sagen: „Pass auf, gut, ich will also entspannt sein, aber wachsam. Ich will die Aufmerksamkeit meiner Zuhörer einfangen und sehen, ob sie Spaß haben", und so weiter.

Dann werden sie merken, dass sie bis jetzt gewöhnlich nach innen gegangen sind, sich selbst in Angst erstarrt sehen, schwitzend, mit brüchiger Stimme, alle in der Zuhörerschaft lachen und du sagst: „Guter Plan. Das wird dich in den richtigen Zustand versetzen."

Sie sehen nicht nur, dass es kein guter Plan ist, sondern dass sie es bisher gewohnheitsmäßig und auch unbewusst getan haben. Indem du die Meta-Modell-Fragen stellst, bringst du es ins Bewusstsein, lässt es langsamer ablaufen und beginnst dann, den Unsinn wegzuschneiden. Es gibt dir alles, was du wissen musst, einschließlich des nächsten Schrittes.

Einer meiner Lieblingsfälle, über den ich in „Bitte verändern Sie sich jetzt ..." schrieb, bezieht sich auf eine Frau, die immer, wenn jemand, den sie erwartete, zu spät kam, psychotische Anfälle hatte. Sie war seit acht Jahren in Therapie, hatte meines Wissens drei verschiedene Therapeuten gehabt, und wann immer jemand sie fragte, warum sie diese Reaktion zeigte, antwortete sie: „Ich habe keine Ahnung."

Als die Frau aber sagte: „Ich habe ein Problem, das mir zu nahe ist", wusste ich, dass die Lösung darin lag, die Bilder wegzuschieben. Sie entwarf Bilder von schrecklichen Autounfällen, die zunehmend näher kamen, größer und detaillierter wurden, bis sie das brennende Metall riechen konnte und das warme Blut auf ihre Haut spritzen spürte. Das würde jedem Angst einjagen. Das ließ mich wissen, dass wir die Bilder hinausschieben, sie kleiner und weniger deutlich machen mussten, bis sie verschwanden. Wir taten dies und es funktionierte, alles in einer 15-minütigen Sitzung.

## Die Diagnose falsifizieren

Ich versuche nicht, Menschen damit zu diagnostizieren. Ich versuche, die Diagnose als falsch hinzustellen. Wenn Menschen reinkommen und sagen, dass sie deprimiert sind, möchte ich, dass sie sich so schnell wie möglich den Ast ablachen, sodass sie danach jedes Mal, wenn sie daran denken, deprimiert zu sein, in Gelächter ausbrechen.

Ich möchte ihnen ein besseres Problem geben. Oft höre ich Klienten zu und denke: „Was für ein trauriges, kleines Problem. Sie brauchen etwas größeres und besseres." Sie müssen die Antwort auf Fragen finden, wie:

Wie viel Spaß kann ich aushalten?

Wie viel kann ich in einem Menschenleben schaffen?

Wie kann ich mich jedes Mal wirklich großartig fühlen, wenn ich in eine Besprechung gehe oder mit meinem Ehemann oder meiner Ehefrau zusammen bin?

Wenn Menschen nicht die richtigen Fragen stellen, lernt ihr Gehirn nichts. Ich kann immer sagen, wann die Fragen kommen, also werfe ich eine bessere Frage in den Raum. Ich sage: „Hör auf und sage zu dir selbst: ‚Es ist Zeit etwas zu tun. Was sollte ich tun?'" Ich wechsele einfach den Bezugsindex (wer sagt was). Es ist grammatikalisch nicht korrekt, aber, verdammt, es funktioniert.

Alle vorgenannten Beispiele veranschaulichen, wie das Meta-Modell funktioniert. Die Fragen führen uns direkt dahin, wo wir hingehen wollen, denn wir schauen auf die Syntax der Frage, nicht auf ihren Inhalt. Wenn du in den Inhalt fällst, wirst du untergehen, denn Inhalt ist unendlich. Wir alle wissen, wie kleine Kinder, die mit „warum?" fragen, damit ewig weitermachen können. Die Tatsache, dass ein Psychiater das vielleicht tut, bedeutet, dass sich die Therapie über Jahre hinziehen kann.

Es spielt für mich keine Rolle, „warum" etwas passiert ist. Ich versuche nicht, ihre Gedanken zu lesen oder sie zu ermutigen, ihre Gedanken zu lesen. Ich möchte Antworten, die mich in die Richtung lenken, wo Veränderung geschieht. Du musst wissen, wie du einfach die richtigen Fragen stellst, und dann musst du wissen, wie du schlicht die richtigen Ratschläge auf schlicht die richtige Art gibst, sodass du das Ergebnis maximierst, das du willst. Fähig zu sein, sich zwischen dem Wissen, wie etwas abläuft und was zu tun ist, gewandt vor und zurück zu bewegen, ist das, was gutes NLP ausmacht.

Das ist es, wo die Milton-Sprache so wichtig wird. Das Milton-Modell (siehe Ressourcenblatt 5) wird manchmal als das Spiegelbild des Meta-Modells bezeichnet, aber während das Meta-Modell angewandt wird, um wertvolle Informationen zu erhalten, benutzt das Milton-Modell – abgeleitet aus den Mustern, die aus der Arbeit Ericksons als Modell entstanden – Sprache in einer „kunstvoll vagen" Art, die sowohl Trance induziert als auch die Veränderung fördert.

Es wird oft angenommen, dass ich eine Menge über Hypnose wusste, bevor ich von Milton Erickson hörte, aber als Gregory Bateson mir zum ersten Mal von Milton erzählte, hatte ich davon keine Ahnung. Ich besorgte mir also seine gesammelten Werke, all seine Zeitschriftenartikel, alles, was ich finden konnte, das er geschrieben hatte, und las es komplett durch. Was ich interessant fand, war, dass er behauptete, Ergebnisse zu erzielen, wo niemand anderes meinte, dass sie erreicht werden könnten.

Virginia Satir, die durchweg gute Resultate hatte, behauptete nicht, den richtigen Therapie-Ansatz zu haben. Sie meinte nur, dass man Menschen einfacher helfen könne, wenn man mit allen Familienmitgliedern arbeitete, anstatt nur mit einem Einzelnen.

Ihre Fähigkeit, Muster zu beobachten und Verhalten vorauszusagen, war außergewöhnlich. Als ich sie einmal zu einer Familie fuhr, deren epileptische Tochter als „jugendliche Straftäterin" abgestempelt worden war, sagte sie: „Pass auf, was passiert. In der Mitte der Sitzung wird das Mädchen einen Anfall haben. In dem Moment, in dem ich anfangen werde, mit dem einen oder anderen in der Familie zu sprechen, wird sie in einem Anfall zusammenbrechen", – und genau das passierte dann tatsächlich. Dieser Art Dinge geschahen um Virginia herum. Aber eine der wichtigsten Qualitäten, die sie hatte, war ihre absolute Hartnäckigkeit. Sie war warmherzig und nett, aber sie gab niemals auf. Auch wenn sie 12 Stunden brauchte, es spielte keine Rolle. Sie arbeitete weiter, bis sie die Veränderung schaffte, auf die sie abzielte.

Ich war allerdings fasziniert von Miltons Behauptung über das, was erreicht werden konnte. Also fuhr ich herum und besorgte mir jedes Buch – buchstäblich Hunderte von Büchern – über Hypnose und las sie alle. Ich probierte alles aus, eine Menge davon an einer außergewöhnlichen Nachbarin, die ich zu der Zeit hatte. Sie war Agoraphobikerin und hatte Allergien und bei ihr war alles Mögliche falsch – und wir brachten das alles in Ordnung. Zu dem Zeitpunkt, als ich tatsächlich Milton traf, hatte ich also ziemlich viel Erfahrung und ich hatte bereits seine Sprach-Muster aus den Zeitschriftenartikeln und Transkripten analysiert.

Es war recht offensichtlich, dass die meisten Leute, die ihn kannten, von ihm sowie von Virginia und Fritz Perls verwirrt waren.

Virginia war eine hervorragende Hypnotiseurin, aber sie hätte es niemals zugegeben. Ich zeigte ihr Videoaufzeichnungen von sich und Milton Erickson. In den ersten 10 Minuten sagen sie das gleiche, Wort für Wort. Virginia hatte eine wesentlich nettere Tonalität als Milton. Milton hörte sich ein bisschen wie Boris Karloff an und Virginia Satir klang wie der herzlichste Mensch auf der Erde.

Es war großartige Hypnose, aber sie stritt es ab. Sie nannte es eine „Zentrierungsübung". Sie sprach von der Einzigartigkeit jedes Men-

schen. Sie hob hervor, dass jeder der einzige mit solchen Fingerab-
drücken etc. sei. Dann ließ ich das Band von Milton laufen und er
sprach über die Einzigartigkeit seiner Patienten, die Tatsache, dass
ihre Fingerabdrücke einzigartig seien – er besprach buchstäblich die
gleichen Konzepte, in der gleichen Reihenfolge. Aber sie konnte –
oder wollte – es nicht sehen.

Virginia hatte Milton einmal kennengelernt und meinte, dass er
gruselig sei, und wollte nichts mit ihm zu tun haben. Ich muss
zugeben, dass ich verstand, warum sie so empfand. Er saß im Roll-
stuhl, hatte zweimal Kinderlähmung gehabt und litt unter den Nach-
wirkungen. Er trug lila Pyjamas, induzierte Trancen und kommuni-
zierte mehr oder minder die ganze Zeit verdeckt, selbst wenn es
nicht nötig war. Er tat es aber, um sich zu amüsieren.

Fritz Perls Arbeit war ebenfalls sehr hypnotisch. Klienten zu
sagen, dass sie tote Verwandte in leere Stühle halluzinieren sollten:
Was ist das, wenn keine Tieftrance-Hypnose?

In Wirklichkeit hatte Fritz keine sehr gute Erfolgshistorie an Klienten, denen er geholfen hatte. Alle waren von seiner Arbeit beeindruckt, aber er erzielte keine guten Resultate. Er konnte zum Beispiel jemanden, der unter Schlaflosigkeit litt, nicht plötzlich in die
Lage versetzen, zu schlafen, und machte kein Geheimnis aus der
Tatsache, dass er nicht mit Psychotikern und Schizophrenen arbeiten
konnte. Er arbeitete nur mit „Neurotikern".

In einem Fall jedoch half er einem Klienten, über seine Impotenz
hinwegzukommen, indem er ihn an seine Nase denken ließ und dann
an seine Genitalien und wieder an seine Nase. Er konnte nicht
erklären, wie es funktionierte. Er sagte einfach, dass es etwas war,
das in seine „Theorie" passte. Heute wissen wir natürlich, dass auf
dem motorischen Kortex die Steuerzentren für die Muskeln der Nase
und der Genitalien gleich nebeneinander liegen. Wenn du deine Nase
bewegst, bewegen sich deine Genitalien gewöhnlich mit. Normalerweise, wenn du die Nasenflügel weitest oder die Nase hoch und
runter bewegst, regst du deine Genitalien an.

Nachdem die Muster als das Milton-Modell veröffentlicht
wurden, war Milton sehr erfreut, auch wenn er andeutete, dass sie

nur einen Teil seines Repertoires widerspiegelten. Miltons Vorgehensweise konnte sehr kompliziert sein. Er identifizierte sich sehr
stark mit der Idee, „ein Hypnotiseur zu sein", und bestand darauf,
dass all seine Klienten außerordentlich gut in Trance gehen konnten,
bevor er weitermachte.

Mich interessierte mehr, wie weit ich diese Sache namens Hypnose treiben konnte. Also probierte ich, als ich wieder zuhause war,
alles aus, was er behauptete, das man machen könnte. Ich tat das
nicht, weil ich es widerlegen wollte, sondern weil ich wusste, dass,
wenn ich die gleichen Effekte hervorrufen konnte, es eine Welt von
Dingen gab, die noch nicht ausprobiert worden waren.

## Einfachere Wege finden

Ich probierte Dinge, die niemand jemals zuvor versucht hatte. Ich
wollte herausfinden, welche Wirkungen mit leichten Trancen und
tiefen Trancen erreicht werden konnten. Ich wollte sehen, wie weit
wir gehen können. Ich muss gestehen, dass eine Menge meiner Klienten eine Menge anspruchsvoller Sachen durchmachten, damit ich
einfachere Wege finden konnte, Dinge zu schaffen.

Die Leute, die sich wirklich um meine Arbeit verdient gemacht
haben, sind die Klienten, die zu mir kamen und am Ende waren.
Tatsächlich kam niemand zuerst zu mir. Sie kamen nur zu mir, weil
alle sie aufgegeben hatten. Sie sagten immer: „Sie sind meine letzte
Hoffnung", und ich antwortete immer: „Mensch, dann bist du aber in
großen Schwierigkeiten."

Aber ich habe nie aufgegeben. Ich lernte von Virginia Satir, hartnäckig zu sein. Ich lernte, dass, wenn etwas nicht funktioniert, du
einfach etwas anderes tust. Versagen ist eine Definition davon, wann
du aufhörst, und ich hörte nie auf.

In der Praxis benutzte weder Erickson all die Muster, die als das
Milton-Modell bekannt wurden, noch tue ich das. Da ich diese Leute
aufmerksam beobachtete, genauso wie diese „gewöhnlichen" Men-

schen, die Dinge von selbst erreichten, wurde es möglich, eine Technologie zu kreieren, die in ihrer Anwendung universell war, schnell
und von jedem leicht erlernbar. Die Sprache, die wir benutzen, hat
schlicht und einfach eine direkte Wirkung auf die Neurologie des
Zuhörers. Die Sprache, die wir benutzen, wenn wir mit uns selbst
und über uns reden, beeinflusst unsere eigene Neurologie ebenfalls.

Niemand wird die Milton-Sprach-Muster auf die gleiche Art verwenden. Die Leute, die wirklich vertraut mit ihnen werden, merken,
dass sie bestimmte Präferenzen haben, und entwickeln auf natürliche Weise ihren eigenen individuellen Stil.

Was mich betrifft, ich finde Zeitprädikate – Worte, die sich auf die
Zeit und ihren Verlauf beziehen – unglaublich mächtig. Ich benutze
Zeitprädikate als Verknüpfung – „Du sitzt *jetzt* hier, atmest ein und
aus, und *während* du dich immer mehr entspannst, kannst du zum
letzten Mal darüber nachdenken ...“

Nun, es gibt viele weitere Wege, wie temporale Sprache genutzt
werden kann.

Konfusion zu induzieren, erhöht die Suggestibilität – zum Beispiel: „... bevor du dich davor bewahrst, dich von dem Gedanken
abzuhalten, dass du nicht weißt, was später kommt, wird es da sein,
aber bevor wir beginnen, weiterzumachen mit dem, was nicht
wichtig ist an dem, was du nicht weißt, wirst du merken, dass du einfach angefangen hast, rückwärts zu gehen, denn die Vergangenheit
ist einfach die Zukunft, die gerade vorbeigeht ...“

Dies zeigt, wie Sprach-Muster geschichtet werden können. Abgesehen von den temporalen Prädikaten sind im letzten Satz Ambiguitäten aufgehäuft – Worte und Ausdrücke, die mehr als eine
Bedeutung haben können, was dem Unbewussten Raum lässt, Alternativen zu erkunden, die nicht explizit ausgesprochen wurden.

Ein anderer Grund, aus dem ich temporale Prädikate als besonders
wichtig betrachte, liegt darin, die sehr wichtige Unterscheidung zwischen der Vergangenheit und der Zukunft deutlich zu machen. Das
Beste an der Vergangenheit ist, dass sie vorbei ist. Wenn Menschen
die Vergangenheit nicht so behandeln, als ob sie vorbei wäre, sind sie
nicht frei, in die Zukunft zu gehen. Deswegen liebe ich die Ambi-

guität besonders, weil „die Vergangenheit eine Zukunft ist, die gerade vorbeigeht ..." (Ich empfehle, dass du den Satz noch einmal sehr sorgfältig liest, damit du für dich herausfinden kannst, wie viele Bedeutungen er beinhaltet.)

## Semantische Dichte

Ich rede oft über Leute, die „zum letzten Mal" wütend oder traurig oder deprimiert sind. Ich mag das, was als „semantisch dichte" Prädikate bezeichnet wird, etwas, mit dessen Diskussion Linguisten eine Menge Zeit verbringen. Beispielsweise „schleicht" man nicht offen an jemanden heran. Das Verb „heranschleichen" hat alle möglichen Nebenbedeutungen, die nicht aufgezählt werden müssen, sodass, wenn du sagst, dass jemand um den Rand einer Menschenmenge herumgeht, im Gegensatz zu, um den Rand einer Menschenmenge „herumzuschleichen", der semantisch dichtere Ausdruck eine größere Wirkung hat.

Temporalprädikate – Worte wie beispielsweise „letzter", „erster", „nach", „wieder" – haben alle semantische Dichte. Ausdrücke, die „wenn" („wenn du anfängst, X zu tun, wirst du etwas Wichtiges bemerken") und „nächste" („das nächste Mal, wenn du ihn siehst, wirst du Y empfinden") enthalten, erlauben dir geradezu, posthypnotische Suggestionen auf eine maximale Wirkung auszurichten.

Ich halte Temporalprädikate für eine Zielvorrichtung, die es dir ermöglicht, Gefühle mit großer Macht und Präzision zu platzieren, sie zu verstärken oder schwinden zu lassen.

Temporalprädikate sind natürlich direkt verknüpft mit Präsuppositionen. Präsuppositionen nehmen wortwörtlich „an" oder setzen voraus, dass etwas existent ist, auch wenn es nicht explizit genannt wird. Eine Frage wie zum Beispiel: „Wenn du aufstehst, könntest du die Tür schließen?" beinhaltet eine Anzahl von Präsuppositionen: Dass der Zuhörer aufstehen wird, dass es eine Tür gibt, dass er fähig ist, die Tür zu schließen und so weiter.

Viele syntaktische Umgebungen für Präsuppositionen basieren auf Temporalprädikaten. Das „Wenn" im vorhergehenden Beispiel ist ein Temporalprädikat, das die Präsupposition unterstützt. Ich finde dies extrem mächtig, besonders, wenn du davon sprichst, etwas „zum letzten Mal" zu tun, oder darüber, etwas „nie, nie wieder" zu empfinden.

Es gibt auch wunderbar einfache und wirkungsvolle Worte wie „Stopp". Die meisten Menschen denken bei „Stopp" nicht an ein Temporalprädikat, aber wenn ich Menschen sehe, wie sie anfangen in eine Verhaltensschleife zu gehen, die unendlich lange laufen wird, in der sie ein schlechtes Gefühl oder eine Panikattacke bekommen, sage ich ihnen: „Stopp" – und, erstaunlicherweise, tun sie das gewöhnlich.

Füge dem noch einen Ausdruck hinzu, wie „geh zurück", und du hast noch wirkungsvollere Werkzeuge. Wenn sich jemand hingesetzt hat, gibt es keinen Weg, körperlich zurückzugehen. Wenn du also sagst: „Stop. Geh zurück und fühle etwas anderes, dieses Mal ...", wissen sie auf einer tiefen Ebene, was zu tun ist.

Ein anderes Wort, das von seiner Natur her temporal ist, ist „neu". „Neu" impliziert, dass du etwas in der Zukunft tun wirst, wodurch „dieses alte Gefühl, das vorbei geht, nicht so befriedigend sein wird wie das, was du an neuen Gefühlen kommen spürst – jetzt".

„Jetzt" ist eines der mächtigsten temporalen Prädikate im Repertoire des Hypnotiseurs. Menschen können, besonders in veränderten Zuständen, sehr passiv sein. Du musst ihnen also sagen, was sie tun sollen, wann sie es tun sollen, wann damit zu beginnen, – und, jetzt, ist natürlich eine gute Zeit. Wenn ich Menschen sage, „tiefer zu gehen", bedeutet das nicht, dass sie das tun werden. Ich sage ihnen genau, wann sie etwas, das ich sie tun lassen möchte, tun sollen: „Dein Arm wird herabsinken – jetzt", „in exakt zwei Minuten wirst du diese Gedanken bemerken, wie sie in deinen Kopf kommen, jetzt, und dann wirst du entdecken ..."

Ambiguitäten sind ein nützliches Muster, wenn du mit jemandem arbeitest, der ein argwöhnisches Bewusstsein hat und sich selbst nicht traut. Dann spreche ich „durch" sie „hindurch" zu ihren anderen Teilen, um zu versuchen, durch die Hintertür zur Vordertür zu kommen, statt von der Vordertür zur Rückseite. Wenn mein Gegenüber mitarbeitet, werde ich das natürlich nutzen. Ich werde das Bewusstsein und das Unbewusstsein das Gleiche tun lassen. Je mehr du die Ressourcen eines Menschen gleich ausrichten kannst, desto einen besseren Ausgangspunkt hast du.

Die Kategorien, die als Interpunktions- und Scope-Ambiguitäten bekannt sind, bedürfen besonderer Aufmerksamkeit. Sie sind nicht nur in sich selbst wirkungsvoll, sondern sie lassen sich auch durch Temporalprädikate verändern. „Immer und immer wieder mal wird es vorkommen, dass alte Gefühle verschwinden ...", „Diese gleichen alten Gefühle werden zum letzten Mal auftauchen, genau bevor du empfinden wirst, wie sie jetzt verschwinden ..."

Diese Muster sind für das Bewusste sehr schwer zu verfolgen, aber für die sprachverarbeitenden Zentren im Gehirn sehr einfach zu verarbeiten. Ich weiß nicht mehr, wie viele Male ich Menschen Suggestionen gegeben habe und sie mich anschauten und sagten: „Was?" – und sie dann Wort für Wort ausführten, genau zur richtigen Zeit, denn sie hatten spezifische temporale Marker bekommen.

*Jetzt, nimm dir ein oder zwei Minuten und finde eine neue Idee ...*

Milton benutzte den Ausdruck: „Dein Unbewusstes jetzt" („du bist jetzt unbewusst") sehr viele Male (Anm. d. Übers.: engl.: „Your unconscious now" („you're unconscious now"), auf deutsch auch übersetzbar mit: „Dein Unbewusstsein jetzt" („dein unbewusst sein jetzt")). Es ist eine großartige Ambiguität, aber sobald du das Temporalprädikat nach dem Wort „Unbewusstes" reinknallst, wird es auch ein Befehl. „Dein Unbewusstes jetzt – möchte neue Ideen", „dein Unbewusstsein jetzt möchte wissen, noch unbewusster jetzt – wirst du sehen, dass du nicht tust, was du sehen kannst in der Zukunft, die jetzt kommt ..."

All diese Arten von Temporalausdrücken geben dir einen großartigen Raum, um Inhalt auf jede Seite zu packen. Es geht darum, eine Richtung auszuwählen und dorthin zu zielen, wohin du möchtest, dass die Dinge gehen. Was du in Hypnose tust, ist, das Bewusstsein von jemandem einen bestimmten Pfad hinab zu führen, und du musst entscheiden, ob dieser Pfad in ihre Vergangenheit oder in die Zukunft führt. Einige Dinge möchtest du hinter ihnen und einige möchtest du vor ihnen haben. Einige möchtest du für immer verschwinden lassen.

## Sprache in Aktion

Vorgewarnt ist vorgewarnt – und je mehr du davor gewarnt bist, wohin du nicht gehst – brauchst du Schilder in deinem Verstand, die sagen: „Stop, geh zurück, du gehst in die falsche Richtung." In den Vereinigten Staaten stellen sie diese an Autobahnauffahrten, damit du nicht falsch und schließlich gegen die Verkehrsrichtung fährst. Ich installiere sie buchstäblich im Kopf der Menschen. Ich sage: Du brauchst ein Schild in deinem Kopf, das sagt: „Geh zurück, du gehst in die falsche Richtung!"

Jetzt halt an, geh zurück und erinnere dich an diese Idee, über die du gerade nachgedacht hast, geh nur einfach zu dem Schild am Eingang. Schlechte Idee. Geh zurück. Du gehst gerade in die falsche Richtung – jetzt. Und sieh dann die Schilder dazu, wohin du gehen sollst. Spaß voraus. Freude kommt. Möglichkeiten voraus. Vergangenheit hinter dir. Lass sie hinter dir, jetzt, so, wenn du vorwärts gehst in der Zeit, denn es ist nicht genug, im Jetzt zu sein, du musst dem Jetzt voraus sein, denn die Zukunft kommt, die Vergangenheit ist hinter dir, also tue niemals, ja, niemals tue niemals wieder. Vergiss niemals, woran du dich nicht erinnern solltest. Und erinnere dich immer an das, was du nicht vergessen solltest – jetzt. Und dann wirst du es richtig tun. Denn, noch einmal (ich liebe dieses „noch einmal"), du wirst feststellen, dass der morgige Tag viel besser ist.

Ja heute. (Ich liebe dieses ebenfalls. Es ist voll von logischer Ambiguität, „ja zu heute" (Anm. d. Übers.: engl.: yes to day) und wenn es um Hoffnung geht, hat „ja heute" keinen Einfluss. Jetzt ...

Beachte, wie dicht die Sprach-Muster gepackt sind. Wenn du Temporalprädikate und Präsuppositionen hast und wenn du Präsuppositionen stapelst – wenigstens drei auf einmal – wird es für den Zuhörer extrem schwierig, bewusst zu folgen. Es ruft also eine sehr starke Wirkung auf das Unbewusste des Zuhörers hervor.

Ein weiteres Muster, das ich besonders mag, ist das „je mehr, desto mehr"-Muster. Ich benutze es andauernd, besonders mit übereinandergeschichteten Negationen:

*Je mehr du versuchst, dich davon abzuhalten,*
*dich vor dem zu hüten, was du weißt, dass du es nicht verstehst,*
*desto mehr wirst du, denn,*
*während du versuchst, etwas weiterhin nicht zu tun,*
*wirst du nicht fähig sein, nicht zu sehen, was vor sich geht.*

Der Zweck ist, das Unbewusste zu überladen, und sobald das passiert, öffnen sich die Türen und du kannst die Suggestionen einfließen lassen.

Ich sage oft, dass ich kein Hypnotiseur bin, sondern vielmehr ein „Hypno-Levitenleser". Wo die meisten Menschen sanfte, nicht-direktive Suggestionen anbieten, knall ich Sachen von allen Seiten und auf jede mir mögliche Art rein.

Die unbewussten Prozesse im Inneren von jemandem mit semantischer Dichte anzusprechen, ist eine Kunstform. Es ist fast, wie gute Poesie schreiben zu können. Aber es kommt nicht aus dem Nichts. Es ist kein angeborenes Talent. Es ist etwas, das du entwickelst. Und die Weise, wie du es entwickelst, ist durch Übung.

Ich empfehle, dass du zwei Tage mit einer Art von syntaktischer Umgebung verbringst und die nächsten zwei Tage mit einer anderen. Du kannst den Ressourcenblättern 4 und 5 weitere Erklärungen und Inspirationen entnehmen. Aber um Sprach-Muster generieren zu können, ohne darüber nachdenken zu müssen, solltest du schriftlich viele Seiten mit jedem Muster füllen. Du rekonfigurierst dein Gehirn, sodass das alles einfach und zur Gewohnheit wird.

Wenn du nicht eine Menge Beispiele von dem hast, was Dinge anders macht, wird es sehr schwer sein, es dir zur Gewohnheit werden zu lassen. Hypnotische Sprach-Muster, hypnotische Zustände – dies sind die Bausteine. Wenn du nicht alle Buchstaben des Alphabets kennen würdest, wäre es sehr schwer für dich, irgendetwas aufzuschreiben.

Menschen betrachten mich oft als eine sehr komplizierte Person. Es ist wahr, dass ich eine Menge wirklich komplizierte Sachen weiß – aber, wenn ich mit Menschen arbeite, ist daran überhaupt nichts kompliziert. Seit Jahren habe ich Dinge aufgeschlüsselt und gelernt, wie sie funktionieren, und dann habe ich ausprobiert, welche Wirkung sie zeigen. Ich habe Sprach-Muster untersucht, sodass ich sie in vielen raffinierten Formen automatisch und unbewusst generieren kann. Ich muss nicht mehr über sie nachdenken. Ich tue es einfach, während ich im Auge behalte, wohin ich will.

*Dies sind die Dinge,*
*die Menschen Freiheit geben.*

# Übungen

## Das Meta-Modell

### Übung 1:
1. Siehe Ressourcenblatt 4. Beginne zu üben, Meta-Modell-Muster zu erkennen. Nimm dir je zwei Tage Zeit für jedes Muster. Achte besonders auf die Sprache, die du hörst. Nimm die Meta-Modell-Verletzungen wahr, die auftreten.

Fernseh-Interviews mit Politikern sind eine reichhaltige Quelle dafür.

2. Während du mit jedem Muster vertrauter wirst, notiere dir einige Hinterfragungen, die du in einer echten Begebenheit benutzen würdest.

## Übung 2:

1. Arbeite mit einem Partner. Rede über ein Problem, egal, ob wirklich oder imaginär. Der Zuhörer notiert Meta-Modell-Verletzungen und hinterfragt sie, immer mit dem Ziel, Informationen wiederzuerlangen, die getilgt, verzerrt oder generalisiert wurden.

2. Wechsle die Rollen und wiederhole die Übung.

# Das Milton-Modell

## Übung 1:

1. Gehe die Beispiele in Ressourcenblatt 5 durch. Kreiere dann wenigstens zwanzig selbst.

## Übung 2:

1. Entscheide dich für ein Ergebnis, das du für einen Klienten haben möchtest. Wähle drei bis fünf Milton-Modell-Muster aus und kreiere eine konversationelle Induktion, indem du die Muster mit logischen oder temporalen Verknüpfungen verbindest. Wiederhole diese Muster drei Mal, sodass jede Induktion zwischen neun und fünfzehn Beispiele für hypnotische Sprache einschließt.

# 5.

# Richtungen oder Ergebnisse:

## Planen, erfolgreich zu sein

⌘

Alle erfolgreichen Menschen, die ich studierte, teilten zwei wichtige Eigenschaften: Sie wissen, wohin sie wollen, und sie sind darauf vorbereitet, welche Arbeit auch immer dazu notwendig ist einzubringen, die sie von da, wo sie momentan sind, dorthin bringt, wohin sie wollen. Das ist es, was ich möchte, das die Leser dieses Buches entwickeln, sowohl für sich selbst, als auch für die Menschen, denen sie helfen werden können: Freunden, Familie und Klienten.

Große Golfspieler üben, üben und üben. Baseballspieler verbringen ihre Zeit im Schlagkäfig und lassen sich stundenlang Bälle zuwerfen. Profi-Musiker verbringen mehr Zeit mit dem Üben als mit Auftritten. Ich habe einmal mit einem Kartenspiel-Zauberer zusammengearbeitet und er saß da und machte den gleichen Trick immer und immer wieder. Wann immer einer von diesen Leuten einen Fehler macht oder sein Ziel verfehlt, klagen sie interessanterweise nie darüber, dass sie es falsch gemacht oder zu wenig getan oder versagt haben – sie lachen einfach oder nehmen es gelassen hin und machen es wieder, bis sie es richtig hinbekommen.

Die Strategie des Zauberkünstlers war, sich einen Film davon vor-zustellen, wie seine Hände sich bewegen sollten, wenn der Trick per-fekt funktionierte. Dann ging er darum herum und stieg in das Bild hinein – ließ seine Hände in die Hände gleiten, die den Trick perfekt konnten – und versuchte, die Bewegung nachzubilden.

Die erfolgreichsten Athleten tun das oder etwas Ähnliches. Sie wissen, wie Perfektion aussieht. Sie sehen, wie es perfekt gemacht wird, dann treten sie in es hinein und führen die Bewegung aus, wis-send, dass sie, wenn sie ein gutes Gefühl haben, erfolgreich waren.

Es ist wichtig zu verstehen, dass sie sich nicht schlecht fühlen, wenn sie es nicht richtig machen. Sie fühlen einfach überhaupt nichts. Aber wenn sie anfangen, es richtig hinzubekommen, fühlen sie sich gut, und je besser sie werden, desto besser fühlen sie sich – so baut sich eine Sucht danach auf, es zu versuchen. Selbst wenn sie es nur einmal von 10 Malen richtig hinbekommen, macht dieses Gefühl es wert. Sie ziehen einfach die neun Mal für den Kick des zehnten durch. Nach einer Weile schaffen sie zwei von zehn, dann vier Mal, und so weiter, und sie machen immer weiter, denn sie werden süchtig nach dem guten Gefühl.

Im Gegensatz dazu fühlen sich viele Leute schlecht, wann immer das, was sie beschlossen haben, das passieren soll, nicht so funktio-niert. Das ist der Grund, weshalb ich oft sage: „Enttäuschung braucht angemessenes Planen."

Anders, als der Misserfolg-Bestrafungsansatz zum Lernen, baut das Verknüpfen von guten Gefühlen mit Handlung eine Fort-Schritt-Schleife (feed-forward loop) auf, die Menschen dazu bringt, ihr Handeln auf der Basis zu verbessern, dass sie sich immer besser fühlen. Wenn diese Strategie richtig in die Tat umgesetzt wird, spielt es für die Leute keine Rolle, ob sie es beim ersten Mal richtig hinbe-kommen oder erst beim vierten Mal, denn sie wissen, wie gut es sich anfühlen wird, wenn es klappt.

Nun, was für Athleten und Zauberkünstler funktioniert, funktio-niert für uns alle. Wir alle spielen Spiele der einen oder anderen Art – Arbeitsspiele, Beziehungsspiele, Elternspiele, Erholungsspiele – und wir lernen sie auch nach bestem Können zu spielen. Wir müssen in nützliche, zweckdienliche und erstrebenswerte Richtungen gehen. Wenn wir versuchen, durchzukommen, indem wir Unangenehmes und Schmerz vermeiden, bewegen wir uns rückwärts, und wir wissen nicht, wo wir hineintreten werden. Wenn wir Fort-Schritt-Schleifen bauen, sodass wir uns hin zu Vergnügen bewegen, statt weg von Schmerz, bewegen wir uns hin auf das, was wir möchten, und wissen, in welche Richtung wir gehen.

Viele Neurolinguistischen Programmierer reden davon, gute Ergebnisse zu erreichen. Ich spreche davon, gute Richtungen einzustellen. Das ist eine wichtige Unterscheidung. Ich möchte, dass Menschen eine Richtung haben, damit sie in Bewegung bleiben. Ich möchte, dass sie in den *Prozess* des Lebens involviert werden. Wann immer Menschen zu mir kommen und sagen: „Ich möchte glücklich (engl.: happy) sein", erwidere ich stets: „Tut mir leid, aber die Stellen der Sieben Zwerge sind bereits besetzt (Anm. d. Übers.: „Happy" ist der Namen eines der Sieben Zwerge bei Walt Disney). Du wirst schon ein wenig präziser sein müssen als das."

Du kannst nicht einfach „glücklich sein" – aber du kannst lernen, „Dinge glücklich zu tun". Glücklich zu leben bedingt, dass du dem Prozess dessen Aufmerksamkeit schenkst und Freude daran empfindest, was du tust, egal, was es ist, das du zufällig gerade tust. Es nicht einfach etwas, was *bing!* macht, und plötzlich bist du glücklich. Du lernst glücklich zu sein, indem du dem alten Sprichwort folgst, aufzuhören, die Rosen zu riechen. Aber du musst Freude daran haben, sie anzuschauen und sie zu berühren und an ihnen vorbeizugehen und an allem anderen in Bezug auf sie. Du kannst lernen, an allem Freude zu haben. Du kannst lernen, Freude am Schlafen zu haben, Freude am Aufwachen, Freude daran, das Frühstück zuzubereiten und zur Arbeit zu gehen. Je mehr Dinge du angenehm gestalten kannst, desto glücklicher wird dein Leben sein.

Eine meiner Herangehensweisen, Menschen zu helfen, ihr Leben zu verbessern, ist, sie in eine leichte Trance zu versetzen, gute Gefühle für sie zu generieren und sie dann in eine Richtung zu lenken, wo sie sich selbst sehen können, wie sie sich anders verhalten. Jeder kann lernen, sich in gewissem Maße anders zu verhalten. Und jeder kann lernen, gute Gefühle zu generieren. Zuerst müssen sie wissen, wie das sein wird, dann, und nur dann, können sie darangehen zu planen, es selbst zu tun.

Planen nimmt natürlich ein wenig Zeit in Anspruch – aber es ist gut investierte Zeit. Da die meisten Leute es sowieso tun (Glaubst du, ein Mensch, der Angst hat, plant nicht, eine Attacke zu haben, wenn er in den Supermarkt geht, oder der, der unter obsessiver Zwanghaftigkeit leidet, plant nicht, zu einer bestimmten genauen Tageszeit zwanghaft zu agieren?), kannst du es auch genauso gut richtig tun, damit du sicherstellst, dass du das Ergebnis bekommst, das du möchtest.

Der erste Schritt ist immer, Wahlmöglichkeiten zu schaffen. Das ist nicht gerade das Gleiche wie „die richtige Entscheidung zu treffen" oder „das Richtige zu tun", dann zu hoffen, dass es ein gutes Gefühl geben wird. Das ist die Grundlage vieler Selbstentwicklungsprogramme. Es ist eine Formel für Enttäuschung. Der Grund dafür ist einfach: Wir wissen oft, was wir tun *sollten* und wie wir empfinden *sollten* – und das nicht zu tun lässt uns uns schrecklich fühlen.

Das tritt gewöhnlich auf, wenn es uns an Flexibilität mangelt, Entscheidungen zu treffen. Wenn wir nur eine Reaktionsweise haben, stecken wir fest. Wenn wir zwei haben, können wir vor- und zurückpendeln. Wenn wir drei oder mehr haben, beginnt es sich viel besser anzufühlen.

Wenn ich jedoch darüber spreche, „Wahlmöglichkeiten zu haben", meine ich das nicht begrifflich. Ich meine es körperlich. Es geht darum, zu lernen, sich anders zu fühlen, und sicherzustellen, dass das bessere Gefühl erscheint, wenn du dich in die Richtung bewegst, in die du gehen willst. Wenn Virginia davon sprach, eine Wahl zu haben, redete sie nicht darüber, sie intellektuell zu kennen. Du musst neurologisch erfahren, was es für Möglichkeiten sind, bevor du eine Wahl aus freiem Willen heraus ausüben kannst.

Wir stimmen vielleicht alle darin überein, dass es in einem Flugzeug besser ist, ruhig zu bleiben, als in Panik zu geraten. Das bedeutet aber nicht, dass du die Wahl hast, ruhig zu bleiben – wenigstens nicht, bis du *entweder* innere Ruhe *oder* Panik fühlen kannst. Dann hast du eine Wahl.

*Viele von uns wissen, was wir tun sollten*
*und tun es nicht.*

Wir wissen, wir sollten keinen Schokoladenkuchen essen, aber wir tun es. Ich bin Diabetiker und esse Nachspeisen und ich weiß, dass ich es nicht tun sollte, und ich weiß es so gut, dass ich extra Insulin nehme, bevor ich zum Essen gehe, um es auszugleichen. Aber wenn du nicht vorausplanst, werden dir schlechte Entscheidungen schaden. Es gibt zum Beispiele viele Männer, die wissen, dass sie sich nicht nach anderen Frauen umdrehen sollten, wenn sie verheiratet sind, aber sie können sich nicht zurückhalten. Das liegt daran, dass sie nicht wirklich die Wahl haben, kein Interesse zu haben. Sie wissen nicht, wie sie es gelassen hinnehmen können, denn sie wissen nicht, wie sich das anfühlt.

Für mich bedeutet, Wahlmöglichkeiten zu haben, dass du fähig bist, mehr als eine Sache zu empfinden, während es für die meisten Menschen eine reine Reiz-Reaktion ist. Inneres Denken ist nicht freiwillig. Wahlmöglichkeit existiert dann, wenn du absichtsvoll denken kannst, und nicht, wenn du ein Opfer deiner Gedanken bist. Wahlmöglichkeit bedeutet, verschiedene Sets von Wahlmöglichkeiten zu haben und dann unter ihnen auszuwählen. Wahlmöglichkeit bedeutet, dass du die Möglichkeit bekommst, dich gewollt zu entscheiden, mit einer klaren Vorstellung, in welche Richtung oder zu welchem Ergebnis deine Wahl führen wird. Nicht, dass du dich entscheidest und dann Reue empfindest, weil du etwas anderes wählen „hättest sollen".

Die meisten Leute, die darüber klagen, dass sie in einer „Sackgasse stecken", werden vorbringen, was es ist, das sie so bleiben lässt – wie stark es ist, wie überwältigend, wie einzigartig. Der Punkt ist, solange sie auf diese Weise darüber denken, wird es für sie überwältigend sein. Aber es ist nicht wirklich stark und es ist sicherlich nicht einzigartig. Es ist einfach zu ihrer Gewohnheit geworden, es auf diese Art und Weise zu repräsentieren, und sie haben bisher nicht verstanden, dass man andere Wahlen treffen kann.

Alles, wozu ich Menschen wirklich zu bewegen versuche, ist, in Zustände zu gehen, in die sie tatsächlich sowieso gehen, aber dort zu bleiben und den natürlichen Prozessen in sich selbst mehr zu trauen. Anstatt die wirklich schrecklichen Bilder, die ihnen Angst einjagen, in außerordentlichen Details zu erforschen, sollten sie darüber nachdenken, welche Bilder sie so hell drehen sollten, dass sie weiß werden. Nicht die Ursache erkunden oder die Bedeutung diskutieren – es einfach auf die Art ausblenden, wie Filme am Ende weiß werden.

Das Muster ist einfach: Überblende die Bilder, die du nicht willst, weiß und ersetze sie dann sofort durch etwas, was du bevorzugst. Ergreife einfach den Helligkeitsregler und dreh ihn komplett auf Weiß und lass das Bild verschwimmen, bis es weg ist. Wenn du das fünfmal machst, wird es schwierig, dir das Bild wieder in Erinnerung zu rufen, selbst wenn du dich anstrengst.

Es scheint, dass das Unbewusste diesen einfachen Vorgang als einen Befehl versteht: nicht jenes, dies. Nicht A-zu-B, sondern A-zu-C. Sobald dein Unbewusstsein diese Nachricht einmal akzeptiert hat, bleibt es einfach dabei.

*Statt die Gedanken ablaufen zu lassen, die dir nicht dienlich sind,*
*bringst du dich dazu, die Gedanken zu haben,*
*die dich dorthin führen, wohin du willst.*

Wichtig: Es tut dies ohne Angst. Im Gegensatz zu dem, was viele religiöse Anführer und schlechte Eltern und Lehrer glauben, ist es nicht Angst, was Menschen wirklich vorwärtstreibt. Angst hält uns kurz. Deswegen haben wir sie. Dies ist im Allgemeinen als die Kampf-Flucht-Reaktion bekannt. Aber, ob du kämpfst oder fliehst, du bewegst dich immer noch im urzeitlichen Nervensystem, nicht in dem Teil, der dazu ausgebildet wurde, Pläne zu entwickeln und ihnen zu folgen.

## Sich von der Vergangenheit weg bewegen

Da Menschen sich so viel mit der Vergangenheit plagen, bin ich fast vollkommen davon abgekommen, sie in Betracht zu ziehen. Wenn ich Leuten helfe, Schwierigkeiten zu überwinden, blende ich sie meistens einfach aus und ersetze sie durch Dinge, von denen sie sich stark angezogen fühlen.

Es wurde schon oft gesagt, dass Menschen motiviert werden können, entweder vor einer negativen Erfahrung wegzulaufen oder zu positiven Dingen hingezogen zu werden. Ich arbeitete damit, die Wünsche der Menschen hervorzuheben, ihre Hoffnungen und ihre Träume, und sie absolut unwiderstehlich zu machen.

Wenn sie von Zwängen reden, möchte ich, dass sie den Zwang haben, in die Richtung zu gehen, in die sie wollen, auf die gleiche Art, wie sie sich ein Bündel Banknoten schnappen, wenn sie es auf der Straße entdecken. Ihr Gehirn sagt nicht: „Ach, du weißt nicht, wo es überall war. Es ist vielleicht keimverseucht." Sie tun es einfach.

Sie brauchen die gleiche Unmittelbarkeit einer Reaktion, wenn sie in ihrem Kopf Ideen von Dingen haben, die es wert sind: ihre Beziehungen wertzuschätzen, ihren Kindern zu sagen, dass sie sie lieben, loszugehen und zu versuchen, die Arbeit zu bekommen, die sie wollen. Sie müssen erkennen, was wichtig ist, und sich darauf konzentrieren, nicht auf das, was am Leben schrecklich ist.

Ich möchte, dass sie sich besinnen und beginnen, herauszufinden, wie sie den Menschen Freude bereiten können, die ihnen am Herzen liegen, und wie sie sich in Situationen benehmen, in denen sie jemand Wichtigen beeindrucken müssen, wie sie sicherstellen, dass sie keine dummen Sachen machen. Stattdessen entwickeln sie Angst und machen sich Sorgen, dass sie ängstlich sind und noch ängstlicher werden.

Nun, du vermeidest keine Probleme und erreichst deine Träume nicht, indem du an alle Dummheiten denkst, die du tun könntest, und jedes negative Gefühl sezierst, das du bekommst, und dann versuchst, sicherzustellen, dass diese Dinge nicht passieren. Das lässt dich nur weiter in der Falle sitzen.

Die Wahl ist einfach. Entweder du planst und setzt das in die Tat um, was dich in die Richtung bringt, in die du gehen willst, oder du versuchst, mit den Gedanken, Gefühlen und Erfahrungen zurechtzukommen, die drohen, dich zu überwältigen. Der erste Vorgang wird „denken" genannt, der zweite „reagieren". Du reagierst entweder oder du denkst und planst.

Ich gebe Unterricht darin, wie man denkt und plant, und ich habe gelernt, es sehr schnell zu tun. Wenn Menschen reinkommen und anfangen, mir zu erzählen, was schief läuft, habe ich es normalerweise alles schon vorher gesehen und gehört. Ich gehe davon aus, dass es den meisten Leuten in meinem Beruf so geht. Ich weiß also ziemlich gut, in welche Richtung sie gehen müssen, aber sie geben mir immer noch eine Liste dessen, woran sie aufhören müssen zu denken und was sie nicht fühlen möchten.

Wessen sie sich noch nicht bewusst sind, sind all die Dinge, die sie brauchen, um glücklich und erfolgreich zu leben.

Seit vielen Jahren sage ich den Leuten, nicht nur auf das zu hören, was ihre Klienten sagen, sondern auch zu bemerken, worüber sie nicht reden, denn das, was *nicht* da ist, ist das, was sie brauchen.

Wenn jemand zum Beispiel die Rechtschreibung nicht beherrscht, liegt das nicht daran, dass etwas mit ihnen nicht stimmt. Es liegt daran, dass sie keine gute Rechtschreibstrategie haben. Wenn jemand schüchtern ist, liegt das daran, dass sie nicht denken, dass Leute sie mögen werden. Das ist anders, als wenn sie denken, dass die Leute sie nicht mögen werden. Sie planen schlicht und einfach nicht, dass Menschen sie mögen, so wie sie sind. Wenn sie also neue Leute kennenlernen, fühlen sie sich nervös und unbehaglich und sind nicht sie selbst, also mögen die Leute sie nicht. Es ist eine selbsterfüllende Prophezeiung.

Da ich immer nach dem kürzesten Weg suche, um Menschen dahin zu bekommen, wohin sie wollen, genüsslich und mit größtmöglichem Spaß, verändern sich die Techniken, die ich benutze, genauso, wie ich mich verändere. Im Laufe der Jahre habe ich viele der Prozesse über Bord geworfen, die zu ihrer Zeit als revolutionär betrachtet wurden – nicht, weil sie nicht funktionierten, sondern weil ich etwas gefunden habe, das es mir erlaubt, das gleiche Ergebnis schneller und leichter zu erreichen.

Allerdings bin ich dazu in der Lage, weil ich mir eine Erfahrungsbasis aufgebaut habe. Ich weiß, wie diese Werkzeuge und Techniken funktionieren, und bin deshalb in der Position, dass ich sie weiterentwickeln kann. Aber ich musste mir diese Basis aneignen, auf der ich aufbauen kann, und ich empfehle dir, das Gleiche zu tun.

## Dein Können aufbauen

Wenn du im Verständnis der Muster, die hier dargelegt werden, kompetent wirst und darin, diese Fachkenntnisse zu praktizieren, wirst du nicht nur fähig sein, sie für dich selbst und deine Familie, Freunde und Klienten mit Vertrauen zu nutzen, du wirst auch fähig sein, eigene Ansätze herauszubilden, und helfen, das Feld noch weiter zu entwickeln.

## Übung:
## Können stehlen

1. Suche dir ein „Modell" aus – jemanden, dessen körperliche Leistung du gerne reproduzieren möchtest. Verbringe soviel Zeit wie möglich damit, dein Rollenmodell zu studieren, live, auf Video- oder DVD-Aufnahmen. Entspann dich einfach, während du sie beobachtest, lass deinen Blick weich werden und höre und beobachte einfach den Ablauf des Geschehens.

2. Wenn dir die Leistung deines Modells so vertraut wie möglich ist, schließe deine Augen und stelle dir dein Rollenmo-

dell neu vor, wie es eine Handlungssequenz auf hervorragendste Weise vollführt. Sieh und höre alles, was es gibt, um ein Modell seines Könnens zu erstellen.

3. Wenn du dir diese Handlung für einige Zeit angeschaut hast, gehe um das mentale Bild deines Modells herum und steig in es hinein. Stell dir vor, du kannst durch die Augen des Meisters blicken, mit den Ohren des Meisters hören und das Gefühl des Meisters spüren.

4. Lass jetzt die gleiche Handlungssequenz ablaufen, aber von innen, wobei du dieses Mal wahrnimmst, wie sich dein Körper anfühlt, während du dies tust. Wiederhole das mehrere Male, bis du ein Gefühl von Vertrautheit entwickelst.

5. Tritt jetzt aus dem Körper deines Modells mit dem Ziel heraus, von dem Können soviel wie möglich zu bewahren, während du in dein normales Wachbewusstsein zurückkehrst.

6. Übe das geliehene Können sobald wie möglich (und so oft wie möglich) und nimm wahr, wie dieses Training deine Leistung verbessert.

7. Wiederhole die ganze Übung, verknüpft mit jeder möglichen Echtzeit-Übung, die du machst, in den ersten 21 Tagen wenigstens einmal pro Tag, danach wenigstens einmal pro Woche zur Pflege.

Entspannen, nach innen gehen und neue Wirklichkeiten zu erleben beginnen ist per definitionem ein Trance-Zustand. Es ist eine wichtige Fertigkeit, die zu entwickeln ist, besonders mit der Macht von Trance. Das liegt daran, dass es einen realen Unterschied zwischen dem leibhaftigen Erleben in einem hypnotischen Traum und dem einfachen Nachdenken über etwas gibt. Erklärt bekommen, wie man etwas tut, unterscheidet sich davon, tief entspannt zu sein und in einen Zustand zu gehen, in dem du eine Erfahrung durchlebst, unter Einsatz all deiner Sinne. Der eine verändert die Neurologie und der andere tut es in Wirklichkeit nicht.

## Schritte zum Erfolg

Eine der ersten Techniken, die ich entwickelte, war der Visuelle Squash. Diese war dafür konzipiert, die Lücken zwischen dem momentanen Zustand und dem gewünschten Zustand zu füllen und die Energie und die Begeisterung zu schaffen, um die Bewegung hin zu diesem Ende aufrechtzuerhalten.

Was diese Technik von allen anderen Ziele setzenden, planenden oder motivierenden Ansätzen unterscheidet, ist, dass sie dich nicht in einem künstlich guten Gefühl belässt, sondern in mächtigen, positiven Gefühlen, die sich verstärken, während du einer Reihe von präzisen, erreichbaren Schritten folgst.

Verbunden mit effektivem Planen erweist sich der Visuelle Squash immer noch als ein wertvolles Werkzeug, um deine Richtung festzulegen und die Schlüsselhandlungen zu identifizieren, die es anzugehen gilt.

## Übung:
## Der Visuelle Squash

1. Schaffe eine lebhafte Repräsentation von dir, wie du jetzt bist (dein gegenwärtiger Zustand), mit all deinen Schwierigkeiten.

2. Sieh dich jetzt auf die Art, wie du wärest, wenn du durch all die Probleme durch wärest. Sei sehr genau darin, wie du dich verhalten, was du sagen und fühlen wirst. Mach das Bild so klar und detailreich wie möglich. Nutze all deine Sinne.

3. Platziere je ein Bild in deinen beiden Händen, die du ausgestreckt mit etwas Raum dazwischen vor dir hältst. Der Raum dazwischen repräsentiert das unentdeckte Land und nicht spezifizierte Schritte, die zwischen den beiden Zuständen liegen.

4. Beginne, eine Reihe von Bildern oder Filmen der logischen Schritte vom einen Zustand zum anderen zu erzeugen. Passe jedes Bild bzw. jeden Film an, Einzelbild für Einzelbild, indem du alles änderst, was geändert werden muss, bis jedes ein vollrepräsentiertes, fortschrittliches Stadium des Veränderungsprozesses ist.

5. Wenn du zwischen 10 und 12 Etappen vor dir hast, beginne langsam, deine Hände zu schließen, all die Einzelstadien in einen einzigen Ablauf kollabieren lassend.

6. Jetzt hol deine geschlossenen Hände an deinen Körper heran und zieh den neuen Zustand in deinen Körper hinein, was ein neues Gefühl produziert, das Handeln und Erfolg repräsentiert.

7. Lass das Gefühl schneller und schneller kreisen, verstärke es und lass es sich in deinem ganzen Körper ausbreiten, sodass es jeden Muskel durchdringt, jedes Organ, jeden Nerv und jede Zelle. Und während du dies tust, schau, wohin du willst, und entscheide genau, was du als ersten Schritt tun musst. Sieh dich dann den zweiten Schritt machen, dann den dritten und lass das Gefühl weiter kreisen und sich verstärken, bis du aufstehen und damit loslegen musst.

# Idiotensicheres Planen

Manchmal, wenn Menschen Schritt-für-Schritt-Pläne entwickeln, um ein bestimmtes Ergebnis zu erreichen, finden sie sich in einer Situation wieder, in der sie von noch mehr Problemen überschwemmt werden. Das Ergebnis ist so überwältigend groß oder komplex, dass sie unfähig sind, zwischen Schritten zu unterscheiden, die sie in die Richtung bringen, in die sie wollen, und Schritten, die sie auf Abwege führen. Die folgende Planungsmethode verdeutlicht nicht nur die Richtung und das Ziel, sondern stellt auch sicher, dass nur relevante Schritte in den Plan einbezogen werden.

Stell sicher, dass du die Bedingungen der Wohl-Geformtheit beachtest, wenn du Pläne machst. Im NLP ist ein bestimmtes Ziel wohl-geformt – und wird am wahrscheinlichsten erreicht – wenn es:

1. positiv formuliert wird (das ist das, was gewollt ist, nicht das, was nicht gewollt ist),
2. vom Einzelnen selbst in Gang gebracht und unterhalten werden kann (um Proaktivität und Selbstwirksamkeit beizubehalten),
3. ökologisch ist (entweder begrenzt auf den Kontext, in dem es angestrebt wird, oder, im Gegensatz dazu, sich negativ auf andere Bereiche des Lebens des Betreffenden auswirkend) und
4. durch Erleben überprüft werden kann (sinnlich erfahrbar, ausdrückbar in dem, was der Betreffende sehen, hören, fühlen und vielleicht schmecken und riechen kann).

Diese Bedingungen der Wohl-Geformtheit werden als einfache Checkliste angeführt, um sicherzustellen, dass du und/oder die Person, mit der du arbeitest, in den Vorhaben klar und konzentriert seid/ist.

# Übung:
# Idiotensicheres Planen

1. Steig in eine alle Sinne umfassende Repräsentation von dem
   ein, wie du dich verhalten willst, wie du reden, denken und
   dich fühlen wirst, wenn du auf dem vollkommen richtigen
   Weg deiner neuen und gewünschten Richtung bist. Um die
   Erfahrung zu verstärken: Stell dir vor, du durchläufst bereits
   einen ganzen „idealen" Tag mit deinen neuen Ressourcen.
   Lass deine guten Gefühle kreisen und sich verstärken.

2. Frag dich, was sofort getan werden muss, bevor du deinen
   perfekten Tag haben kannst. Notiere deine Antwort.

3. Wenn du das identifiziert hast, stell dir die gleiche Frage:
   Was muss sofort getan werden, bevor du zu diesem Schritt
   kommst. Schreib die Antwort auf.

4. Wiederhole dies, bis du zurück zu deinem Ausgangspunkt
   gekommen bist. Du solltest jetzt alle Schlüsselschritte
   haben, die notwendig sind, um dich von deinem gegenwärtigen Zustand zu deinem gewünschten Zustand zu bringen.

5. Vergib nun sorgfältig für jeden Schritt ein Beginn- und ein
   Fertigstellungsdatum, wobei du sicherstellst, dass alle in
   deinem Gesamtzeitplan erledigt werden.

*Anmerkung:* Komplexe Aufgaben können in ihre einzelnen Bestandteile aufgespalten werden, wovon jeder im Reverse
Engineering wie oben geplant werden kann. Dabei ist sicherzustellen, dass kein Anfangs- und Erledigtdatum miteinander kol-
lidiert.

# 6.

# In die Black-Box hineinsehen

## Zugangshinweise, Prädikate und Strategien

⌘

Von B. F. Skinner inspiriert, versuchten die Behavioristen, das Problem vom Denken zu lösen, indem sie das Gehirn eliminierten – im wahrsten Sinne des Wortes. Sie erklärten alles Verhalten als das Ergebnis eines Stimulus, der auf die „Black-Box" einwirkte (sonst bekannt als das Gehirn, das höchst entwickelte Organ im Universum) und als eine Reaktion herauskam. Sie legten fest, dass das, was zwischen dem „S" und dem „R" passierte, nicht berücksichtigt werden sollte, weil es nicht beobachtbar war.

Sie lagen falsch.

Menschen geben mit allem, was sie tun und sagen, preis, wie sie Informationen verarbeiten. Tatsächlich können Menschen nicht vermeiden zu kommunizieren, selbst wenn sie es vorziehen, nichts zu sagen.

Psychologen und Psychiater aber kamen nur noch mehr in Schwierigkeiten, weil sie darin verharrten, ihre Theorien zu verteidigen, und versuchten, die Erfahrung ihrer Patienten zu interpretieren, anstatt darauf zu achten und zu hören, was der Mensch vor ihnen von sich gab.

Einige meinten, dass du durch freie Assoziation zur „Wahrheit" vordringen konntest, andere arbeiteten mit dem Analysieren von Träumen. Einige glaubten wirklich (und glauben immer noch), dass, je öfter die Opfer von Traumata ihre traumatische Erfahrung immer wieder innerlich erleben, desto besser würden sie sich fühlen. Wenn das wahr wäre, würden alle, die unter Einschränkungen wie posttraumatisches Stress-Syndrom leiden, sich selbst heilen, da das zwanghafte immer wieder Zurückgehen zu dem vergangenen Erlebnis ein charakteristisches Merkmal ihres Problems ist.

Das größte Rätsel für mich ist jedoch, wie das ganze Feld der Psychologie die Tatsache übersehen konnte, dass Menschen, wenn sie denken, ihre Augen in bestimmte Richtungen bewegen. Selbst jetzt noch stellen einige Forscher das infrage – trotz der Beweise direkt vor ihren Augen.

Des Weiteren haben die Richtungen, in die sich ihre Augen bewegen, Muster. Wenn Rechtshänder sich erinnerte Bilder ins Gedächtnis rufen, tendieren ihre Augen dazu, hoch und nach links zu gehen. Wenn sie Bilder von Dingen erfinden, die sie vorher nicht tatsächlich gesehen haben, gehen ihre Augen nach oben und rechts. Wenn sie mit sich selbst reden, gehen ihre Augen nach unten links. Manchmal schauen sie geradeaus und defokussieren – und, wenn sie tiefe Gefühle verspüren, gehen ihre Augen nach unten rechts. Bei Linkshändern ist dieses Muster oft umgekehrt.

Ich bemerkte dies recht früh in meiner Arbeit. Es ist eigentlich ziemlich schwierig zu übersehen, wenn du auf der Bühne bist und 400 Leute bittest, sich an etwas zu erinnern, was ihnen passiert ist, und 400 Augenpaare gehen ganz nach oben und nach links, während sie murmeln: „Hmmm, lass mich mal schaun ..."

Es ist genauso schwierig zu übersehen, dass Menschen nach unten schauen, wenn sie deprimiert sind. Ihre Augen zucken von einer Seite zur anderen, während sie Selbstgespräche darüber führen, wie ausgesprochen schlecht sie sich fühlen.

Trotz des Meinungsstreits, den dies in der breiten Masse erzeugte, waren sich die Menschen dessen intuitiv bewusst. Schauspieler folgten diesen Mustern in Stummfilmen. Du konntest das sogar bei

Betty Boop Trickfilmen aus den zwanziger Jahren sehen. Aber das gesamte Feld der Psychologie übersah dies, schlicht und einfach, weil die Psychologen selbst nicht wirklich menschliches Verhalten beobachteten, noch dem zuhörten, was Menschen sagten. Sie nahmen für sich in Anspruch, dass sie das täten, aber in Wirklichkeit *interpretierten* sie Verhalten – und wenn du das tust, bist du zu beschäftigt, um deine volle Aufmerksamkeit auf die Person vor dir zu richten.

Ich konnte dies wahrnehmen, und eine ganze Menge andere Sachen über menschliches Verhalten, weil meine Herangehensweise nicht die eines Psychologen, sondern die eines Informationswissenschaftlers war. Mich interessierte mehr, was passierte, um dann herauszufinden, was es bedeutete, anstatt eine Theorie zu entwickeln und zu versuchen, das Verhalten des Klienten in diese hineinzupressen, sodass es damit übereinstimmte.

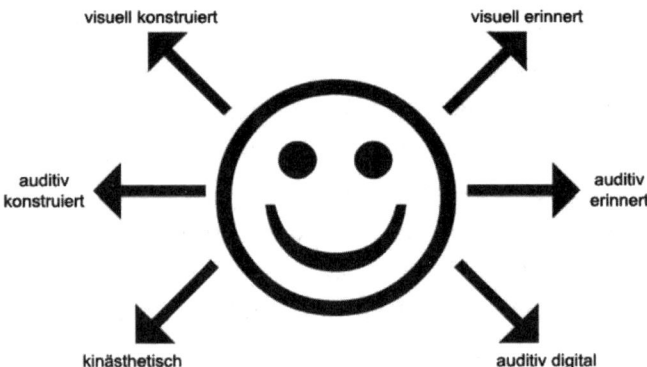

*Wie die meisten Rechtshänder Informationen abrufen.*
*Linkshänder sind oft seitenverkehrt.*

Gute NLP-Practitioner kalibrieren sich routinemäßig auf die individuellen Reaktionen ihres Gegenübers, indem sie bestimmte Fragen stellen und dann die Ergebnisse prüfen. Einige Menschen zeigen eigene Augenzugangsmuster, aber sie werden immer gleichbleibend sein. Ihre Augenzugangshinweise werden für sie individuell ein System haben.

Hier sind einige Anregungen für die Art von Fragen, die du stellen kannst:

*Visuelles Erinnern (eidetisches Gedächtnis):*
- Wie bist du heute hierher gekommen?
- Haben viele Leute den Bus benutzt?
- Sind sie mit dem Streichen der Eingangstür unten fertig? Welche Farbe hat sie jetzt?

*Visuell konstruiert:*
- Wie würdest du aussehen, wenn du so viel abnehmen würdest, wie du gerne möchtest?
- Kannst du dir ein Tier mit dem Körper eines Elefanten und dem Hals und Kopf einer Giraffe vorstellen?

*Auditives Erinnern:*
- Welches ist das vierte Wort in der Nationalhymne?
- Kannst du dir das Geräusch vorstellen, das Fingernägel auf einer Schultafel machen?

*Auditiv konstruiert:*
- Kannst du dir das Geräusch einer Schneeflocke vorstellen, wenn sie auf einem Kissen landet?
- Kannst du die ersten drei Noten von Entchenklein in deinem Kopf singen – rückwärts?

*Auditiv digital (Worte oder Geräusche, Selbstgespräche):*
- Was sagst du morgens zu dir selbst, um aus den Federn zu kommen?
- Was genau sagst du dir gerade, wenn du sagst, du kannst nicht entspannen?

*Kinästhetisch:*
- Kannst du fühlen, wie es sich anfühlt, das Fell einer Katze zu streicheln?
- Welche deiner beiden Hände ist wärmer als die andere?

## Muster:
## Internale Prozesse kalibrieren
## Teil 1

1. Fertige eine Liste von verschiedenen Fragen für jede systematische Kategorie an. Mach sie so dialogorientiert wie möglich.

2. Überprüfe deine Fragen mit mehreren Gesprächspartnern und führe Aufzeichnungen. Wechsle systematisch durch die Kategorien, um die Konsistenz ihrer Reaktion (und die Genauigkeit deiner Fragen) zu überprüfen.

Wenn Leute zum ersten Mal in Augenzugangshinweisen unterrichtet werden, gehen sie hinaus in die Welt und finden sich plötzlich mitten in einem Film von Fellini wieder. Menschen reden miteinander oder versuchen sich zu entscheiden, was sie im Supermarkt einkaufen. Sie lassen ihre Augen dabei auf die bizarrsten Arten kreisen – vollkommen unwissend, dass sie es tun, und vollkommen unwissend, dass sie riesige Mengen an Informationen darüber preisgeben, wie sie denken.

Es ist aber wichtig, offene Ohren sowie ein wachsames Auge zu haben. Es erfordert einige Konzentration, um seine Aufmerksamkeit von dem „Inhalt" des Problems eines Klienten loszulösen – der Geschichte, warum sie glauben, dass sie so geworden sind, wie sie sind – und sie darauf auszurichten, wie sie sich ausdrücken. Aber wenn du das tust, tauchen andere interessante Muster auf – die der Prädikate der Repräsentationssysteme oder die der bevorzugten sinnesspezifischen Prädikate.

Wir wissen aus Kapitel 3, dass Menschen sinnessystemspezifische Präferenzen haben. Hier stellen wir fest, dass Menschen uns eine große Auswahl an Hinweisen in Bezug darauf liefern, welche Sinneskanäle sie benutzen, um Informationen zu verarbeiten.

Hier einige Beispiele

(siehe Ressourcenblatt 2 für weitere Beispiele):

*Visuell:* „Ich sehe, was du meinst." „Es wird mir klar."

*Auditiv:* „Das hört sich gut an." „Ich höre deine Worte."

*Kinästhetisch:* „Gefühlsmäßig ist das richtig."

„Ich habe es gepackt."

Augenzugangshinweise mit sinnesspezifischen Prädikaten abzugleichen wird oft die bevorzugte Verarbeitungsmethode des Sprechers bestätigen. Es kann auch ein nützlicher Hinweis auf Informationen sein, die außerhalb der bewussten Wahrnehmung des Sprechers liegen – zum Beispiel kann ein bestimmtes Erlebnis aus der bewussten Wahrnehmung herausgefallen sein, aber visuelle Zugangshinweise oder auditive Erinnerungszugangshinweise weisen darauf hin, dass es die Person vielleicht auf unbewusster Ebene beeinflusst.

Es ist meine feste Überzeugung, dass das menschliche Gehirn alles abspeichert, das uns passiert. Mittels tiefer Hypnose ließ ich Menschen eine Altersregression in die Kindheit machen, wie sie auf dem Schoß der Eltern sitzen und jedes Wort eines Buches verstehen, das sie zum letzten Mal vor 40 Jahren gesehen haben, bevor sie überhaupt lesen gelernt hatten.

Wenn mir also jemand sagt: „Ich kann nicht zeichnen. Ich habe einfach kein Talent dafür", und ihre Augen zucken immer wieder nach links, habe ich berechtigten Grund zu der Annahme, dass sie sich etwas unbewusst ins Gedächtnis rufen, das ihnen jemand gesagt hat, vielleicht viele Jahre zuvor.

Das ist der Punkt, an dem ich meine Lieblings-Meta-Modell-Frage stelle: „Wie weißt du das?" – Unweigerlich werden sie sagen: „Keine Ahnung. Ich kann es einfach nicht."

Sei dir bewusst, dass die Worte „einfach" oder „nur" fast immer signalisieren, dass der Sprecher am Rand seiner bewussten Wahrnehmung ist, und du, indem du nicht locker lässt, ihm helfen kannst, wieder Verbindung zu ihrem unbewussten Modell herzustellen.

Der Prozess, mit dem sie schließlich aufwarten, könnte etwa so sein: „Naja, ich habe dieses Bild von meinem Kunstlehrer, wie er sich über mich beugt und in diesem wirklich geringschätzigen Ton sagt: ‚Du wirst nie zeichnen können. Du hast kein Talent.' Dann bekomme ich dieses bleierne Gefühl in der Magengrube, das ich jedes Mal hatte, wenn mein Vater mir sagte, wie dumm ich sei und scheinbar einfach nichts richtig machen könne. Was bringt es also, wenn ich es auch nur versuche? Es gibt genügend Menschen in meinem Leben, die das gesagt haben, also muss es wahr sein."

Manche Psychotherapeuten mögen in einer Aussage wie dieser Arbeit fürs ganze Leben, einen neuen Porsche, ein Haus am Strand sehen. Der erfahrene NLP-Practitioner wird etwas anderes merken.

Der Sprecher ist nicht nur von erinnerten Bildern kritischer Menschen und deren Kommentaren gesteuert, sondern diese rufen auch bestimmte Gefühle hervor, die ihn wiederum an all die anderen kritischen Leute und ihre Äußerungen erinnern – und so weiter – ein nicht-endender Kreislauf.

Die Sequenz von visuell, auditiv und kinästhetisch zeigt an, was wir eine „Strategie" nennen. Wir haben Strategien für alles, was wir tun, angefangen vom morgendlichen Aufstehen bis hin zur Entscheidung, den „richtigen" Menschen zu heiraten. Die Charakteristik jeder Strategie ist, dass der Mensch, der sie benutzt, eine Reihe von Schritten durchläuft, um ein vorhersagbares Ergebnis zu erreichen.

Kann dieser Mensch zeichnen? Fast mit Sicherheit kann er es. Das Problem bisher war, dass sich die Strategie, die er benutzt, um sich schlecht zu fühlen, weil er „kein Talent hat", vollkommen von der unterscheidet, die Leute benutzen, die außerordentlich gut malen und zeichnen können.

Dies ist etwas, was ich entdeckte, während ich einem Mann beim Malen am Flussufer beobachtete. Er blickte zur Szene auf, blickte auf sein Gemälde hinab, zeichnete eine Linie oder zwei, blickte wieder auf und so weiter.

Schließlich ging ich zu ihm rüber und fragte ihn direkt. Ich sagte: „Wie wissen Sie, wie Sie das, was Sie sehen, auf das Gemälde bekommen?" Er dachte ein wenig nach und antwortete dann: „Nun, während ich auf die Szene blicke, die ich malen will, fühle ich diesen Faden in Gedanken, der vom Pinsel zu der Szenerie dort geht, und so, wie ich ihre Details mental nachvollziehe, bewegt der Faden meine Hand auf die gleiche Weise und ich kann spüren, dass die Umrisse, die ich auf meinem Zeichenpapier sehe, richtig sind."

Seit damals habe ich diese Strategie hunderten von Menschen beigebracht, die alle glaubten, dass sie nicht malen oder zeichnen könnten, und jetzt sehr fähige und begeisterte Künstler sind.

Ein Hauptschlüssel dazu, Menschen zu helfen, ihr Denken zu optimieren, ist, zu verstehen, wie sie ihre Sinne benutzen und wie sie ihre interne Verarbeitung ablaufen lassen, um ein bestimmtes Ergebnis zu erzielen. Wenn du Strategien formal elizitieren und notieren möchtest, wird das Notierungssystem auf Ressourcenblatt 6 oft dazu benutzt. Wie bei allen NLP-Mustern und -Techniken, erlaubt einem die durch Übung erworbene Vertrautheit das Beobachten von Abfolgemustern ohne zu viel Ablenkung.

Die Art, wie Kindern immer noch das Rechtschreiben beigebracht wird, ist symptomatisch dafür, wie sehr das Bildungssystem in alten Denkmustern feststeckt. Einige Menschen, so wird angenommen, sind „einfach" von Natur aus gut in Rechtschreibung, andere nicht. Als ich das mitbekam, war ich natürlich sofort interessiert, was die tatsächlichen Unterschiede zwischen beiden waren.

Als ich zur Schule ging, sagten sie uns, dass Buchstabieren „phonetisch" sei. Du musstest die Worte laut aussprechen und dann niederschreiben, wie sie sich anhörten. Das war die einzige Strategie, die das System anerkannte. Aber du musstest natürlich auch alle möglichen Regeln im Kopf behalten, wie zum Beispiel: „Trenne nie st, denn es tut ihm weh", und einige Buchstaben sind Dehnungskonsonanten oder -vokale und „Vase" wird mit V geschrieben, auch wenn es wie ein W ausgesprochen wird. Es machte mich sogar sprachlos, dass du noch nicht einmal „phonetisch" phonetisch buchstabieren kannst.

Das System ist auch dadurch untergraben, dass es auf diesem Konzept basiert, dass es so etwas gibt, wie Worte für die zweite Klasse und Worte für die dritte Klasse und so weiter – was alles Quatsch ist. Es gibt einfach Worte und wenn du weißt wie, ist es möglich, sie alle zu buchstabieren.

Als ich gute Rechtschreiber modellierte, fand ich heraus, warum. Diese Menschen sprachen die Worte nicht laut aus, auch wenn Worte auditiv sind; sie überlappten sie mit dem visuellen Kanal. Sie stellten sich die Worte bildlich vor.

Das im Kopf, ging ich in Schulen, wo Kinder schlecht in Rechtschreibung waren, brachte ihnen bei, sich die Worte als Bilder vorzustellen und sie abzuschreiben. Und plötzlich wurden aus schlechten Rechtschreibern gute.

Das Gleiche gilt für Mathe, das gleiche gilt für Wissenschaften, das gleiche gilt für alles, was es zu lernen gibt. Menschen, denen ein „angeborenes Talent" zugesprochen wird, haben einfach bestimmte effektive mentale Strategien.

In seinen späten Jahren rezitierte Robert Anton Wilson, ein überaus produktiver Schreiber und Redner und ein alter Freund von mir, stundenlang Gedichte für mich. Als ich ihn fragte, wie er sich all dies gemerkt hatte, sagte er: „Nun, ich habe es auf einer sehr großen Seite und ich lese es einfach ab."

Jeder, der Bob jemals eine Rede halten sah, wird sofort verstehen, was er meinte. Während er sprach, wanderte er mit dem Kopf von einer Seite zur anderen, um die Sätze zu „lesen", die darauf standen. Da das Bild, das er sich in seinem Kopf vorstellte, überaus groß war, 7 Meter hoch und 7 Meter breit, mit großen Buchstaben drauf, enthielt es sehr viel Informationen. Es war leicht zu lesen und sich daran zu erinnern.

Meine eigene Strategie ist etwas anders. Als ich in der Schule war, versuchte ich, Gedichte einfach auswendig zu lernen, aber nach den ersten Zeilen wurde es etwas knifflig. Da ich mich für Musik interessierte und Worte sich viel leichter in Erinnerung rufen lassen, wenn es eine Melodie dazu gibt, lernte ich, sie in Lieder zu verwandeln. Ich wurde immer besser darin, denn es machte viel mehr Spaß.

Die richtige mentale Strategie zu haben bedeutet nicht, dass du dein Können nicht mehr üben musst. Es bedeutet, dass es funktioniert und du Spaß daran hast und du es deswegen immer öfter und öfter und öfter übst.

# Übung:
# Die NLP-Rechtschreib-Strategie

1. Finde ein Wort, das du gerne buchstabieren können möchtest. Stell sicher, dass du ein Beispiel mit der korrekten Schreibweise vor dir hast.

2. Visualisiere eine große weiße „Tafel" in deinem oberen, linken, internen Sichtbereich. Stell dir vor, wie du das Wort in großen, klaren Buchstaben auf deine weiße Tafel schreibst, wobei du deine Hand so bewegst, als ob du schreibst. Gib jedem Buchstaben eine andere Farbe, wenn du magst – oder such vielleicht für jede Wortart eine Code-Farbe aus: Verben sind vielleicht orange, Substantive blau usw.

3. Überprüfe, ob das Wort korrekt geschrieben ist, indem du deine innere Repräsentation mit dem Buch oder Duden vor dir vergleichst. Achte besonders auf das Gefühl (kinästhetisch), das du bekommst, wenn die Schreibweise übereinstimmt.

4. Schließ jetzt deine Augen und sprich das Wort laut aus, indem du es von deiner inneren weißen Tafel „liest". Überprüfe wieder anhand des gedruckten Wortes und mit deinem kinästhetischen Gefühl, dass es korrekt geschrieben ist.

5. Teste dich, indem du den vierten Buchstaben von links nennst, den dritten vom Ende, jeden zweiten Buchstaben, alle Vokale usw. Sprich das Wort schließlich laut vorwärts und rückwärts aus. Speicher es mental ab, aber hol es immer mal wieder aus dem Speicher, um den Prozess zu festigen.

# Dinge erledigen

Wenn Leute Probleme damit haben, Sachen fertig zu bekommen, liegt es fast immer daran, dass sie zu viel Müll in ihren Strategien haben. Wenn es zu viele Schritte oder zu viel inneren Dialog gibt, bringt das zu viel Kampf mit dir selbst. Du hast all diese übermäßigen Gefühle, selbst wenn du nur versuchst, relativ Einfaches zu erledigen.

Natürlich, wenn du planst, etwas Komplexes zu tun, ist eine komplexe Strategie wirklich zweckmäßig, aber wenn du etwas Einfaches tun willst, muss deine Strategie auch entsprechend einfach sein.

Es ist es wert, sich faule Menschen anzuschauen, um zu sehen, wie das gemacht wird. Faule Menschen würden nie mehr tun, als sie müssen. Faule Menschen machen sich Dinge leicht.

Ich bin im Prinzip ziemlich faul, wodurch ich darauf kam, den Wert der Einfachheit zu erkennen. Ich mache eine Menge Dinge auf die einfache Art. Ich habe eine Brille, die ich einfach auf meinem Computer liegen lasse, sodass ich, wenn ich mich hinsetze, nicht sagen muss: „Mist, ich brauche meine Brille", und wieder aufstehen und sie holen muss. Sie ist billig, 10 Euro in der Drogerie, und sie erspart mir, 95 Mal am Tag im Zimmer hin- und herzurennen.

Jeder respektabel faule Mensch plant, faul zu sein, und das Leben wird schlicht einfacher. Wenn du aber dieses tun musst und jenes vergisst und dir über etwas anderes Sorgen machst, ist das einfach eine Menge Arbeit – und wenn du sagst: „Nun, ich habe einfach keine gute Organisation", hast du in Wahrheit eine gute Organisation, aber auf eine gewisse Art ist das nicht besonders intelligent. Der Punkt dabei ist, dass du organisiert bist, denn du tust – oder tust nicht – immer das Gleiche auf die gleiche Art. Wenn du nicht organisiert wärest, würde das zufällig passieren, und das ist einfach nie der Fall.

Wenn der Plan in deinem Kopf einfach zu kompliziert ist und etwas, das du möchtest, ist nicht da, sagst du: „Ich sollte daran denken", „Ich sollte das nicht vergessen", anstatt zu sagen: „Von nun an werde ich, bevor ich das Haus verlasse, daran denken."

*Einfach gesagt:*
*Wenn du dir schlechte Befehle gibst, passiert Schlechtes.*

Ein schlechter Befehl hat nichts damit zu tun, ob etwas richtig oder ethisch ist oder nicht, es geht darum, wie er formuliert ist. Die Menschen sagen sich selbst, was sie nicht tun sollten, und sind dann überrascht, dass das, was sie dachten geplant zu haben, nicht passiert. Wenn du zu dir selbst sagst: „Ich sollte diese Telefonnummer nicht vergessen", versteht dein Gehirn: „Vergiss diese Telefonnummer, vergiss diese Telefonnummer", und natürlich wirst du das tun.

Fast jedes Mal, wenn ich in einem Restaurant bin, sehen irgendwelche Eltern, wie ihr Kind nach einem Glas oder etwas greift, und sie schauen das Kind an und sagen: „Verschütte es nicht!", und *pffft*, kippt es um, einfach, weil das Unbewusste keine Negationen verarbeitet.

Wenn du dir selbst Befehle gibst, musst du es auf eine Art tun, die funktioniert. Was ich damit sagen will: Such dir einen einfachen Test heraus, bei dem du in kleinen Bildern visualisierst, eine kleine Aufgabe auszuführen, wie zum Beispiel, an deine Schlüssel zu denken oder an deine Geldtasche. Finde heraus, wo du es aufbewahren solltest, damit es in deinem Sichtfeld und in Griffweite ist, wenn du bereit bist, das Haus zu verlassen.

Gewöhn dir an, Fragen zu stellen, wie: „Wann werde ich dies das nächste Mal brauchen?" Das ist die magische Frage. Wenn du es also dorthin legst, wo es bereitliegt, wirst du dir keine Gedanken darum machen müssen, bis du das Haus verlassen willst.

Die schnelle Art, eine simple Strategie wie diese zu installieren, ist: *Sieh dich selbst die Handlung ausführen, steig in sie hinein.* Dann – peng! – tue es sofort und es wird rasch eine Gewohnheit werden.

Menschen gehen oft zum Therapeuten, um über Probleme, wie zum Beispiel Dinge aufschieben, zu klagen. Aber Aufschieben ist kein psychologisches Problem. Es ist nur eine Frage der mentalen Organisation.

Nun, einige Leute rebellieren dagegen, es auf diese Art anzugehen. Sie denken, das ist zu einfach. Aber, wie ich über die Dinge denke, ist nichts falsch an einfach. Das Leben wird leichter und produktiver, wenn du in deiner Vorstellung Szenarien entwickelst, in denen sich Dinge auf die einfache Art erledigen lassen.

Dies ist der Weg, wie einige Kampfsportler lernen, gute Kampfsportler zu sein. Sie beobachten den Lehrer, wie der etwas macht, stellen sich bildlich vor, wie sie es selbst tun, steigen in das Bild hinein und werden vertraut mit den Bewegungen aus ihrer Vorstellung.

Einige japanische Kampfsportler haben Schüler, die die Bewegungen immer und immer wieder durchgehen. Sie kritisieren sie, bis sie es richtig machen. Chinesische Kampfsportler stellen sich einen Film von sich selbst vor, wie sie die Bewegungen so perfekt wie der Lehrer machen, ohne auch nur die Matte zu betreten.

Sie stellen sich dies wieder und wieder und wieder bildlich vor und dann drehen sie das Bild herum, steigen in den Lehrer hinein und vollführen die Bewegungen.

Diese Lehrer bringen ihren Schülern tatsächlich bei, wie man plant und erfolgreich ist.

Wozu ich die Leser dieses Buch auffordere, ist das Gleiche. Ich fordere dich auf, dir einen Augenblick Zeit zu nehmen und zu planen. Damit meine ich, mach einfach einen Plan in deinem Kopf, eine Entscheidung, wie du etwas anders durchführen wirst.

Wenn du planst, die Dinge, die du möchtest, leidenschaftlicher, anziehender zu machen, ist hier das Geheimnis. Stell dir lebhafte Bilder vor und stell sie dorthin, wo du bereits Dinge siehst, für die du Leidenschaft empfindest. Sieh, was zuerst getan werden muss, dann, was danach kommt und was darauf folgt. Wisse, wohin du willst – und mach den Weg dorthin vor allem zu einem Unterfangen, das es wert ist.

# Übung:
# Dinge erledigt bekommen

1. Wähle eine Situation aus, in der du das Gefühl hast, keine die Kontrolle zu haben – nicht, weil du nicht das Wissen oder das Können hast, sondern weil dir deine Emotionen „in die Quere kommen". Ein Beispiel hierfür kann „Angst vor Erfolg" oder „Angst vor Versagen" sein.

2. Verstehe, dass dies momentan einfach eine Einstellung ist, die dich davon abhält, etwas zu tun, von dem du weißt, dass du es tun solltest. Entscheide also so wohlweislich wie möglich, was du tun willst, wenn du die Kontrolle zurückerlangt hast. Wähle ein konkretes Beispiel für dieses Verhalten aus, vorzugsweise eines, das sich sofort überprüfen lässt.

3. Nimm dann eine bequeme Sitzhaltung ein, schwebe aus dir hinaus, indem du dich ein wenig hinter und oberhalb deines physischen Körpers sitzen siehst. Sieh mit deinem geistigen Auge deinen Hinterkopf, die Breite deiner Schultern. Sieh, wie deine Kleidung aus diesem Blickwinkel aussieht. Lass dieses Bild so dreidimensional wie möglich werden.

4. Stell dir jetzt vor, dass du siehst, wie du beginnst aufzustehen und, während dies passiert, stehe tatsächlich, sodass du genau die gleiche Position hast wie dein Bild von dir in deiner Vorstellung.

5. Wiederhole das mehrere Male und jedes Mal schneller, bis du dich von der Lebhaftigkeit deiner Vorstellung auf deine Füße gezogen fühlst.

6. Stell dir vor, du stehst ein wenig hinter und über einer Vorstellung von dir, wie du gerade mit dem anfangen willst, was

du in Schritt 2 ausgesucht hast. Stell sicher, dass es die gleiche Position und Eigenschaften hat wie die Aufsteh-Übung.

7. Lass die Handlung von Anfang bis Ende ein paar Mal ablaufen. Tue dies schneller und schneller, während du jedes Mal in das Bild hineinsteigst, bis du den gleichen „Sog" spürst wie zuvor.

8. Mache einen Test, indem du mit der Aktivität anfängst und sie bis ganz zum Ende durchziehst, wenigstens 3 Mal. Setz dich dann für ein paar Augenblicke ruhig hin und stell dir vor, wie dein Leben anders und besser sein wird, indem sich diese neue Fähigkeit auf andere, gleich nützliche und geeignete Bereiche deines Lebens überträgt.

# 7.

# Unterscheidungen
# in den Submodalitäten:

## Der Unterschied,
## der den Unterschied bewirkt

⌘

Repräsentationssystemprädikate wahrzunehmen stieß für mich große Türen auf, je genauer ich hinhörte. Denn sobald du dir eine Liste all der visuellen, auditiven und kinästhetischen Prädikate machst, beginnst du etwas anderes zu hören. Menschen fangen an, über die Modalitäten zu reden, als ob sie bestimmte Eigenschaften haben. Ein visuelles Bild kann zum Beispiel „hell" oder „dunkel" oder „unscharf" sein, während ein Klang „scharf" oder „hoch" sein kann oder von der einen oder anderen Seite des Kopfes zu kommen scheint. Gefühle werden ebenfalls unterschiedlich geschildert: „dumpf", „pochend", „pulsierend", „aufwallend" usw.

Je mehr ich zuhörte, desto öfter hörte ich Menschen sagen, dass sie „große" und „klare" Ideen hätten oder dass sie sich nicht auf

Dinge „fokussieren" könnten. Sie hatten „schwere" Probleme und „überwältigende" Erlebnisse und „mussten Abstand gewinnen" von ihren Problemen.

Gleichzeitig, während ich zuhörte, behielt ich sie im Auge und sah, wie sie ihren Körper tatsächlich auf eine Art bewegten, die mit ihrem Erleben übereinstimmte, *als ob es real wäre.*

Wenn sie von einem Problem keinen „Abstand gewinnen" konnten oder es „zu schwer" war, lehnten sie sich zurück, als ob sie zurückweichen müssten oder unter dem Gewicht ihrer Erfahrungen in ihrem Stuhl zusammensackten. Wenn sie sich an ein schreckliches vergangenes Erlebnis erinnerten und nach oben links schauten, weiteten sich ihre Pupillen tatsächlich vor Angst. Wenn sie sich Bilder vorstellten, die sie wirklich aufregten, schienen sie tatsächlich Bilder zu sehen, die lebensgroß oder noch größer waren.

Auch die Art, wie sie gestikulierten, erkannte ich als bedeutungsvoll. Wenn sie Spannung oder einen Knoten im Bauch hatten oder sich ihnen der Magen umdrehte, bewegten sie ihre Hände in eine bestimmte Richtung. Wenn du sie direkt darauf ansprachst, was passierte, konnten sie es im Detail beschreiben. Ihre Bilder schienen „groß, farbig und sich bewegend" zu sein, ihre Angst konnte „kalt und klamm" sein und in der Magengrube sitzen, „schwer und unbeweglich".

Oft lief auch ein innerer Dialog. Zu dieser Zeit weigerten sich viele Psychiater zu akzeptieren, dass jeder von Natur aus innere Stimmen hat. Es wurde als eines der Anzeichen für eine schwerwiegende psychotische Störung betrachtet. Heute erkennen Neuro-Wissenschaftler an, dass das Selbstgespräch einer der Wege ist, wie wir denken und Verhalten ausprobieren, bevor wir es tatsächlich in bestimmte körperliche Bewegungen umsetzen. Was uns zurechnungsfähig macht, ist unser Wissen darum, dass wir das Selbstgespräch hervorbringen. Menschen, die unter auditiven Halluzinationen leiden, haben die Fähigkeit verloren, den Unterschied zwischen „innen" und „außen" zu kennzeichnen. Mehr als einmal habe ich jemandem helfen können, der als schizophren diagnostiziert worden war, seinen „Verstand" wiederzuerlangen, indem ich ihm half, einen

Weg zu finden, zwischen dem zu unterscheiden, was von außen kommt und was von innen.

Ich wusste, dass der innere Dialog ein natürliches Phänomen war, lange bevor die Psychologie diese Tatsache akzeptierte. Wieder einmal war es eine Lektion, die ich durch eigene Erfahrung lernte.

Ein Mann kam zu mir und klagte darüber, dass sein innerer Dialog ihn irremache und er wolle, dass das komplett aufhöre. Je mehr ich versuchte, ihm das auszureden, desto beharrlicher bestand er darauf, dass ich etwas täte, damit es aufhört. Um also in erster Linie dafür zu sorgen, dass bei ihm der Groschen fällt, versetzte ich ihn in eine tiefe Trance und wies ihn an, seinen inneren digitalen Kanal abzuschalten. Er tat es – und wurde vollkommen unfähig, sich zu bewegen. Für jeden Beobachter erschien er vollkommen katatonisch. Ich beließ ihn eine Zeit lang so und gab ihm dann seine Fähigkeit zurück, mit sich selbst zu sprechen – mit einigen Korrekturen.

Das Problem, das er hatte, war ein sehr verbreitetes. Die Stimme, die viele Menschen kontrolliert, ist gewöhnlich auch sehr kritisch. Sie sagt nicht nur hässliche Sachen, ihre Tonalität ist auch besonders barsch und unangenehm. Von Natur aus wird eine Stimme in deinem Kopf, die fortwährend barsch und kritisch herumnörgelt, eine nachteilige Wirkung darauf haben, wie du dich fühlst – wahrscheinlich mehr als das, was sie tatsächlich sagt.

Mit der Arbeitshypothese, dass es somit schwierig sein könnte, das zu ändern, was immer seine innere Stimme zu ihm sagte, probierte ich einen anderen Ansatzpunkt.

Ich ließ ihn nach dem Lautstärkeregler in seinem Kopf suchen und die Stimme ganz runterdrehen. Dann wies ich ihn an, den Regler zu finden, der den Klang der Stimme verändert, und sagte ihm, er solle ihn so verändern, dass, wenn sie zurückkam, die Stimme all die gleichen Sachen sagte, aber mit einer unglaublich freundlichen und verführerischen Stimme – ein bisschen wie Sean Connery in den frühen Bond-Filmen. Er tat genau das und sein Problem verschwand.

Wenn ich manchmal diese Geschichte erzähle, fragt jemand: „Haben wir wirklich Regler für die Lautstärke und den Klang in unserem Kopf?" Ich antworte dann: „Wenn du es willst, hast du sie."

Der springende Punkt hierbei ist – da wir die Sinnesmodalitäten kennen, die der Klient benutzt, und die Reihenfolge, in der er seine Erfahrung strukturiert, und beide wichtig sind –, dass es einen weiteren Weg gibt, um eine schnelle und wirkungsvolle Veränderung hervorzurufen. Wenn wir die Eigenschaften der Sinnesmodalitäten verändern – die Submodalitäten – verändern wir die Natur der Erfahrung selbst.

Wenn du zu einigen der früheren Übungen in diesem Buch zurückgehst, wirst du sehen, wie du bereits gelernt hast, deine subjektive Erfahrung zu verändern, indem du die Submodalitäten manipulierst. Sich etwas assoziiert oder dissoziiert in Erinnerung zu rufen, ist zum Beispiel eine submodale Unterscheidung. Ein Bild näher heranzuholen oder weiter wegzuschieben ist eine weitere. Eine ausführliche Liste kann auf Ressourcenblatt 3 gefunden werden.

All dies ist vollkommen logisch, da jeder der Inputkanäle bekanntermaßen eine Anzahl von spezialisierten Rezeptoren besitzt. Zum Beispiel beinhaltet Sehen die Fähigkeit, Farbe, Bewegung, hell und dunkel usw. zu unterscheiden, während ein Gefühl (sowohl eine Berührung als auch innerliche Empfindungen) Druck, Temperatur, Richtung usw. einschließen kann. Nicht nur die Qualität von Geräuschen kann differenziert werden, sondern auch die Richtung, aus der sie kommen, ihre Lautstärke usw.

Daraus folgt, dass wir als Reaktion auf unterschiedliche Inputs hochkomplexe Kombinationen aus dem Sinnesmodalitäten und ihren Sub-Komponenten aufzubauen vermögen. Es bedeutet auch, dass wir die Fähigkeit haben, diese Muster in hochpräzise Sequenzen umzuschreiben, um unsere Reaktionen zu verändern.

Es gibt wahrscheinlich eine unendliche Anzahl von Submodalitäten, die Menschen benutzen, wobei einige aber öfter auftauchen als andere. Visuell sind die Eigenschaften, die einen Unterschied für die meisten Menschen hervorrufen: die Größe und Helligkeit des inneren Bildes, seine Entfernung von der Person und ob sie farbig, Einzelbilder oder Filme sind. Auditiv ist der Klang oft wichtiger als die eigentliche Bedeutung des Wortes. Bedenke, auf wie viele Arten jemand sagen kann: „Ich liebe dich" – mit Aufrichtigkeit und Leidenschaft bis hin zu Sarkasmus und Ablehnung. Kinästhetisch tendieren Menschen am stärksten dazu, sich der Position eines Gefühls, seiner Intensität und insbesondere seiner Richtung gewahr zu sein.

Zwei besonders wichtige Submodalitätsunterscheidungen sind analog und digital. Analoge Unterschiede verändern sich entlang eines Kontinuums, wie ein Helligkeitsregler, während es digitale Unterschiede nur in dem einen oder anderen Zustand gibt, wie ein Ein-/Ausschalter. Ein Bild heller oder dunkler zu machen, ist eine analoge Veränderung. Assoziiert in einem Bild zu sein *oder* davon dissoziiert, ist eine digitale Veränderung.

Ich betrachte das Modell der Submodalitäten als die wahrscheinlich wichtigste Sache, die ich bisher entwickelt habe. Es erlaubt es uns, Karten zu zeichnen, die mit enormer Genauigkeit zeigen, wie das Bewusstsein funktioniert, um gewollte und nicht gewollte Ergebnisse zu erzielen. Das Strategie-Modell zeigt uns, wie wir sequenziell arbeiten, das Modell der Submodalitäten erklärt, wie Dinge simultan, also gleichzeitig, funktionieren.

## Wortwörtlichkeit in der Beschreibung

Als meine Bücher in den Siebzigern erschienen, schrieb ich über die Tatsache, dass, wenn Menschen über die Repräsentationen sprachen, die sie in ihrem Kopf kreierten, sie dazu tendierten, sehr wortwörtlich zu sein. Dies war das erste Mal in der Geschichte der Psychologie, dass jemand diese Beobachtung machte. Sie ist unglaublich einfach zu überprüfen – und doch gibt es Fachleute, die es immer noch für zu einfach halten.

Wenn zum Beispiel jemand zu mir kommt und mir erzählt, Schwierigkeiten mit einem Problem zu haben, das „alle Maße sprengt", brauche ich nicht zu wissen, was das Problem ist. Ich weiß, dass sie sich Bilder vorstellen, die bei Weitem zu groß sind. Wenn Menschen sagen, sie haben ein Problem, das ihnen „einfach zu nahe" geht oder für das sie „eine Perspektive finden müssen", nützt es ihnen üblicherweise, wenn ihre innere bildliche Vorstellung abgerückt oder auf die eine oder andere Weise herumgedreht wird.

Einige Menschen zögern immer wieder und sagen: „Nun, es ist einfach zu weit weg" Die Bilder heranzuholen macht sie unmittelbarer und bringt den Klienten dazu, schneller und bestimmter in Aktion zu treten.

Wir alle brauchen Wege, um unser Verhalten anzutreiben. Die Strategie alleine reicht aber nicht aus. Die Submodalitäten lösen Veränderung aus, sodass, wenn du Strategien ausschreibst, die kleinen Pfeile zwischen den Modalitäten die Wechsel repräsentieren, die der Klient macht, sagen wir mal, vom Denken in Bildern hin zu in Worten zu sprechen, und dann ein Gefühl zu haben. Während sich die Submodalitäten jedes Repräsentationssystems verändern, geht die Strategie weiter zum nächsten Schritt und danach zum nächsten.

Außerhalb des NLP wird Denken sehr missverstanden. Psychologen reden über Gedanken, als ob sie Gegenstände wären, wie Murmeln in einem Sack. Es ist aber nicht so, dass du Gedanken hast, es ist so, dass du *denkst*. Du denkst in Bildern, Worten, Gefühlen, Geschmäckern und Gerüchen. Dies ist ein dynamischer Prozess und er ist im ständigen Übergang, angetrieben von den Veränderungen, die wir in Größe, Distanz, Position, Richtung usw. machen. Sich durch diese Übergänge zu bewegen, erzeugt in irgendeinem Maße veränderte Zustände.

Zwischen den beiden Modellen – Strategien und Submodalitäten-Veränderungen – liegt der Weg, wie neue Bewusstseinszustände sowohl in Wach- als auch in veränderten Zuständen hergestellt werden können. Indem du Menschen praktische, unmittelbar anwendbare Beispiele gibst, wie sie anders denken können, hilfst du ihnen, anders zu empfinden und sich anders zu verhalten. Diese Modelle erlauben es uns, mit hoher Genauigkeit zu elizitieren, wie sie ihre Modelle erschaffen, was sie zusammenhält und was sie vorwärtstreibt.

Was ich für jeden möchte, ist die Fähigkeit, zu lernen, sein eigenes Gehirn zu optimieren. Dies bedeutet, neue Strategien und Fertigkeiten in einer planmäßigen und systematischen Form zu erlernen.

Wir wollen helfen, Menschen zu schaffen, die in einem Zeitalter leben, in dem die Geschwindigkeit, mit der Informationen sich erneuern, exponentiell ist, nicht linear. Wir müssen Wege entwickeln, dies möglich zu machen, sodass wir unseren Beruf erlernen und alle zwei bis drei Jahre erneut lernen, anstatt Dinge so auszuführen, wie sie seit Jahrzehnten gemacht wurden.

In gewissem Maß geschieht das bereits. Wir müssen bereits alle drei Jahre einen neuen Computer kaufen und es ist Routine, zu lernen, wie der neue funktioniert. Ich erinnere mich an die erste Generation von Fernbedienungen, als du alle Tasten auswendig lernen musstest. Jetzt hast du eine Fernbedienung, um fünf verschiedene Geräte zu steuern. Wenn du den falschen Knopf drückst, kannst du keinen Ton hören, denn es gibt keine Knöpfe mehr am Fernseher. Du kannst ihn nur noch ausschalten und wieder von vorne anfangen. Du musst sicherstellen, dass alles in der richtigen Reihenfolge ausgeführt wird. Sequenz, Sequenz, Sequenz.

Das Gleiche gilt nicht nur für die Technik in deinem Leben und die Einrichtungen im Bildungssystem, sondern auch für die Technik in deinem Kopf. Diese inneren Systeme müssen so durchdacht sein wie die äußeren. Du kannst nicht aufmerksam sein, wenn du nicht weißt, wie.

Bevor du lernst, Menschen die richtigen Suggestionen zu geben, musst du wissen, wie du die richtigen Fragen stellst. Und die richtigen Fragen sind diejenigen, die dir sagen, „wie" das Problem funktioniert, im Gegensatz zu, „warum" die Person oder ihr Therapeut glaubt, dass es auftritt.

Wirklich durchdringende Veränderung wird nur passieren, wenn du weißt, wie du eine Bestandsaufnahme bei einem Menschen machst. Eine Bestandsaufnahme erfordert, zu wissen, wie Menschen ihre Realität erzeugen, welche Submodalitäten sie benutzen, wo sie ihre festen Überzeugungen haben usw.

Es gibt einen bestimmten Umfang an Vorbereitungen, die getroffen werden müssen. Ich lasse Leute nicht einfach reinkommen und versetze sie mal eben in Trance. Ich mache eine Bestandsaufnahme, um herauszufinden, wo ihre Aktiva sind und wo die Belastungen, sodass ich Dinge aus den Belastungen dahin verschieben kann, wo sie ein Gewinn sind. Und ich kann Dinge, die sie als Gewinn ansehen, die aber einfach dumm sind, in die Belastungen verschieben.

Ich gehe dabei methodisch vor. Ich habe das Karten-Modell des Fragenstellens neu formatiert, damit ich nicht mehr so viele Details brauche, ich benötige Details anderer Art. Ich stelle die Fragen, die mir verraten, was in ihrem Kopf vorgeht. Ich frage sie, wie sie Dinge wissen, wo die Bilder positioniert sind, ob sie Rahmen haben oder nicht, ob sie lebensgroß sind oder kleiner, nahe oder weit weg. Ich möchte wissen, ob es eine Stimme gibt und ob sie von vorne kommt, von hinten, von rechts, von links. Klingt die Stimme, als ob sie nach draußen geht, oder nach drinnen? Wessen Stimme ist es? Klingt sie nervös, wütend, laut oder weich? In welche Richtung bewegen sich die Gefühle? Wo beginnen sie? Wohin gehen sie? Je mehr Details ich darüber bekomme, desto einfacher ist es für mich, herauszubilden, was ich zu tun habe.

Ich betrachte es oft so, als ob ich mich für eine Arbeit als Aushilfe bewerbe und ich genau wissen muss, wie sie ihre Probleme haben, sodass ich einen Plan machen kann, was ich tun muss, um ihnen zu helfen.

Die meisten Veränderungstechniken sind metaphorisch oder anthropomorph. Sie beschreiben zum Beispiel die „Teile" von Menschen – den „Teil, der aufgebracht ist", oder den „Teil, der wütend ist". Es gibt nicht wirklich solche „Teile", genauso wie es kein echtes Ich oder Es oder Unterbewusstes gibt. Sie sind nur Beispiele, über abstrakte Konzepte zu sprechen. Aber sobald du aufhörst, innere Prozesse zu anthropomorphisieren, und sie wortwörtlich nimmst, damit ist gemeint im Sinne der Submodalitäten, dann wird es offensichtlich, dass du eine Bestandsaufnahme machen musst. Es ist besonders wichtig, die Unterschiede zwischen dem herauszufinden, wovon die Person überzeugt ist, und, was sie nicht glaubt, denn ein wichtiger Teil davon, das Leben von Menschen zu verändern, ist das Aufbauen der Überzeugung, dass Veränderung möglich ist. Wenn du entdeckst, wozu jemand entschlossen ist, es zu tun, im

Gegensatz zu dem, wozu er nicht bereit ist, kannst du ihn dann sehr entschlossen machen, es zu bekommen, und er wird geneigter sein, erfolgreich zu sein.

Der Prozess des „Realität Schaffens" ist sehr spezifisch, deswegen musst du eine Menge über jede Person lernen und wie sie Dinge für sich selbst repräsentiert. Es gibt jedoch auch ein paar große Generalisierungen, mit denen wir während der Bestandsaufnahme rechnen können. Die verbreitetste ist: Wenn Menschen durch ein vergangenes Erlebnis traumatisiert sind und es andauernd wieder durchleben, werden ihre Bilder mit ziemlicher Sicherheit lebensgroß sein – und das sollten sie nicht sein. Du kannst nicht von der Vergangenheit terrorisiert werden, wenn du sie innerlich nicht lebensgroß erneut durchlebst. Ich habe mit vielen Trauma-Opfern gearbeitet – Holocaust-Überlebende, Menschen, die vergewaltigt oder geschlagen wurden, Menschen, die brutal beraubt wurden, – und sie alle lassen ihre inneren Bilder auf die gleiche Art ablaufen.

Jedoch an die Dinge aus ihrer Vergangenheit, die es wert sind im Gedächtnis behalten zu werden, erinnern sie sich nicht lebensgroß. Wenn du also herausfindest, wo diese Dinge aus ihrer Vergangenheit in ihrem Kopf sind, wie groß sie sind, ob es sich um Standbilder oder Filme handelt, welche Art von Klangeigenschaften sie haben usw., lässt du jene Dinge dorthin schnappen, wo sie heute sind.

Der Zweck einer Bestandsaufnahme ist dann auch, herauszufinden, wie du deine Herangehensweise strukturierst, um jemandem zu helfen, sich zu verändern.

Menschen wird immer geraten, „die Vergangenheit loszulassen", aber niemand erklärt ihnen, wie sie das tun können. Wenn jemand sagt, du solltest „mehr Selbstvertrauen" haben, bringt das überhaupt nichts, wenn du keine genaue Beschreibung bekommst, was du mental tun musst, um selbstbewusster zu werden. Jeder hat aber in irgendeinem Kontext Selbstbewusstsein, bei einigen Dingen, auch wenn sie es nicht bei anderen haben. Herauszufinden, wie sie es auf ihre eigene, individuelle Art tun, und ihnen beizubringen, was sie an diesen Platz verschieben müssen und was daraus entfernen, ist also die grundlegende Struktur von Veränderung. Einige Menschen sind absolut sicher, dass sie nicht liebenswert sind. Sie vermeiden es, auszugehen, um Leute kennenzulernen, und selbst wenn sie es versuchen, werden sie von Selbstzweifeln geplagt. Es ist interessant, wie sicher sich Menschen über ihre Zweifel sein können. Sobald du verstehst, dass sie, selbst um Zweifel zu haben, sich dessen sicher sein müssen, kannst du herausfinden, wessen sie sich sicher sind, und anfangen, ihnen Zweifel in Bezug auf ihre Grenzen zu geben und Gewissheit bezüglich der Dinge, die sie wollen.

Wenn Menschen mir erzählen, dass sie deprimiert sind, frage ich nicht: „Über was?" Ich frage: „Wie weißt du das? Vielleicht bist du wirklich glücklich?" Sie geben Antworten wie: „Nein, ich wache morgens mit einem großen Gewicht auf meiner Brust auf und da hängt eine graue Wolke über meinem Kopf und ich sage mir: ‚Ich fühle mich wirklich deprimiert.'"

Aus einer Aussage wie dieser ziehen wir wirklich nützliche Informationen, sowohl über die Abfolge des Verhaltens des Sprechers als auch über die Submodalitäten, die er benutzt, um die Erfahrung zu codieren, die er als „Depression" bezeichnet.

Ich traf mal jemanden, der wortwörtlich einen blauen Farbton über alles legte, was er tat. Er hatte wirklich Spaß, aber wenn er zurückdachte, war es dunkel und trübe, in dieser bläulichen Tönung und er machte Äußerungen wie: „Zu jener Zeit dachte ich, ich wäre glücklich, aber wenn ich zurückdenke, war ich es nicht wirklich."

Er tat das systematisch, egal mit welcher Erinnerung, und es ließ ihn sich wirklich schlecht fühlen.

Es stellte sich heraus, dass seine Mutter immer sagte, dass sie „im Rosa" war, wenn sie sich gut fühlte. Für ihn mussten also Bilder, bei denen er Glück verspürte, rosa sein. Wenn es ihr schlecht ging, „hatte sie den Blues" (Anm. d. Übers.: „blue" – Doppelbedeutung von Farbe „blau" oder „schwermütig"). Menschen ihrer Generation sprachen nun Mal so, aber durch jahrelangen Einfluss auf ihn als Kind hatte er das Verhalten einfach unbewusst und automatisch übernommen.

Er bekam Probleme, weil er nicht erkannte, was er tat, und er hatte die Neigung, aus all seinen guten Erinnerungen schlechte zu machen, indem er alles rosafarbene in blau umwandelte. Er ließ seinen eigenes „Swish-Muster" (siehe Kapitel 8) laufen und machte aus allem, was schön und heiter war, etwas Deprimierendes und Trauriges.

Wenn du dir sein Muster näher anschaust, merkst du, dass er im Laufe des Tages nicht wirklich deprimiert war, während er gerade das tat, womit auch immer er beschäftigt war. Aber wenn er an den Tag zurückdachte, wenn er sich an das erinnerte, was er gemacht hatte, ließ er alles rosafarbene blau aussehen.

Nun, er hätte die nächsten 20 Jahre damit verbringen können, mit einem Psychiater darüber zu reden, warum seine Mutter ihn sich so fühlen ließ, oder er konnte lernen, die Dinge andersherum zurückzuswishen – was genau das war, was wir machten.

Noch wichtiger, er lernte etwas darüber, wie sein eigener Verstand funktioniert, sodass er es für den Rest seines Lebens nutzen konnte. Gib einem Mann einen Fisch und er hat ein Abendessen. Bring ihm das Fischen bei und er hat Essen fürs Leben. Als er wegfuhr, war er nicht nur fähig, gute Gefühle mit bestimmten Dingen in seiner Erinnerung zu verknüpfen, sondern hatte auch das Wissen, dass, wenn er über eine Angst hinwegkam, er über jede Angst hinwegkommen konnte.

In der Minute, als ich entdeckte, dass die Art, wie Menschen reden, wortwörtlich ist, veränderte sich mein Leben. Ich ließ sie einfach Bilder entwickeln, die stärker rosa oder auf eine andere Art besser waren, und sie waren tatsächlich begeistert.

Ich hatte einen Klienten, der das Gefühl hatte, er sei die ganze Zeit in Zement eingeschlossen. Ich knuffte ihn also auf den Kopf, ließ den Zement abbröckeln und schlug ihn ab, bis er weg war – und die ganze Zeit, während ich das tat, dachte er, es sei idiotisch, wie ich vorging. Aber es änderte nichts an der Tatsache, dass er so empfand. In Wahrheit hatte er dieses Gefühl, weil er sich Bilder vorstellte, die ihm zu nahe waren und ihn einwickelten. Alles wurde unscharf und es fühlte sich wie echtes Zeug an. Aber es war nur ein Bild, und sobald wir etwas von dem Beton abgeklopft hatten, fing es an, sich zu entfernen.

Zu wissen, wie Submodalitäten funktionieren, und zu lernen, wie man sie ändert, lässt Veränderungen leicht werden. Es erlaubt uns auch, tief greifende Veränderungen im Leben von Menschen zu bewirken, ohne die Details des Problems zu kennen. Es gibt uns die Freiheit, Veränderung inhaltsfrei zu ermöglichen.

Wenn du an der folgenden Übung arbeitest, benutze häufig die Submodalitätenliste auf Ressourcenblatt 3, mach aber auch eigene Notizen.

## Übungen:
## Submodalitäten-Veränderung 1

1. Suche eine angenehme Erfahrung aus der Vergangenheit aus und achte besonders darauf, wie du dich an sie erinnerst. Konzentriere dich weniger darauf, *was* passierte, sondern mehr darauf, ob du dir ein Bild vorstellst, was die Submodalitäten dieses Bildes sind (siehe Ressourcenblatt 3). Stell sicher, dass du auch den Geräuschen und Gefühlen Beachtung schenkst, die damit einhergehen, um die Erinnerung zu vervollständigen. Nimm wahr, wie du empfindest, wenn du die angenehme Erfahrung intensiv wieder-erlebst.

2. Beginne, das Bild weg von dir zum Horizont zu schieben, wobei du es kleiner, weniger deutlich machst und währenddessen alle Farben ausbleichen lässt. Wenn es nur noch ein Punkt in der Ferne ist, nimm wahr, wie sich deine Gefühle verändert haben. Die meisten Menschen werden feststellen, dass die Intensität ihrer Freude stark nachgelassen hat.

3. Lass das Erlebnis wieder in seine vorherige Position zurückkommen, wobei du all seine ursprünglichen Submodalitäten wiederherstellst, bis du es genauso empfindest, wie du es zu Beginn tatest.

4. Hol dir das Gefühl jetzt näher heran. Lass die Ausmaße zunehmen, mach es größer, heller und detailreicher. Steig in das Bild hinein und erlebe es mit all deinen Sinnen. Die Erfahrung sollte sich „echter", intensiver anfühlen.

5. Bring das Erlebnis wieder an seinen ursprünglichen Ort zurück und stelle alle seine ursprünglichen Submodalitäten wieder her.

## Submodalitäten-Veränderung 2

Nicht jeder reagiert auf die gleichen Submodalitäten-Veränderungen. Es ist also wichtig für dich und deine Klienten, die wirkungsvollsten Veränderungen zu identifizieren, die du hervorrufen kannst. Oft lösen 1 oder 2 Submodalitäten-Veränderungen eine plötzliche, systemübergreifende Verschiebung aus.

1. Kehr zu dem obigen Erlebnis zurück und verändere eine Submodalität nach der anderen, indem du die Liste von Ressourcenblatt 3 zu Hilfe nimmst. Notiere die Wirkung und versetze die Submodalität zurück in ihren ursprünglichen Zustand, bevor du zur nächsten übergehst. Setze dies fort, bis sich das gesamte Erlebnis verändert. Denk daran, seine ursprünglichen Submodalitäten wieder herzustellen.

*Anmerkung:* Mit etwas Übung wirst du bestimmte Submodalitäten-Veränderungen herausfinden, die öfter auftreten – insbesondere assoziiert/dissoziiert, Position, Größe, Entfernung, Farbe und Bewegung. Mit noch mehr Übung wirst du beginnen, die Submodalitäten deiner Klienten „lesen" zu können, ohne sie darüber befragen zu müssen. Ein Mensch, der in einer Erinnerung assoziiert ist, spricht und redet zum Beispiel anders als jemand, der davon dissoziiert ist.

# 8.

# Die Macht des Glaubens:

## Rosa Pudel und der Placeboeffekt

⌘

Etwas, das ich bereits vor langer Zeit festgestellt habe, ist, dass viele der Leute in meinen Seminaren Hypnose anwenden konnten und darin wirklich gut waren – und dann plötzlich kamen sie an einen Punkt, wo es bestimmte Dinge gab, die sie nicht konnten. Irgendwie konnten sie oder ihre Übungspartner bestimmte Tieftrance-Phänomene nicht erreichen, zum Beispiel Amnesie, positive oder negative Halluzination oder Schmerzkontrolle.

Milton Erickson glaubte, dass die meisten Menschen hypnotisiert werden konnten. Er sagte, dass, wenn du hunderte von Stunden mit deinen Klienten verbrachtest, sie schließlich lernen würden, jedes hypnotische Phänomen auszuführen.

Das Problem für mich – und ich vermute für die meisten Menschen – ist, dass ich dafür einfach nicht die Zeit habe. Ich begann also, mich dem auf eine andere Weise zu nähern.

Eines Tages sagte mir jemand, mit dem ich arbeitete, dass er die meisten hypnotische Effekte in Trance erreichen könne, mit Ausnahme von positiver Halluzination. Positive Halluzination ist die Fähigkeit, vollständige, realistische Repräsentationen von Dingen zu erschaffen, die nicht wirklich da sind.

Tatsächlich glaube ich, dass dieser Mensch das meiste von seinem Leben halluziniert hat. Die meisten Leute tun das, ohne es zu merken. Unter den richtigen Umständen können wir jedes formale „Tieftrance-Phänomen" im normalen Wachzustand zeigen. Wie oft bist du dir zum Beispiel sicher, dass du einen Freund auf der anderen Straßenseite siehst, und wenn du wieder hinschaust, ähnelt er ihm überhaupt nicht? Ist es jemals passiert, dass du auf den Gesichtsausdruck deines Partners blicktest und „einfach wusstest", dass er sauer war – und dann stellte es sich jedoch heraus, dass er mit etwas anderem beschäftigt war? Das ist Halluzination im Wachzustand.

Ich sagte ihm also, er solle auf den Tisch schauen, seine Augen schließen und bis vier zählen, und wenn er seine Augen öffne, würde er etwas sehen, was ihn überrasche – ein sehr lebendiges Bild vor ihm auf dem Tisch.

Er schloss seine Augen und begann zu zählen. Während er das tat, schob ich ein Bild vom Umschlag eines meiner Bücher hinüber, das ich zufällig bei mir hatte. Er öffnete seine Augen, sah das Bild und sofort wies ich ihn an, seine Augen wieder zu schließen.

Ich ließ das Bild wieder unter dem Tisch verschwinden, ließ ihn dann seine Augen öffnen, neben sich blicken und einen 2 Meter großen französischen Pudel sehen.

Er öffnete die Augen – und da war ein riesiger rosafarbener Pudel. Er war fasziniert, schloss seine Augen und fiel in eine viel tiefere Trance und danach verschwand sein Problem, positive Halluzinationen zu erzeugen, vollkommen.

Natürlich habe ich ihn getäuscht. Was mich aber faszinierte, war, dass ein so einfacher Trick wie dieser einen kompletten Glauben über seine Fähigkeiten verändern konnte. Er war davon ausgegangen, dass er ein Versager darin war, etwas tun zu können, was weithin als Funktion einer tiefen, schlafwandlerischen Trance betrachtet wurde – und in weniger als einer Sekunde wurde er ein wirklich überzeugter Mensch.

Das Wunderbare an diesem Experiment war für mich, dass er merkte, dass er danach eine Menge mehr tun konnte, einfach weil er seinen Glaubenssatz davon, ein Mensch mit Beschränkungen zu sein, dahin gehend verändert hatte, jemand zu sein, der Außerordentliches leisten konnte. So schnell kann das Gehirn lernen, wenn wir lernen, mit ihm in einer Sprache zu kommunizieren, die wir verstehen.

Der Glaubenssatz, dass er schlecht darin sei, etwas Spezielles zu lernen, machte einem Glaubenssatz Platz „wenn ich das lernen kann, kann ich alles lernen". In der Sprache von NLP „generalisierte" es sich in andere Bereiche seines Lebens. Er wurde ein guter Lerner, weil er den Glaubenssatz über Bord warf, dass er nicht lernen könne.

Natürlich, wenn sich jemand unerwartet von einem Problem erholt, gibt es immer jemanden, der so was sagt wie: „Ach, das liegt nur daran, weil er glaubt, es geht ihm besser."

Ich sage: „Genau."

In allen Kulturen haben Glaubenssätze eine enorme Macht. Placebos zeigen uns das. Alle pharmakologischen Stoffe – Medikamente – werden gegen ein Placebo getestet. Nun, in gewissem Maße hat das Placebo immer Wirkung, während das Medikament diese manchmal nicht hat.

Wissenschaftler erzählen uns, das läge daran, weil das Placebo den Patienten irgendwie trügen würde, aber es ist vielmehr eine Frage des Glaubens. Wenn Menschen glauben, dass das Placebo irgendwie eine natürliche Heilungsreaktion im Körper auslöst, sprechen sie interessanterweise darauf an, auch wenn sie wissen, dass es ein Placebo ist. In vielen Fällen erhöht sich ihr Ansprechen darauf sogar.

Vor einigen Jahren entschied ich, aus diesem Phänomen Nutzen zu ziehen. Gemeinsam mit einem Kollegen traf ich Vorbereitungen, Flaschen mit leeren Kapseln zu vertreiben, zusammen mit einem gedruckten Begleitheft über Untersuchungen, die zeigten, dass Placebos funktionierten. Wenn der Patient das Suchverzeichnis aufschlug und herausfand, dass Placebos bei fünf von sechs anderen Menschen mit seinen Beschwerden eine Wirkung zeigten, konnte er sieben nehmen, einfach um sicher zu gehen. Unser Plan war, mit der ersten Welle abzuräumen und dann neue, verbesserte Placebos zu vertreiben – mit 40 % mehr inaktiven Inhaltsstoffen.

Dann schritt die FDA ein (Anm. d. Übers.: Food and Drug Administration, US-amerikanische Behörde für Lebensmittel- und Arzneimittelsicherheit). Sie sagten, wir könnten das nicht tun, denn es würde nicht funktionieren. Wir zeigten ihnen ihre eigenen Studien, die besagten, dass es wirkte. Dann sagten sie, es sei illegal. Wir stimmten dem nicht zu. Wie konnte der Verkauf von leeren Kapseln an Menschen, die wussten, dass sie leer waren, illegal sein? Schließlich sagten sie uns, dass sie es nicht erlauben könnten, denn es sei „unmoralisch".

Wenn ich mit Klienten arbeite, die zusätzliche Hilfe brauchen, gebe ich ihnen Placebos. Sie wissen aber nicht nur, dass es Placebos sind, sie haben auch den Glaubenssatz – den ich ihnen ebenfalls gebe – dass das Wissen, dass es Placebos sind, sie wirkungsvoller machen wird. Heutzutage mache ich mir schon gar nicht mehr die Arbeit mit echten Placebos. Ich nehme, was immer gerade verfügbar ist – gewöhnlich Weintrauben. Sie funktionieren genauso gut.

Wenn der Glauben daran also so mächtig sein kann, halt für einen Moment inne und denk an die überwältigend wunderschönsten Dinge, die *du* haben oder tun könntest, wenn du den Glaubenssatz nimmst, der dich davon abhält, etwas Neues schnell und einfach zu lernen, schneller, als du jemals erwarten würdest, und ihn einfach veränderst. Wie wärest du, wenn du mehr von der Fähigkeit deines Gehirns nutzbar machen könntest, seinen Zustand zu verändern, sodass du, wenn du deine Augen öffnest, etwas absolut wunderbares erschaffst – mehr noch als selbst diesen 2 Meter großen Pudel?

*Wenn du das meiste aus diesem Buch mitnehmen willst, mach hier eine Pause und schreibe die Glaubenssätze nieder, die du gerne loswerden willst, und die Veränderungen, die du statt ihrer haben möchtest. Stell diese in zwei Spalten nebeneinander auf. Führe in einer dritten Spalte detailliert auf, wie dein Leben durch diese Veränderungen besser würde. Stell sicher, dass deine Liste sinnesspezifisch ist – das bedeutet, stelle klar, was du sehen, hören, fühlen, ja sogar riechen und schmecken wirst, wenn du diese Veränderungen in deinen Glaubenssätzen vorgenommen hast.*

Für mich stellte sich nach dem Vorfall mit dem Pudel folgende Frage: Was genau hatte die Person in ihrem Kopf gemacht, das ihm ermöglichte, seinen Glaubenssatz zu verändern? Wie konkret ließ er etwas geschehen, nur Augenblicke, nachdem es noch „unmöglich" war?

Wie bei allem war ich sicher, dass dies eine erlernbare Fertigkeit ist und jeder fähig sein sollte, sie zu erlernen und dies in weit weniger Zeit zu schaffen, als den hunderten von Stunden, von denen Erickson glaubte, sie seien nötig.

Ich verstand, dass das Verändern eines Glaubenssatzes nur dann möglich war, wenn die Art, wie sie im Gehirn abgespeichert waren, verändert wurde. Die Art, wie wir den Glaubenssatz codierten, dass etwas möglich war und etwas anderes unmöglich, musste sich voneinander irgendwie unterscheiden. Es ergab einen Sinn, dass, wenn wir die Struktur des Nicht-Glaubens in die gleiche Struktur veränderten, in der wir gewöhnlich einen starken, positiven Glaubenssatz abspeicherten, sich unser Erleben verändern müsste.

Ich habe das am einfachsten so festgestellt – indem ich den Menschen vor mir zuhörte und sie beobachtete. Nun, Menschen zu helfen, sich zu verändern, indem ich sie dazu bekomme, Glaubenssätze zu manipulieren, ist ein wichtiger Teil von dem, was ich tue.

Dass Menschen keine entscheidenden Veränderungen in ihrem Leben schaffen können, oder etwas, wie zum Beispiel in Trance gehen, nicht können, liegt teilweise daran, dass sie nicht glauben, dass sie es können. Was sie genaugenommen tun, ist, eine post-hypnotische Suggestion auszuführen. Irgendwie sind sie zu dem Glauben gekommen, dass etwas „zu schwierig" ist oder sie nicht hypnotisierbar sind, was so viele Menschen denken.

Der Glaubenssatz kann fast überall herkommen – vielleicht hat ein Showhypnotiseur versucht, sie zu hypnotisieren und es ist ihm nicht gelungen, oder ein Therapeut konnte sie nicht in Trance versetzen, und sie fühlten sich dafür irgendwie schuldig.

Ich habe viele Male Menschen geholfen, Glaubenssätze wie diese zu verändern. Einmal brachten zwei Psychiater eine Frau, die eine Null auf der Suggestibilitätsskala nach Hilgard erzielte, zu einem

Hypnose-Seminar, das ich in Wichita, Kansas gab. Sie sagten: „Diese Frau ist vollkommen unhypnotisierbar."

Ich schaute sie an und fragte: „Du kannst nicht hypnotisiert werden?" Ihre Pupillen weiteten sich und sie sagte wortwörtlich mit monotoner Stimme „Ich-kann-nicht-hypnotisiert-werden" in genau der gleichen Weise und Tonart wie jemand, der eine post-hypnotische Suggestion ausführt. Ich holte sie auf die Bühne und demonstrierte mit ihr jedes hypnotische Phänomen, das mir in den Sinn kam. Ich ließ sie positive Halluzinationen machen, ich ließ sie die ganze Seminargruppe negativ halluzinieren. Ich ließ sie alle einschlägigen Tieftrance-Phänomene zeigen – und dann wandte ich mich an die Psychiater und sagte: „Nun, ich würde sagen, ihr habt voll daneben gelegen."

Sie meinten: „Ach – das ist wahrscheinlich kontextabhängig."

Ich antwortete: „Meint ihr, die Tatsache, dass sie vor 700 Leuten war, hat es einfacher gemacht?" und sie sagten: „Ja."

Die Wahrheit war, dass sie damit angefangen hatten, indem sie sagten, dass es unmöglich sei, sie in eine Trance zu versetzen. Sie behaupteten, dass sie „bewiesen" hätten, dass es unmöglich sei. Schließlich hatten sie eine Hypnotisierbarkeitsskala, die den Anspruch hatte, als wissenschaftlich zu gelten.

Ich sagte: „Vielleicht solltet ihr Zwei 700 Leute als Publikum haben, dann wäre es um einiges einfacher. Denn wenn Menschen Angst haben, flüchten sie in eine tiefe Trance. Manchmal ist es für einige Menschen schwierig, das zu tun, wenn sie mit einem Therapeuten alleine in der Praxis sind."

Was ich damit wirklich sagte, war, dass Menschen in verschiedenen Kontexten verschieden reagieren, und das bedeutet, du musst die Flexibilität entwickeln, den Kontext zu wechseln oder sie einfach manchmal das halluzinieren lassen, das funktioniert.

## Erinnerungen und Submodalitäten-Veränderungen

Eine Erfahrung zu verändern ist genauso einfach. Viel zu viele Therapeuten lassen Menschen in ihre Vergangenheit zurückgehen und eine traumatische Erfahrung wieder-erleben. Ihnen ist nicht klar, dass die Submodalitäten sich verändern, wenn sie in diesen Zustand wieder zurückkehren, und auf einer gewissen Ebene ist es für den Menschen, der sich das Erlebnis ins Gedächtnis ruft, so real, als ob er dasselbe noch einmal durchlebt.

Ich werde sehr wütend, wenn ich höre, dass so etwas passiert. Menschen schieben Dinge in die Vergangenheit und vergessen sie aus einem sehr guten Grunde: Sie haben es bereits getan. Es ist vorbei. Es muss als Vergangenheit codiert werden.

Wenn das Erlebnis sehr traumatisch ist und sie Erinnerungsverlust erleiden, fallen sie manchmal in die Hände von Therapeuten, die darauf bestehen, dass sie sich an jedes Detail erinnern. Das ist Unsinn: Das Unbewusste des Menschen bietet einen sehr guten Schutz; manchmal gibt es uns aus sehr gutem Grund eine Amnesie. Die Ereignisse, die geschehen sind, sind einfach zu schrecklich, als dass man sich an sie erinnern sollte.

Manchmal werden Menschen aber von Erinnerungen oder vergangenen Erlebnissen geplagt, als ob sie fortwährend geschehen – und hier ist der Punkt, wo sie davon profitieren können, ihre Submodalitäten zu verändern.

Um das richtig zu machen, musst du sicherstellen, dass die Leute, mit denen du arbeitest, entschlossen werden, ihr Ziel zu erreichen. Oft sind sie es nicht, einfach weil sie nicht genug wissen. Sie wissen nicht, dass sie Wahlmöglichkeiten haben, und sie wissen nicht, wie sie entschlossen sein sollen, um ihre Wahl zu verfolgen.

Natürlich können sie jedoch entschlossen sein, andere Dinge in anderen Bereichen ihres Lebens zu tun, und oft lasse ich mir die Submodalitäten von den Dingen geben, die zu tun sie entschlossen sind, und von dem, was sie erreichen wollen, und gleiche ihre Wünsche ihrer Entschlossenheit an. Manchmal musst du den Zustand auswählen, der am besten ihre Bedürfnisse trifft. Ich tue das oft einfach aus dem Grund, weil, wenn sie wüssten, was zu tun ist und wie sie es tun können, sie mich gar nicht erst brauchen würden.

Das andere Wichtige, das du im Gedächtnis behalten musst, wenn du diese Art von Veränderung hervorrufen willst, ist die Geschwindigkeit. Das Gehirn lernt schnell, Lernen braucht nicht langsam zu sein – wenn die Information sogar zu langsam präsentiert wird, wird es sie nicht lernen, weil es kein Muster entdecken kann. Muster ergeben nur einen Sinn, wenn sie schnell ablaufen.

Eines der früheren Muster, die ich entwickelte, nutzt diese beiden Fähigkeiten des Gehirns – seine Erfahrung durch das Ändern der Submodalitäten zu verändern und Veränderung schnell zu vollziehen. Dies war das Swish-Muster. Es wurde vor allem dazu entwickelt, Menschen aus ihrem gegenwärtigen Zustand in einen erwünschten Zustand zu bewegen, ökonomisch und präzise.

## Übung:
## Swish-Muster

1. Denk an ein Gefühl, eine Reaktion oder ein Verhalten, das du gerne ändern möchtest. Dieses Format ist besonders nützlich dabei, mit Gefühlen zu arbeiten, die Menschen dazu zu nötigen scheinen, sich auf Arten zu verhalten, die nicht mit ihrem Selbstbild übereinstimmen.

2. Schließ deine Augen und sieh aus einer assoziierten Perspektive, was passiert. Wenn es ein Verhalten ist, identifiziere den Auslösepunkt des Vorgangs. Leg einen Rahmen darum und mache das Bild hell und intensiv.

3. Sieh dich jetzt selbst (dissoziiert), als ob du bereits die Veränderung vollzogen hättest. Sieh, wie du dich verhältst, höre, was du hören wirst. Stell sicher, dass diese Repräsentation gegenüber der in Schritt 2 zu bevorzugen ist.

4. Lass das Bild deines erwünschten Zustands zu einem kleinen, dunklen Quadrat zusammenschrumpfen und stell es in die Ecke deines ersten Bildes, das du dir vorgestellt hast.

5. Lass jetzt das große Bild dunkel werden und zusammenschrumpfen, während du gleichzeitig das zweite Bild heller und größer machst, bis es das erste vollkommen überdeckt. Hör oder mach das Geräusch *s-w-i-i-s-h*, während du dies tust. Öffne deine Augen, um den „Zustand zu unterbrechen".

Wiederhole das fünf Mal und prüfe dann deine Reaktion auf den ursprünglichen Auslöser. Die meisten Menschen empfinden es als schwierig, das ursprüngliche Bild und Gefühl wieder zurückzugewinnen und schalten einfach in den zweiten Zustand.

Sobald du beginnst, die Mechanik von Veränderung zu verstehen, kannst du nachvollziehen, wie es für den Mann, von dem ich vorhin sprach, eine Sache von Minuten war, vom nicht fähig sein, selbst in tiefer Trance eine positive Halluzination zu erzeugen, dahinzukommen, einen 2 Meter großen rosa Pudel halluzinieren zu können. Seine Glaubenssätze – und auch die Submodalitäten seiner Glaubenssätze – änderten sich spontan.

Nur weil du etwas glaubst, wird es deswegen noch nicht wahr. NLP – und besonders die Manipulation deiner Submodalitäten – gibt dir die Mittel, um deine Glaubenssätze zu überprüfen und zu entscheiden, welche von ihnen nützlich und es wert sind, sie zu behalten, und bei welchen dein Leben davon profitieren würde, wenn sie sich veränderten.

Sobald du erkennst, dass die Dinge, die du glaubst, anders strukturiert sind als die Dinge, die du nicht glaubst, hast du die Mittel, dein Denken tatsächlich zu verändern. Eine der nützlichsten Glaubenssatz-Veränderungen, die du sofort treffen kannst, ist, dass du Neues lernen kannst – besonders die Muster in diesem Buch – schnell und leicht.

Die meisten Menschen glauben, dass sie sich anstrengen müssen und es eine Menge Zeit braucht, wenn sie etwas Neues lernen wollen. Wie anders wäre dein Leben, wenn du von Natur aus ein guter Lerner wärest – jemand, der einfach gut in NLP werden könnte, gut in Trance, gut in allem, wozu du bereit wärest, es in dein Wissen aufzunehmen?

Du wirst das neue Vorgehen immer noch üben müssen, aber dieses Muster wird dir helfen, das Gefühl zu haben, dass es gut in deine Möglichkeiten passt und das Üben daher Spaß machen wird.

## Übung:
## Glaubenssatz-Veränderungsmuster
## – ein hervorragender Lerner werden

1. Finde den Glaubenssatz, der dir im Wege steht, um Neues leicht zu lernen. Sieh, höre und spüre dich selbst, wie du versuchst, dein Ziel zu erreichen, es aber nicht schaffst. Du wirst wahrscheinlich viele Beispiele finden können aus der Zeit, als du auf der Schule warst. Nimm all die Submodalitäten deines Leistungsdefizits wahr und schreibe deine Beobachtungen auf, damit du systematisch vorgehen kannst.

2. Finde einen starken und nützlichen Glaubenssatz, in dem du bereits überragend bist. Er braucht nicht zur gleichen Kategorie zu gehören, wie das Lernen von Fertigkeiten, auf die sich dieses Buch bezieht. Nimm einfach etwas, von dem du weißt, dass du es wirklich gut kannst. Untersuche seine Qualitäten auf die gleiche Weise wie oben.

3. Vergleiche die beiden und stelle die Unterschiede fest. Achte besonders auf die Größe jedes Bildes, ihre Positionen in deinem mentalen Raum und ob sie Bewegung beinhalten oder nicht.

4. Schiebe das Bild des einschränkenden Glaubenssatzes weg in die Ferne, bis es wenig größer als ein Nadelstich ist, bring es hinüber, um es deinem positiven Glaubenssatz anzugleichen und lass es dann zurück zu dir in seine neue Position schnappen, indem alle ursprünglichen Submodalitäten gewechselt werden, um mit höchster Selbstsicherheit und höchstem Können übereinzustimmen. Sieh dich, wie du in einen tiefen, entspannten Zustand fällst, in dem du Informationen leicht aufnimmst und bereit bist, dein neues Können mit tiefer Hingabe zu erforschen und zu üben.

5. Vertiefe den Zustand, indem du die Submodalitäten manipulierst. Steig dann in diesen Zustand tiefer Trance hinein und achte besonders auf die Gefühle, die damit assoziiert sind, ein exzellenter Lerner zu sein. Wenn du ein besonders starkes Gefühl identifiziert hast, ankere es, indem du eine bestimmte Stelle an deinem Körper fest drückst, zum Beispiel das Ohrläppchen oder einen Fingerknöchel, damit du auf den Zustand zu einem späteren Zeitpunkt leicht zugreifen kannst, indem du deinen Anker drückst oder „abfeuerst" und dich so vollkommen wie möglich an die Erfahrung erinnerst, die du im Schritt 4 erschaffen hast (siehe Ressourcenblatt 1).

6. Komme langsam zurück in den Raum, indem du all das Erlernte, das du geschafft hast, mitbringst, und in dem Wissen, dass du diese Übung so oft du willst wiederholen kannst, wodurch die Stärke der Erfahrung jedes Mal verdoppelt wird.

Die Werkzeuge in diesem Buch erlauben den Menschen, anders und besser zu denken, indem sie ihnen die Mittel geben, sich selbst zu verändern und sich in die Richtung zu bewegen, wo sie das bekommen, was sie möchten. Ich möchte nicht, dass Menschen sich Dinge einfach nur wünschen, ich möchte, dass sie sich dorthin *getrieben* fühlen, in neue Verhaltensweisen.

Erfolgreiche Menschen auf allen Gebieten, ob es Ärzte sind, Chemiker, Geiger, Rock'n'Roll-Musiker oder Erfinder von wundervollen Dingen, werden angetrieben. Menschen, die sich in Medizin oder Bildung profilieren, sind getrieben. Ich meine damit nicht das Getrieben im Sinne von Typ A Charakter, sondern, dass sie von Neugier angetrieben werden. Sie werden dazu angetrieben, das, was sie tun, jedes Mal besser zu machen.

# Teil II

## Induktionsmuster:

Hypnose, veränderte Zustände
und
wie man einen Lern-Zustand erzeugt

⌘

# 9.

## Dein Können entwickeln:

### Veränderte Zustände, Hypnose
### und die Macht des Lernens

⌘

Ein kompetenter Hypnotiseur zu werden, ist eine wichtige Fertigkeit, die man entwickeln sollte. Ob du es „Hypnose" oder „Meditation" oder „veränderten Zustand" nennst, spielt keine Rolle. Der
wichtige Teil ist, dass du lernst, deinen Bewusstseinszustand zu
steuern – und die Zustände der Menschen, die dich um Hilfe bitten –
damit du ein mächtiges Werkzeug zur Verfügung hast, um die Fähigkeit des Lernens nutzbringend einzusetzen.

Wir haben die Fähigkeit, unser Können zu verbessern. Je besser
wir zum Beispiel lernen, unsere Hände zu benutzen, desto herrli-
chere Dinge können wir kreieren. Einige Künstler haben eine so
feinfühlige Kontrolle, dass sie eine komplette Szenerie auf einen
Stecknadelkopf schnitzen. Ich kann das nicht, denn ich habe nicht
dieses besondere Maß an Kontrolle entwickelt. Es gibt Musiker, die
außerordentliche Kontrolle über ihre Finger auf dem Keyboard
haben. Ich kann zu einem gewissen Maß spielen und würde ein bes-

serer Musiker sein, wenn ich mehr Aufmerksamkeit darauf richtete, Tonleitern zu spielen und zu üben.

Das Gleiche trifft für deinen Bewusstseinszustand zu. Fähig zu sein, dich selbst in einen Zustand von Entspannung, einen Zustand tiefer Meditation zu versetzen, sollte eine so natürliche Fertigkeit wie Atmen werden.

Die Menschen sind manchmal vom Unterschied zwischen „Hypnose" und „Meditation" verwirrt. Ich würde sagen, dass beide sehr ähnliche Zustände sind, mit der Ausnahme, dass Hypnose eine Richtung beinhaltet, ein Ziel, das du vor Beginn gewählt hast, während Meditation mehr formlos ist. Um für mich selbst zu sprechen, wenn ich in einen veränderten Zustand gehe, will ich etwas tun. Ich möchte wissen, wann ich hineingehe, wann ich herauskomme, und ich will wissen, was ich tue, während ich dort bin. Meditation hat für mich keine genügend starke Richtung – aber das ist wirklich eine Frage des persönlichen Geschmackes.

Wenn du irgendetwas mit Selbst-Hypnose erreichen willst, machst du dir einen Plan, bevor du anfängst. Wenn du andere Menschen hypnotisierst – genaugenommen, wann immer du mit jemand anderem kommunizierst, selbst wenn du nur eine schöne Erinnerung teilen möchtest – versuchst du, einen bestimmten Zustand in ihnen hervorzurufen. Du benutzt Bilder, Gefühle und Wortbilder und, wenn du ausreichend wirkungsvoll als Kommunikator bist, induzierst du einen veränderten Zustand in ihnen. Genau zu wissen, wie das gemacht wird und es mit Präzision zu tun, ist das, was jemanden zu einem guten Hypnotiseur macht.

Natürlich sind nicht alle Menschen, die als Hypnotiseur eine Praxis aufmachen, notwendigerweise gut in Hypnose. Das ist eines der ersten Dinge, die ich feststellte, als ich mich daranmachte, das Feld zu studieren.

Mir lief zum Beispiel diese Sache, von der ich sprach, über den Weg, die „Hypnotische Suggestibilitätsskala" genannt wird, welche dazu entwickelt worden war, zu messen, wie „hypnotisierbar" jemand ist. Meiner Meinung nach funktionierte sie als Maß für die Unfähigkeit des Hypnotiseurs, statt für die Suggestibilität der Person, die er zu hypnotisieren versucht.

Vor einigen Jahren besuchte ich das Labor von Ernest Hilgard und mir wurde erzählt, dass einige Menschen eine Null erreichten, was bedeutete, dass sie vollkommen unhypnotisierbar waren, während andere wirklich hohe Werte erreichten, womit gemeint war, dass sie positive Halluzinationen oder andere „fortgeschrittene" hypnotische Phänomene produzieren konnten.

Wir wissen, dass man all diese sogenannten hypnotischen Phänomene – Amnesie, Anästhesie, Armkatalepsie, positive und negative Halluzinationen usw. – im normalen Wachzustand sehen kann, was den Unsinn dieses Kriteriums zeigt. Denk daran, wie viele Male du deine Autoschlüssel negativ halluziniert hast. Du ließest sie auf dem Tisch liegen, aber als du sie gesucht hast, waren sie einfach nicht da – bis jemand geradewegs auf sie zeigte.

Die Tests selbst liefen aber etwa so ab: Die Forscher ließen eine Bandaufzeichnung laufen, während die Leute dasaßen und zuhörten. Der Grad, bis zu dem sie in einen offensichtlichen, veränderten Zustand gehen konnten und hypnotische Phänomene demonstrierten, wurde zum Maß für ihre Suggestibilität.

Das Problem war, dass auf dem Band nicht einmal eine gute hypnotische Induktion war. Sie war monoton und unkreativ. So, wie ich die Sache sah, bewies es nur, dass eine bestimmte Minderheit von Menschen aus purer Langeweile in Trance flüchten konnte.

Ich konnte eine hypnotische Induktion in den gleichen Kassettenrekorder legen und viel mehr Menschen hypnotisieren – und trotzdem wird der Hilgard-Skala immer noch beachtlicher Glauben als „wissenschaftlich stichhaltig" geschenkt.

Der Glaube, dass du monoton sprechen musst, um jemanden in Trance zu versetzen, spielt eine zentrale Rolle bei dieser Herangehensweise an Hypnose. Die Forscher hielten dies für ein kongruentes Induzieren von veränderten Zuständen – aber in Wahrheit sprichst du mit monotoner Stimme, wenn du planst, *inkongruent* zu sprechen. Wenn du kongruent sprichst und langsam und mit deiner Stimme runtergehst, wenn du Befehle gibst, werden Menschen viel stärker darauf reagieren.

Diese Art Glaubenssätze haben eine Situation geschaffen, in der man glaubte, dass eine begrenzte Anzahl von Menschen fähig wäre, eine begrenzte Anzahl von Dingen zu erreichen. Deswegen wurde Hypnose vor allem für einfache Dinge benutzt, wie zum Beispiel, Menschen dazu zu bekommen, abzunehmen oder mit dem Rauchen aufzuhören. Therapeuten hatten wirklich nicht die Werkzeuge für komplexere Probleme.

Im Gegensatz dazu hast du, wenn du als Psychiater ausgebildet bist, gelernt, wie du Medikamente verschreibst, um mit emotionalen Problemen fertig zu werden. Wenn du ein Psychologe bist, hast du vielleicht ein wenig über Konditionierung oder Aversionstherapie gelernt, sodass du deine Klienten mit Zigaretten in Kontakt bringst und ihnen Elektroschocks verpasst in dem Bemühen, sie dazu zu bekommen, mit dem Rauchen aufzuhören. Du wurdest vielleicht darin ausgebildet, Menschen dazu zu bekommen, dass sie ihr Denken hinterfragen, um so ihr Verhalten zu ändern.

Aber das Problem war, dass dir schlicht und einfach nicht beigebracht wurde, wie du deinen Klienten tatsächlich halfst, anders zu denken, die Art ihrer Gefühle zu verändern, über körperliche Süchte hinwegzukommen oder wirklich praktische Dinge zu tun, wie zum Beispiel Amnesie für traumatische Erlebnisse zu haben, damit sie nicht immer und immer wieder die Vergangenheit innerlich durchlebten, bis sie nicht mehr funktionsfähig waren. Den Psychologen wurde nicht einmal beigebracht, dass diese Dinge möglich waren.

Da das Modell nicht existierte, musste ich Werkzeuge von Grund auf entwickeln, um dies zu erreichen – und ich tat das durch die einfache und logische Vorgehensweise, Menschen zu finden, die bereits erreicht hatten, was ich untersuchen wollte. Ich fand Menschen, die sich „spontan" von bestimmten schlechten Erfahrungen erholt hatten, und schaute mir dann genau an, was sie anders gemacht hatten als diejenigen, die nicht über ihre Traumata hinweggekommen waren.

Hypnose entpuppte sich als nützliches Werkzeug. Als ich neuere und bessere Strategien entwickelte, stellte es sich als gute Idee heraus, eine Hypnose zu induzieren und sie dann in einem veränderten Zustand zu installieren. Tatsache ist, dass wir besser lernen, wenn wir in einem veränderten Zustand sind, als wenn wir uns in unserem normalen Bewusstseinszustand befinden. Wenn das nicht wahr wäre, würden wir alle unsere Probleme andauernd lösen, indem wir einfach über sie nachdenken.

Hypnose kann daher als ein Lern-Zustand betrachtet werden, ein Zustand, in dem wir unser Denken optimieren und unsere Strategien weiterentwickeln können. Manchmal passiert das natürlich automatisch. Viele Menschen haben im Schlaf, oder als sie in tiefe Entspannungszustände oder Meditationen abgedriftet sind, brillante Ideen bekommen und Lösungen für Probleme gefunden.

Albert Einstein zum Beispiel machte Gedankenexperimente – einfach eine andere Art, Halluzinationen zu beschreiben. Er ging in tiefe veränderte Zustände und stellte sich vor, er würde auf einem Lichtphoton reiten. Das ist nicht der normale Wachzustand. Linus Pauling beschrieb, wie man im Inneren von Molekülen herumlaufen kann, und gewann den Nobelpreis. Das ist kein normaler Wachzustand. Ziemlich offensichtlich haben wir das Potenzial, in tief greifend veränderte Zustände hoher Kreativität einzutreten. Dies sind in unserem Standard-„Normal"-Wachzustand einfach alternative Wege zum Denken.

Trotz der Möglichkeiten, die dies andeutet, und den Jahrhunderten an Erfahrung gerade in der Anwendung der Trance-Technologie, haben viele Menschen tief greifende Angst vor Hypnose.

Einer der Gründe dafür ist eine unglücklich große Anzahl inkompetenter Leute, die das praktizieren. Ein anderer ist, dass Menschen manchmal nicht die Suggestionen ausführen, die du ihnen gibst, wenn sie in Hypnose sind. Die meisten Menschen im Therapiegeschäft mögen den Gedanken nicht, dass sie scheitern können.

Wenn du allerdings Menschen einfach frei assoziieren lässt und jedes Mal, wenn sie etwas von sich geben, sagst: „Und wie fühlst du dich damit?", dann gehst du dieses Risiko nicht ein.

Das Problem bei dieser Herangehensweise ist auch, dass du Menschen nicht hilfst, sich zu verändern. Es ist ein formloser Ansatz. Er ist lang-atmig und hat keinerlei Orientierung hin auf ein Ziel.

Andererseits sind diejenigen von uns, die offen und engagiert hinter dem Gebrauch von Hypnose stehen, bereit, die Risiken auf sich zu nehmen. Wir möchten tatsächlich Menschen dazu bekommen, Gewicht zu verlieren, mit dem Rauchen aufzuhören, keine Angst davor zu haben, die Brücke zu überqueren oder in das Flugzeug zu steigen. Wir interessieren uns weniger für Probleme und mehr für neue Verhaltenswege.

Einige Therapeuten erweitern ihren Horizont. Wenigstens die besseren sind bereit, neue Werkzeuge auszuprobieren, denn sie fangen an, über das Endergebnis nachzudenken.

Aber selbst schon das Wort „Hypnose" ruft bei einigen etablierten „Experten" große Angst hervor. Das ist eine bedauerliche und sinnlose Reaktion. Ich glaube, dass es für uns an der Zeit ist, aufzuhören, auf das Schreckgespenst der Hypnose zu blicken. Dies ist ein neues Jahrtausend und die Menschen sind klüger als je zuvor. Sie entwickeln neue Wege, um Dinge besser zu machen. Sie werden mit Computern groß und spielen Videospiele, die man unmöglich in einem normalen Wachzustand spielen kann. Diese Spiele erzeugen mächtige veränderte Zustände, in denen Menschen fähig sind, selbst ihr Verhältnis zu Zeit und Raum zu verändern. Um zu spielen, müssen sie in der unglaublich fortgeschrittenen Fertigkeit der Zeitverzerrung versiert werden, einfach, um mit der Geschwindigkeit des Spiels mitzuhalten.

Das führt zu besserer Augen-Motorik-Koordination. Vor allem, noch wichtiger, es basiert auf einer Technologie, die dazu genutzt werden wird, uns klüger und schneller zu machen – ob es darum geht, Menschen beizubringen, wie Mikrochirurgie angewandt wird, oder darum, das Space Shuttle zu fliegen. Unsere elektronischen Werkzeuge verändern buchstäblich die Art, wie wir denken.

Einer der großen Schritte vorwärts in der Hypnose war das Gebiet des Design Human Engineering(TM) (DHE). Als ich dies entwickelte, begann ich mit Maschinen, die in der Außenwelt existierten, und stellte sie in die Innenwelt, wobei ich sie dazu brachte, genauso präzise und effektiv zu arbeiten. Wenn du also zum Beispiel ein bestimmtes genaues Messwerkzeug hattest, das in der Außenwelt existierte, und lerntest, wie du eines genau wie das im Inneren baust, konntest du deine Fähigkeiten dramatisch verbessern. Wenn ich einen Synthesizer habe, der 16 Musikspuren erzeugen und aufnehmen kann, gibt es keinen Grund, weshalb ich die gleiche Maschine nicht in meinem Kopf bauen kann. Dann kann ich das Gleiche mental in einem Zustand von Zeitverzerrung tun, „spielen", bis ich mag was ich höre, und mich dann vor ein reales Instrument setzen und es extern aufnehmen.

Obwohl ich wegen meiner Arbeit tausende Kilometer mit dem Flugzeug reisen muss, ist Fliegen nicht gerade das, was mir Spaß macht. In dem Augenblick also, in dem ich ein Flugzeug betrete, gehe ich in eine tiefe Trance, gehe nach innen und spiele auf dem Spielplatz in meinem Kopf.

Dies ist ein Ort, der sowohl mit Dingen gefüllt ist, die ich in der Außenwelt besitze, als auch mit vielen wundervolleren Schöpfungen. Ich habe zum Beispiel eine Fernsehanlage, die es mir erlaubt, alte Programme zu wiederholen, wenn mir danach ist, diese noch einmal zu sehen. Ich habe die beste Stereo-Anlage der Welt in meinem Kopf. Ich habe ebenfalls ein zusätzliches Orchester und einen Chor und ich kann sie alles singen und spielen lassen, was ich möchte.

Ich hatte diese Dinge niemals – nicht einmal in meiner Vorstellung – bis ich lernte, in veränderte Zustände zu gehen und Strategien zu installieren, die ich von anderen Menschen mitbekommen hatte.

Es ist daher traurig, dass einige Menschen gegenüber Hypnose misstrauisch sind, einfach wegen des unbegründeten Glaubens, dass „sie schlecht ist und nicht funktioniert". Natürlich erklären diese Leute nicht, wie irgendetwas schlecht sein kann, wenn es nicht funktioniert, aber das hält sie nicht davon ab, ihre Einwände rüberzubringen.

Milton Erickson kämpfte über Jahre in dem Versuch, Hypnose legitim zu machen, und er glaubte, dass der Weg, dies zu tun, darin bestand, sie auf Mediziner und Zahnärzte zu beschränken.

Unglücklicherweise sind dies nicht die Personen, die notwendigerweise in der besten Position sind, um sie anzuwenden. Sie haben einfach nicht die Zeit dafür. Ich würde es bevorzugen, wenn sie mit anderen Leuten zusammenarbeiteten – Experten in Trance-Induktion –, die ihre Patienten für sie vorbereiten, sodass sie mit ihrer Arbeit weitermachen können.

Vor einigen Jahren unterrichtete ich eine Gruppe von Zahnarztpatienten, wie sie in Tieftrance gehen und absolute Schmerzkontrolle haben konnten, und schickte sie dann rein, wo ihnen die Backenzähne gezogen wurden. Aufgrund dessen verlautete die Amerikanische Dentalgesellschaft, das Neurolinguistische Programmieren sei der einzig verfügbare hilfreiche Ansatz gegen Zahnarzt-Phobien.

Ärzte können ebenfalls eine Menge von NLP lernen, denn wenn Hypnose durch die Augen des Neurolinguistischen Programmierens betrachtet wird, entwickelt sie sich zu einem mächtigen Werkzeug, um Ergebnisse zu erzielen, die im „gewöhnlichen" Wachzustand unmöglich scheinen. Was sie so mächtig macht, ist, dass sie Menschen beibringt, *wie* sie mehr Freiheit erhalten, *wie* sie schlauer, *wie* sie talentierter werden.

Es geht auch darum, diese Dinge leichter zu machen, denn du brauchst dich nicht stundenlang vorzubereiten oder hart zu arbeiten.

NLP entwickelte sich aus unserer Erforschung von Hypnose, aber während Erickson dazu bereit war, 1000 Stunden mit jemandem zu verbringen, um eine hilfreiche Veränderung zu produzieren, wollte ich das Gleiche in wesentlich weniger Zeit schaffen.

Heute kann ich das – und ich kann es anderen beibringen – denn, da ich über so viele Jahre Hypnose praktiziert habe, weiß ich genau, wie ich mein Verhalten verändern muss, um es für den Klienten vor mir leicht zu machen, in den richtigen Zustand zu gehen.

Dies ist eine wichtige Fähigkeit, die es zu entwickeln gilt: Um Menschen dazu zu bekommen, sich zu verändern, musst du fähig sein, dein Verhalten zu ändern. Wenn du möchtest, dass jemand in einen anderen Zustand geht – sagen wir, einen Trance-Zustand –, musst du fähig sein, als Erster in einen solchen zu gehen.

Einer der Wege, wie Menschen lernen, ist, indem sie andere nachahmen. Wir nennen das „Entertainment" (Anm. d. Übers.: im Deutschen etwa: Mitnahme, Mitreißen). Es gibt bestimmte Zeichen einer sich entwickelnden Trance, die Menschen unbewusst wahrnehmen und ihnen folgen, bis sie ebenfalls in Trance gehen.

Bevor das jedoch möglich ist, ist es für jeden, der kompetent in NLP und Hypnose werden möchte, wichtig, selbst mit dem hypnotischen Zustand vertraut zu werden – und dann zu lernen, ihn zu steuern. Idealerweise willst du in einen Trance-Zutand gehen können, aber dich nicht darin verlieren. Wenn du mit anderen Menschen arbeitest, musst du als Beispiel der Führende sein und du musst auch den Kontakt zu ihnen halten können.

Als ich begann, Hypnose zu studieren, stellte ich fest, dass es komplette Kurse dazu gab, wie man Menschen hypnotisierte, ohne selbst in Trance zu gehen – und das ist einfach lächerlich. Wenn es gut genug für deine Klienten ist, ist es gut genug für dich. Du musst nur sicherstellen, wenn du lernst, in Trance zu gehen, dass du immer noch sprechen und sehen und hören und agieren und reagieren kannst – und das kommt nur durch Übung.

Wenn du Hypnose benutzt, ist es extrem wichtig, immer im Auge zu behalten, was du erreichen willst. Das ist, Menschen in wundervolle, entspannte Zustände zu versetzen und sie dann ihre Probleme angehen zu lassen mit all den Ressourcen, von denen sie nicht wussten, dass sie sie haben. Auf diese Weise hilfst du ihnen, ihre Glaubenssätze über das zu verändern, was möglich ist.

Wenn du sie dann zurückholst, wird der Wachzustand nie wieder der gleiche sein und das ist alles, worum es geht. Das wird Lernen genannt.

Später in diesem Buch wirst du einige mächtige und raffinierte Sprach-Muster lernen, die Menschen mühelos in Trance führen. Ich habe über viele Jahre Sprach-Muster studiert. Ich habe hunderte verschiedene Versionen jedes Sprach-Musters aufgeschrieben, sodass ich sie heute automatisch und unbewusst generieren kann. Ich brauche nicht mehr über sie nachzudenken, noch wirst du das müssen, wenn du die Sprache der Beeinflussung lernst, wenn du weißt, wie eine Trance aussieht und sich anfühlt, und deine Klienten dazu bekommst, genauso auszusehen und sich ebenso zu fühlen.

# Lernen, in Trance zu gehen

Wenn du neu in der Hypnose bist, ist es wichtig, sobald wie möglich Erfahrung darin zu sammeln, in Trance zu gehen und wieder herauszukommen.

Eine Möglichkeit besteht darin, einen hoch qualifizierten Hypnotiseur von gutem Ruf aufzusuchen und genau zu erklären, was du willst. Lass ihn dich in Trance versetzen und dir eine post-hypnotische Suggestion geben, damit du, wann immer du dich selbst auf eine bestimmte Art und an einer bestimmten Stelle auf dem Handrücken berührst, einfach und mühelos zurück in Trance gehen kannst. Das bezeichnen wir als „Ankern" und das ist eine Kernfähigkeit des Neurolinguistischen Programmierens (siehe Ressourcenblatt 1).

Übe wiederholt, deinen Handrücken zu berühren (um den Anker abzufeuern), wodurch du in Trance gehst und wieder herauskommst, bis es vertraut und leicht wird.

Sobald du mit der Praxis zufrieden bist und die Übergänge geschmeidig sind, übe, deine Augen zu öffnen, während du in der Trance bleibst. Setze dich dann mit einer anderen Person zusammen, fang an, sie zu pacen, indem du in der gleichen Geschwindigkeit atmest, und geh wieder in die Trance, indem du deinen Anker abfeuerst. Während du dies tust, sprich weiter zu ihr, bevorzugt über Zeiten und Erfahrungen, die angenehm waren, in denen innerer Friede und Entspannung herrschte, wobei du auf die Veränderungen achtgibst, die sich in euch beiden zeigen, während ihr in eine gemeinsame Trance geht.

Selbst während du in Trance gehst, ändert sich die Qualität deiner Stimme. Deine Atmung verändert sich und du wirst bestimmte körperliche Hinweise zeigen – die Zeichen einer sich entwickelnden Trance – die zusammen den Menschen massiv beeinflussen werden, mit dem du zusammensitzt.

## Die Zeichen einer sich entwickelnden Trance

Je öfter du Hypnose einsetzt, desto leichter wirst du die Zeichen einer sich entwickelnden Trance erkennen. Menschen sehen anders aus, wenn sie in Trance gehen. Es ist ziemlich einfach zu erkennen, wenn Menschen sich entspannen. Indem du dich weiter auf die Feinheiten abstimmst, kannst du deine Fähigkeit vergrößern, ihren Trance-Zustand ziemlich ungezwungen und im Gespräch zu vertiefen.

Verschiedene Experten haben mehr als 100 Zeichen von Trance aufgeführt, aber das macht es zu kompliziert. Du musst dich nur auf ein paar offensichtliche konzentrieren.

Achte auf:
- Verlangsamte Atmung
- Erweitere Pupillen
- Untere Lippe füllt sich mit Blut
- Verlangsamtes und undeutliches Sprechen
- Zunehmende Gelöstheit der Gesichtsmuskeln und Zunahme der Hauttönung
- Verändertes Zwinkern (langsamer oder schneller)
- Zunehmende Unbeweglichkeit der Extremitäten
- Augenlider flattern oder schließen auf natürliche Weise

Denke jetzt daran, was du erreichen kannst, wenn du diese Werkzeuge systematisch anwendest.

## Übung:
## Die Zeichen einer sich entwickelnden Trance nutzen

1. Setz dich gegenüber deinem Übungspartner hin, hole tief
   Luft, atme aus und erlaube dir, dich zu entspannen. Beobachte deinen Partner, ohne zu sprechen und mit sanftem,
   leicht defokussiertem Blick.

2. Jedes Mal, wenn du entdeckst, dass dein Partner ein Zeichen
   einer sich entwickelnden Trance zeigt, nicke einfach, verstärke das Signal, das du beobachtest (erwidere es in leicht
   übertriebener Form), wechsle dann zu einem andern Signal
   und achte darauf, ob dein Partner das Signal aufnimmt.
   Wenn zum Beispiel das Zwinkern deines Partners langsamer
   wird, verlangsame dein Zwinkern und defokussiere deinen
   Blick weiter.

3. Wiederhole die Schritte, bis dein Partner von selbst seine
   oder ihre Augen schließt.

4. Wenn das geschieht, verstärke andere Signale einer sich entwickelnden Trance mit sanften Ausdrücken wie „Sehr gut"
   oder „Richtig".

5. Erlaube deinem Partner, sich angenehm in der Trance auszuruhen und rege ihn dann an, zum Wachbewusstsein zurückzukehren, entspannt und hellwach.
   Tauscht die Plätze und wiederholt die Übung.

6. Wenn ihr einen dritten Übungspartner habt, lasst ihn oder sie
   sich dazusetzen und die Reaktionen sowohl des Hypnotiseurs als auch des Klienten beobachten. Wenn alle von euch
   an der Reihe waren, solltet ihr alle drei eure Erfahrungen
   miteinander teilen.

Am häufigsten erleben sowohl der Hypnotiseur als auch der Klient eine Veränderung in ihrem Bewusstsein. Der Beobachter wird ebenfalls oft in einen Trance-Zustand gehen.

Dies ist eine mächtige, fertigkeitserweiternde Übung, aber auch ein starker Indikator dafür, wie leicht wir uns in den verändernden Bewusstseinszustand eines anderen einklinken können. Einfach die sich entwickelnde Trance in einem Klienten zu beobachten reicht oft aus, um beim Beobachter zu bewirken, dass er seinen Bewusstseinszustand verändert und angleicht.

## Wie Bühnenhypnose funktioniert

Viele Menschen erhalten ihre Vorstellung von Hypnose, indem sie Hypnotiseure auf einer Bühne oder in einer Sendung gesehen haben. Es gibt sowohl Unterschiede als auch Ähnlichkeiten zwischen dem, was der Bühnenhypnotiseur tut, und der Art, wie jemand anderen Menschen helfen möchte, ihren Kopf zu optimieren und ihre Ziele zu erreichen.

Das Erste, das man erkennen sollte, ist, dass die meisten Hypnotiseure mit 30 oder 40 Freiwilligen aus der Zuhörerschaft anfangen. Du siehst diesen Teil vielleicht nicht im Fernsehen, da einige Verwaltungsräte die Übertragung der eigentlichen Induktionen in der Sendung untersagen. Das ist natürlich ein Witz, denn, wenn du weißt, wonach du schauen musst, merkst du, dass Hypnose überall stattfindet. Der evangelikale Prediger, der die Zuschauer dazu drängt, ihm Geld zu schicken, um sich ihren Platz im Himmel zu reservieren, die spätabendlichen, als Informationssendung getarnten Werbeshows, die Schlaflosen billigen Schmuck verkaufen, die Politiker, die Wähler zum Handeln drängen, sie alle benutzen hypnotische Methoden.

So, wie der zwanghafte spätabendliche Käufer, sind die Leute, die als Freiwillige auf die Bühne des Hypnotiseurs kommen, bereits prädisponiert darauf, ein „Erlebnis" zu haben. Einige von ihnen sind von diesem Hypnotiseur sogar schon ein anderes Mal auf einer anderen Show hypnotisiert worden. Sie wollen Teil dieser Gruppenerfahrung sein.

Der Hypnotiseur geht eine Reihe von „Tests" durch – Anweisungen, einen Arm zu heben, in die Hände zu klatschen oder unfähig zu sein, sie auseinanderzunehmen, und so weiter. Das ist keine Hypnose. Es geht dabei schlicht darum, festzustellen, welche Menschen Anweisungen befolgen werden.

Immer nur einer der Leute wird jeweils zu seinem Platz zurückgeschickt, womit die übrigen Freiwilligen auf einer unbewussten Ebene beobachten und lernen können, was von ihnen erwartet wird. Sie werden buchstäblich konditioniert. Wenn ein paar wenige Auserwählte übrig sind, kann der Hypnotiseur sicher sein, dass er mit Leuten arbeiten wird, die kooperieren wollen und mehr oder weniger wissen, was von ihnen gefordert ist. Der ganze Rest seiner Induktion ist eher eine geschickte Selbstdarstellung, da das meiste der Arbeit bereits getan ist.

In der Art von Hypnose, die ich mache, spielen Erwartungen ebenfalls eine Rolle – sind aber bei Weitem nicht alles. Ich habe einen Brief eingerahmt an der Wand in meinem Büro hängen, der aussagt, dass ich „der beste Hypnotiseur in der Welt" bin. Ich lasse ihn nicht dort hängen, um mein Ego zu befriedigen. Ich weiß, dass jeder Klient, der hereinkommt, um irgendeine Veränderung zu erreichen, den Brief lesen wird. Einige von ihnen setzen sich danach einfach hin und gehen direkt in Trance, bevor ich auch nur etwas sage.

Einer der Hauptunterschiede zwischen Showhypnose und meiner Arbeitsweise ist, dass Showhypnotiseure den Glauben verbreiten, dass einige Menschen nicht hypnotisierbar sind, während ich noch nie jemanden getroffen habe, der nicht hypnotisiert werden kann – solange ich bereit bin, mir genügend Zeit zu nehmen, ihren Reaktionen hinreichende Aufmerksamkeit schenke und mein eigenes Verhalten entsprechend abwandle.

Natürlich wirst du immer auf Menschen stoßen, die in eine tiefe, schlafwandlerische Trance gehen, dann zurückkommen und sagen:

„Ich war nicht hypnotisiert. Ich konnte alles hören und denken und Dinge empfinden." Meine Entgegnung darauf ist stets, dass es tatsächlich einen Bewusstseinszustand gibt, in dem wir nichts hören und fühlen. Er wird „tot" genannt und es ist unsere Aufgabe, ihn solange wie möglich zu vermeiden.

# 10.

# Hypnose und Kontrolle:

## Erfolg ist ein veränderter Zustand

⌘

Teil des Missverständnisses, das Hypnose umgibt, kommt aus dem Wort selbst. Für mich ist Hypnose ein unklarer Begriff. Hypnose und hypnotische Vorgehensweisen haben eigentlich schlicht damit zu tun, veränderte Zustände zu steuern. Es gibt so viele verschiedene veränderte Zustände, wie es Menschen gibt, die sie sich vorstellen. Die Möglichkeiten sind unbegrenzt.

Großartige Athleten gehen in veränderte Zustände, um das zu tun, was sie tun. Wenn du irgendeinen von ihnen fragst, wie sie sich auf ihren Sport vorbereiten, werden sie Antworten geben wie: „Ich warte darauf, dass das Grün schrumpft und das Loch, auf das ich ziele, richtig groß wird", und: „Wenn ich laufe, ist es so, als wäre ich in einem langen Tunnel. Ich nehme die anderen Läufer und die Zuschauer wahr, aber sie sind im Inneren. Alles, was ich tun muss, ist, in meinem Tunnel bleiben und weiterlaufen."

Du musst in einen leicht veränderten Zustand gehen, um auch nur fähig zu sein, ein Wort korrekt zu buchstabieren.

Wenn Hypnotiseure über Trance reden, sprechen sie wirklich von „tiefer" oder „schlafwandlerischer" Trance, und die Art, wie sie das definieren, hängt von den hypnotischen Phänomenen ab, die der Klient zeigen kann.

Dies ist eine irrige Auffassung – aber der größte Irrtum ist, dass hypnotische Zustände selten sind und unter Kontrolle von jemand anderem. Die Wahrheit ist, dass du in Wirklichkeit in einem veränderten Zustand mehr Kontrolle über dich selbst hast als im Wachzustand.

In einem Seminar forderte mich einmal jemand heraus, jemand anderen dazu zu bringen, in Trance wie ein Huhn zu gackern. Als ich antwortete, dass ich jemanden nicht in Trance versetzen brauche, um ihn dazu zu bringen, das zu tun, blieb der Mensch skeptisch. Ich sagte also: „Okay, aber zeig mir erst, wie du weißt, wie sich ein gackerndes Huhn anhört."

Dieser Mann meinte: „Sicherlich – es geht so: *pok-pok-pok* ..." Ich erwiderte: „Gut – irgendwelche anderen Fragen?"

Es ist so: Menschen werden oft tun, was du von ihnen möchtest, wenn du einfach fragst. Ich mache mir gar nicht die Mühe, Menschen zu beeinflussen, ihre Augen zu schließen, wenn ich sie hypnotisiere. Ich bitte sie einfach darum. Das spart eine Menge Zeit.

Trance sollte in herausfordernderen Situationen eingesetzt werden, als Menschen dazu zu bringen, sich wie Bauernhoftiere zu verhalten. Denn, wenn Menschen in veränderte Zustände gehen, setzen sie nicht nur ihre Grenzen vorübergehend außer Kraft, sondern auch ihre Glaubenssätze von dem, was möglich ist – und das kann außergewöhnliche Ergebnisse liefern. Sie werden es wahrscheinlich durchdenken müssen, um die gewünschten Veränderungen zu erreichen, die innerlich hergestellt werden müssen, aber wenn sie es tun, können sie ihren Herzschlag steuern, ihren Blutdruck, ihre Körpertemperatur, ihr Schmerzempfinden – und, wahrscheinlich noch wichtiger, sie können ihre Vorstellungen und Glaubenssätze kontrollieren. Wenn Menschen das verändern, wovon sie überzeugt sind, können sie ihr Leben verändern.

Es ist zum Beispiel für fast jeden Hypnotiseur absolut möglich, jemanden in Trance zu versetzen, der Angst vor Schlangen hat, und ihn sich egal wie viele Schlangen vorstellen zu lassen, ohne dass er irgendeine Angst verspürt. Wenn du ein guter Hypnotiseur bist, kannst du es ihnen ermöglichen, diese Veränderung aus der Trance heraus mitzunehmen, sodass ihr Mangel an Angst für immer bleibt.

Wie ich schon viele Male sagte, ist das Neurolinguistische Programmieren aus dem Studium hypnotischer Prozesse geboren und aus der Frage: Wie ist es möglich, dass jemand dies in einer tiefen Trance tun kann?

Vor einigen Jahren kam Gregory Bateson rüber zu mir, um mich bei der Arbeit mit einem Tieftrance-Klienten zu beobachten. Er schaute eine Weile genau zu und flüsterte mir dann zu: „Bring ihn dazu, rückwärts zu sprechen."

Ich meinte: „Wa-a-s?", denn es schien so ungeheuerlich, aber Gregory blieb hartnäckig. Ich hob also den Arm diesen 18-jährigen hoch und sagte: „Jetzt wirst du nach innen gehen, um alle notwendigen mentalen und körperlichen Anpassungen vorzunehmen, sodass du, wenn du sprichst, dies rückwärts tun wirst. Jeden Ton wirst du genauso von dir geben, wie er klänge, wenn du ein Band aufnähmest und es dann rückwärts abspieltest. Mache alle Anpassungen, und wenn du bereit bist, möchte ich, dass du einen Finger anhebst, um es mich wissen zu lassen."

Zwei oder drei Minuten verstrichen und der Finger hob sich und ich holte ihn aus der Trance und er fing an zu sprechen – und es hörte sich genauso wie ein Kassettenrekorder an, der rückwärts lief. Er sprach ein paar Sätze und dann übernahm Gregory die Gegenrede. Auch er sprach rückwärts.

Die Zwei saßen eine Ewigkeit da, das Gespräch ging hin und her, bis ich den Jungen zurück in eine Trance versetzte. Ich erinnere mich an meine Gedanken: „Wie um alles in der Welt kann jemand das nur?" Also sagte ich ihm, dass, wenn er aus der Trance zurückkam, er mir jedes Detail erklären würde, wie es möglich war, rückwärts zu sprechen.

Er kam aus der Trance zurück und erklärte, dass er an das dachte, was er sagen wollte, es in seinem Kopf eintippte, es phonetisch buchstabierte und dann einfach die Buchstaben ablöste, sie in der umgekehrten Reihenfolge anbrachte und sie aussprach. Nun, sobald er mir das geschildert hatte, erschien es einfach. Seine Strategie war: Gehe zuerst von normal geschriebenem Englisch zu phonetischem Englisch, kehre die Buchstaben um und sprich sie dann laut aus.

Das zeigt sehr deutlich, dass das „Unmögliche" nicht nur möglich, sondern einfach wird, sobald du eine mentale Strategie hast, es umzusetzen. Die Tatsache, dass er sich das in einer Trance ausdenken konnte, lag darin begründet, dass er nicht die Glaubenseinschränkung hatte: „Gut, das geht nicht." Andererseits saß ich da im Wachzustand und dachte, es geht nicht – und doch brachte ich jemand anderen dazu, es zu tun.

Natürlich wollte ich wissen, wie Gregory dasselbe tat, offensichtlich ohne Hypnose. Er erklärte: Als er und seine Kollegen sich Filme von Adolf Hitler eingehend anschauten, um herauszufinden, wie er fähig war, solch große Menschenansammlungen zu beeinflussen, spielten sie den Ton rückwärts, um festzustellen, ob es irgendwelche verborgenen Botschaften gab.

Das erinnerte eher an Tippa Gore, die Frau des früheren Kongressabgeordneten Al Gore, die überzeugt war, dass Rockmusik satanische Botschaften enthielt. Was ich daran nie richtig verstand, war, wie sie tatsächlich darankam, da die Rede von digitalen Alben war. Wenn du eine digitale Aufnahme rückwärts spielst, wird jedes Klangfragment original wiedergegeben, nur in der umgekehrten Reihenfolge. Die alten Bandrekorder, die Gregory benutzte, konnten analog rückwärts spielen und den echten Rückwärtsklang erzeugen.

Es stellte sich heraus, dass sich Gregory eine ähnliche mentale Strategie angeeignet hatte, um zu lernen, wie man rückwärts spricht. Er wurde nach einiger Zeit so gut darin, dass er einen Satz vorwärts hören und ihn dann rückwärts abspielen konnte. Er hatte es eingesetzt, um mit Schizophrenen zu kommunizieren. Es funktionierte nicht wirklich, aber er hatte es wenigstens versucht. Gregory probierte eine Menge unterschiedlicher Sachen, die bewundernswert waren. Es stellte sich eben nur heraus, dass das Rückwärtssprechen mit Menschen ihnen nicht wirklich viel hilft.

Ich war immer daran interessiert, wie Menschen bestimmte Dinge taten und wie das Wissen darüber anderen helfen konnte, ihre Ziele zu erreichen. Herauszufinden, wie jemand erfolgreich eine mentale Aufgabe erledigt, ist die Basis des Neurolinguistischen Programmierens. Der Teil, den ich besonders mag, ist das Erkunden der offenbar endlosen Tiefen der Kreativität. Wenn ich Hypnose unterrichte, nenne ich es „experimentelle Hypnose", nicht aus dem Grund, weil ich infrage stelle, ob sie existiert oder nicht, sondern, um diesen Augenblick der Kreativität zu lokalisieren, in dem Menschen Lösungen für das finden, was augenscheinlich unmögliche Situationen sind.

Während der letzten 40 Jahre habe ich immer besser verstanden, wie es möglich ist, veränderte Zustände für Menschen zu nutzen, um tief greifende Veränderungen hervorzurufen. Ich bin ebenfalls zu der Überzeugung gelangt, dass ein wichtiger Teil davon, dies zu erreichen, Humor ist.

Nicht jeder hat einen Sinn für Humor, also kann nicht jeder Humor nutzen. Ich nutze ihn dagegen andauernd, denn ich denke, es ist sehr wichtig, dass Menschen lernen, über ihre eigenen Glaubenssätze zu lachen, dass Menschen lernen, über ihre eigenen Schwierigkeiten zu lachen, denn genau in dem Moment, in dem sie damit anfangen, erzeugen sie die Grundlage in der Körperchemie, auf der Veränderung stattfinden kann.

Wie wir wissen, glaubt jeder, der je von Freud beeinflusst wurde, immer noch, dass Einsicht Veränderung bewirkt, dass Verstehen die Freiheit von Leid und Schmerz gibt. Die Wahrheit ist aber, dass es schlicht und einfach so nicht funktioniert, egal, wie sehr oder wie lange Menschen es versuchen.

Ich hatte viele Klienten, die, als sie zu mir kamen, bereits wussten, was der Ursprung ihrer Ängste war. Der eine mag fast ertrunken sein und hat Panikreaktionen vor Wasser entwickelt. Oder sie lebten vielleicht in Beziehungen mit nicht vertrauenswürdigen Menschen und jetzt können sie Menschen nicht mehr vertrauen. Vielleicht hat ihr Vater sie belästigt, also denken sie, dass alle Männer schlecht sind.

Die Tatsache, dass sie etwas verstehen, bedeutet nicht, dass sie sich dann anders verhalten. Verhaltensänderung kann nur durch die Veränderung von Glaubenssystemen kommen und durch die Art, wie wir unsere Erfahrung generalisieren.

Als Kinder lernen wir, unsere Hand nicht ins Feuer zu halten, denn genau, bevor wir es tun, schreien unsere Eltern uns an. Das löst Angst aus und wir ziehen die Hand zurück. Lauter Lärm, Angst, Feuer, Angst. Ziemlich bald sind wir schlau genug, unsere Hand nicht ins Feuer zu halten. Wir müssen uns nicht verbrennen, um zu lernen. Wir verallgemeinern von einem Erlebnis auf ein anderes.

## Probleme als Über-Generalisierungen

Manchmal jedoch über-generalisieren wir und dann müssen wir unserem Denken eine neue Richtung geben. Menschen, die wahllos Panikattacken haben, reagieren auf Dinge, die sie nicht wirklich zu fürchten brauchen. Menschen mit obsessiv-zwanghafter Störung bauen stützende Rituale auf, wo sie sie nicht brauchen. Wir wissen alle, dass die Tür achtmal abschließen sie nicht verschlossener macht, als es einmal zu tun. Indem sie sich aber auf dieses Ritual verlegen, erzeugt es ein falsches Gefühl von innerem Frieden, denn sie bauen in ihr Modell den Glaubenssatz ein, dass ihre Angst weggeht, wenn sie das Ritual ausführen.

Nun, zu einem gewissen Grade ist jeder in dieser Situation. Wir bauen alle Generalisierungen auf, die uns sehr gute Dienste leisten, und solche, die dies nicht tun. Die Fähigkeit, unsere Welt zu überprüfen und zu erweitern, wird am besten in einem veränderten Zustand eingesetzt, denn unser Wachzustand bringt per definitionem alle unsere Glaubenssätze mit sich, einschließlich der einschränkenden. Somit wird es wichtig, dass wir die Reichweite menschlichen Bewusstseins ausdehnen, indem wir in einen Zustand der Entspannung gehen und uns mit Ängsten, Zweifeln, Wünschen, Antrieben und all den anderen Dingen beschäftigen, die wir entweder mehr oder weniger brauchen, um unsere Fähigkeiten zu erweitern.

Als ich anfing, Psychotherapeuten zu studieren, konzentrierte ich mich auf die Details dessen, was sie taten. Aber ziemlich bald wurde es offensichtlich, dass sie alle Hypnose benutzten, ohne es zu merken. Fritz Perls ließ Klienten andere Menschen auf leerem Mobiliar halluzinieren, wobei er bestritt, eine Hypnose zu induzieren, obwohl positive Halluzinationen das Produkt eines tief greifend veränderten Zustandes sind. Virginia Satir hatte ihr „Centering" und meditative Prozesse, die tief hypnotisch waren. Nur Milton Erickson benutzte Hypnose – und wusste es.

Mein Ziel war nicht nur, diese Menschen und ihre hypnotischen Prozesse zu studieren, selbst wenn sie diese nicht zugaben, sondern auch fähig zu sein, jenseits dessen zu gehen, was sie taten. Während der vier Jahre also, in denen ich herausragende Leute modellierte, war es mir möglich, das, was ich erlernte, zu nehmen und Dinge mit Hypnose zu erreichen, von denen keiner dieser Menschen, die ich modellierte, je geträumt hätte, dazu fähig zu sein.

Dies war möglich, weil sie *alle* Glaubenssysteme hatten, die sie auf die eine oder andere Art einschränkten. Selbst die besten Hypnotiseure, die ich kennenlernte, glaubten, dass es einige Menschen gab, die nicht hypnotisiert werden konnten, während ich bis heute nicht einen gefunden habe. Die einzigen Menschen, bei denen ich meine, dass ich sie nicht hypnotisieren kann, sind die, die sich nicht im Raum befinden.

Natürlich kann sich jemand die Ohren zuhalten, die Augen schließen und sich weigern, zuzuhören, dann ist es unwahrscheinlich, dass sie hypnotisierbar sind. Aber größtenteils setzen alle von uns, wenn wir miteinander sprechen, die gleichen Prozesse ein, die im hypnotischen Austausch benutzt werden. Der einzige Unterschied ist, dass der Hypnotiseur präziser ist.

Einige Hypnotiseure können nur bestimmte Menschen hypnotisieren, aber das liegt fast immer daran, dass sie eine spezielle Induktion haben, bei der sie geblieben sind.

Ich habe stets versucht, Menschen beizubringen, flexibel genug zu sein, um genau auf den einzugehen, der vor ihnen sitzt. Suche nach dem Einzigartigen im Klienten und gehe darauf ein. Lerne, alles verändern zu können, angefangen bei deiner Stimme und dem Sprachtempo bis zu deiner körperlichen Erscheinung. Genaugenommen musst du sogar deinen eigenen Bewusstseinszustand willentlich ändern können. Dann, wenn du beginnst, ihre Welt zu betreten, kannst du sie tief greifend beeinflussen – selbst auf der Stufe ihrer frühkindlichen kognitiven Strukturen.

Wenn du fähig bist, das zu tun, kannst du Menschen leicht und einfach bestärken und beeinflussen, jenseits dessen zu gehen, was immer ihre Grenze gerade ist.

Es ist wichtig zu erkennen, dass einige Strategien einen veränderten Zustand bedingen, nicht nur, um sie zu installieren, sondern damit sie funktionieren. Die großartigen Golfer, die ich modelliert habe, machten sich zum Abschlag bereit, indem sie ein klein bisschen ausholten, dann auf das Grün hinunterblickten, ein weiteres Mal ein wenig ausholten, wieder zurück auf das Grün hinunterblickten und auf diesen Moment warteten, wo das Grün anfängt zu „schrumpfen". Das wird sich nicht im Wachzustand bewerkstelligen lassen.

Einige Strategien erfordern einen tief greifend veränderten Zustand und einige benötigen minimale Veränderungen. Hochpräzises Schießen mit der Pistole mag eine vergleichsweise tiefe Trance erfordern, während gute Gedächtnisstrategien nur sehr leichte Trance-Zustände benötigen.

Eine der besten Gedächtnisstrategien, die mir je begegnet sind, hatte eine Frau aus Indien. Sie kam zusammen mit 80 anderen Leuten zu einem Seminar. Als ich fragte, ob jemand eine ungewöhnliche Fähigkeit habe, hob sie ihre Hand und sagte: „Ich kann mich an den Namen von absolut jedem erinnern, den ich treffe."

Ich ließ sie vor die Gruppe treten und alle 80 Leute ihren Namen nennen, einen nach dem anderen, und schickte sie dann alle nach draußen. Etwas später, als ich sie wieder hereinholte, ließ ich sie sich an andere Stellen setzen. Sie ging im Raum umher und sprach jeden Einzelnen mit absolut richtigem Namen an.

Ihre Strategie war folgende: Wenn jemand seinen Namen sagte, wiederholte sie ihn in ihrem Kopf, während sie nach einem außergewöhnlichen körperlichen Merkmal schaute. Dann stellte sie sich eine große Zeichentrickfigur von dem vor, was sie sah und wiederholte den Namen, während sie ihn unter das Bild schrieb. Schließlich öffnete sie ihre Augen, sah die Person an und fragte: „Ist dein Name X?" und achtete darauf, dass sie übereinstimmten. Wenn sie „Ja" antworteten, ließ sie das Bild auf die Größe ihres Gesichts schrumpfen und ging dann zur nächsten Person. Wann immer sie den Menschen je wiedersah, würde das ungewöhnliche Merkmal wieder vor ihrem inneren Auge erscheinen, zusammen mit sowohl der Aussprache des Namens als auch seiner Schreibweise. Egal, wie viel Zeit zwischen dem Moment, in dem sie jemandem vorgestellt worden war, und dem Wiedersehen verstrichen war, sie vergaß nie ihre Namen.

Wenn wir uns ihre Strategie näher ansehen, können wir erkennen, dass das Bild inhaltreich codiert war, und da die Codierung so gründlich war, war seine Decodierung einfach.

Natürlich werden einige Wissenschaftler möglicherweise dagegen argumentieren und es so etwas wie „Trance" nennen – aber ob du es Trance nennst oder einen veränderten Zustand, oder einfach „Erinnern", es ist nur eine Beschreibung.

Wir müssen im Kopf behalten, dass Wörter wie „Hypnose" und „Trance" in Wirklichkeit Prozesse sind, Verben, die zu Substantiven gemacht wurden. Sie sind nicht reale „Dinge", sie sind das, was wir „Nominalisierungen" nennen (siehe Ressourcenblatt 4 und 5).

Als ich mich daranmachte, Hypnose zu lernen, versuchten viele Leute aus meiner Bekanntschaft, mich davon abzubringen. Sie war schlecht, funktionierte nicht, sie unterdrückte nur das Symptom und so weiter. Zu wissen, wie du Hypnose nutzt, macht dich aber zu einem besseren Kommunikator, ob du ein Verkäufer bist, ein Psychotherapeut, ein Lehrer, ein Rezeptionist oder ein Zahnarzt. Es ist die Fertigkeit, die dir hilft, besser mit anderen Menschen umzugehen. Sie macht deine Arbeit wirkungsvoller und dein Leben einfacher.

Die Ironie dabei ist, dass viele Bundesstaaten, ja sogar Länder, Gesetze haben, die den Gebrauch von Hypnose verbieten. In den Vereinigten Staaten gab es Gesetze, die besagten, dass sie nicht in der Armee verwendet werden konnte. Du kannst sie nicht in der Schule einsetzen oder auf einigen Fernsehkanälen Induktionen zeigen. Trotzdem werden alle Menschen, die dort involviert sind, dazu angeregt, zu visualisieren, ihre Vorstellungskraft zu gebrauchen oder so zu tun, als ob. Ich erinnere mich daran, wie ich einen Chemie-Unterricht besuchte, in dem der Professor uns anleitete, uns einen Spiegel vorzustellen, der die Helix eines Moleküls reflektierte, die wir dann rückwärts drehen ließen, nur auf die Reflexion achtend und nicht auf die „echte" davor.

Nun, einige Leute konnten es und einige nicht, denn für manche Menschen lässt der Wachzustand diese Art von Vorstellung nicht zu, während er es für andere tut. Das ist ein tief greifend veränderter Zustand.

Es gab eine Zeit, als der Ausdruck „veränderter Zustand" hypothetisch benutzt wurde, aber mit den Fortschritten im neuralen Scannen können wir zeigen, dass messbare Veränderungen im Gehirn ablaufen. Die Untersuchung, an der ich beteiligt war, machte Aufzeichnungen von 16 Bereichen jeder Gehirnhälfte.

Was ich tat, war, Menschen meditieren zu lassen oder sich mit anderen, wirklich interessanten, mentalen Aktivitäten zu beschäftigen, und konnte beobachten, wie die Veränderungen eintraten. Wir konnten sehen, wie sich das Gehirn von Beta nach Alpha und manchmal Epsilon bewegte. Solche Menschen, die wirklich kreative Momente hatten, zeigten sehr tiefes Alpha mit Theta-Spitzen in einem sehr konsistenten Muster. Veränderte Zustände sind also nicht chaotisch, man kann sehen, dass sie sehr präzise sind.

Wir haben bereits Geräte, die das Gehirn dazu bringen, auf verschiedene Muster einzugehen, die von tiefer Entspannung bis zu hoher Wachsamkeit reichen. Bald werden wir direkte Echtzeitrückmeldungen von unseren Klienten bekommen können, weil wir ihre Gehirnfunktionen noch genauer überwachen können als momentan mit einer Kernspintomografie oder einer Positronen-Emissions-Tomografie.

Als ich vor vielen Jahren anfing, bekam ich die Möglichkeit, einen der ersten MRTs bei – ausgerechnet – Klaustrophobikern einzusetzen. Ich musste sie mit Paketband festbinden, um sie hineinstecken zu können, aber als sie drin waren, sahen wir, dass sie alle bestimmte Dinge gemeinsam hatten. Zum Beispiel schaltete sich eine Gehirnhälfte fast vollkommen aus, während die andere in Überaktivität verfiel, verbunden mit beschleunigtem Herzschlag und schnellerer Atmung.

Aber dann, als ich sie der ursprünglichen Behandlung unterzog, die ich vor vielen Jahren entwickelt hatte, und sie wieder zurück in die Maschine steckte, war jeder Einzelne von ihnen ruhig, während ihre Tomografie-Bilder zeigten, dass beide Hemisphären ihres Gehirns aktiv waren.

Das sagte mir, dass sie physiologische, neurologische, chemische und mentale Veränderungen vollzogen, die sie für den Rest ihres Lebens behielten, einfach, weil sie gelernt hatten, ihr Gehirn auf eine andere Weise zu benutzen.

Das ist die Art, wie ich seitdem darüber denke, wie man Veränderung erzielt. In der Lage zu sein, bleibende Veränderungen zu schaffen, bedeutet, dass sie auf einer neurochemischen Stufe auftreten müssen, anstatt einfach als irgendein vages psychologisches Konzept. „Kontrolle" sollte keine Frage von Willenskraft oder Anstrengung sein. Sie sollte sich durch neue Wege des Denkens entwickeln. Durch das, was wir im NLP und in der Hypnose tun, strukturieren wir unser Gehirn buchstäblich neu. Und wenn wir das richtig tun, wenn wir die richtigen Sequenzen ablaufen lassen, erlangen wir die Art von Kontrolle, die bedeutet, dass wir von den Programmen wegkommen, die Schmerz und Angst produzieren, hin zu denen, die uns Freiheit, Gelegenheiten und Wahlmöglichkeiten geben.

# 11.

# Innen und tief:

## Die Muster von TRANCE-formationen

⌘

Als ich „TRANCE-formations" (deutscher Titel: Therapie in Trance, Anm. d. Übers.) vor mehr als einem Vierteljahrhundert publizierte, wurde es fast sofort eine Messlatte für Bücher über Hypnose. Selbst heute, lange, nachdem es vergriffen ist (bezieht sich auf die Ausgabe in englischer Sprache, Anm. d. Übers.), werden Exemplare zum Zehnfachen des Ladenpreises gehandelt.

In der Zeit davor wurde Hypnose als eine eher mysteriöse und unzugängliche Methode betrachtet. Die meisten Hypnotherapeuten eigneten sich eine extrem direktive Herangehensweise an. In weiten Kreisen wurde angenommen, dass der Hypnotiseur den Willen seines Klienten dominieren und ihn mit wiederholenden, monotonen Befehlen in die Hypnose steuern musste.

Wie vorhersehbar sprach nur eine relativ kleine Anzahl Menschen darauf an. Es gab absolut keinen Hinweis darauf, dass das vielleicht am Hypnotiseur liegen könnte. Jeder, so hieß es, sei in größerem oder kleinerem Maße „hypnotisierbar". Es wurde für einen angeborenen Wesenszug gehalten, vergleichbar mit der Größe deiner Füße oder der Farbe deiner Augen. Wenn du Schwierigkeiten hattest, in Trance zu gehen, oder unfähig warst, komplexe Tieftrance-Phänomene vorzuführen, zeigte das eher deine Unzulänglichkeit, als die des Hypnotiseurs.

Selbst Milton Erickson glaubte, dass ein Klient darin „trainiert" werden musste, ein gutes Trance-Subjekt zu werden. Die meisten seiner Anhänger sehen ihn immer noch als eine Art von unmittelbarem Wunder-Vollbringer, dabei machte er kein Geheimnis aus der Tatsache, dass er manchmal zwischen 100 und 1000 Stunden brauchte, um seine Klienten für die Therapie vorzubereiten. Der Gedanke, dass Hypnose etwas ist, das jeder erleben oder bei einer anderen Person induzieren kann, war zu dieser Zeit unvorstellbar.

„TRANCE-formations" hat dies alles verändert. Es demonstrierte, dass Hypnose ein natürliches Phänomen ist, offen für jedermann, zu erleben, dass es eine einfach erlernbare Fähigkeit war, Menschen in eine Trance zu versetzen – selbst in eine wirklich tiefe Trance. Und es zeigte, dass Hypnose ein Werkzeug sein konnte, das Therapeuten und Lehrer in allen Bereichen anwenden konnten, um ihren Klienten und Schülern beim Lernen zu helfen. Es war das erste Buch überhaupt, das darlegte, dass Hypnose eine Struktur hat, und die Struktur konnte modellierte, erlernt und unterrichtet werden.

In jenem Buch skizzierte ich mehrere hypnotische Muster, die alle unmittelbar anwendbar waren. Diese Muster waren entweder modelliert oder aufbereitet aus der Arbeit von Milton Erickson oder aus meiner eigenen Erfahrung auf dem Gebiet entwickelt worden. Der Zweck, die „innere Struktur" von verschiedenen Mustern offenzulegen, lag darin, Hypnotiseure zu ermutigen, systematisch zu sein. Es war nie die Absicht, damit anzudeuten, dass irgendwelche dieser Muster „den" Weg, wie man Hypnose ausführt, repräsentieren, noch, dass vom Hypnotiseur erwartet wurde, eines dem anderen vorzuziehen.

Innerhalb kürzester Zeit wurden diese Muster jedoch kopiert und viele, viele Male nachgemacht. Jedes neue Buch, das herauskam, jeder neue „Schöpfer" dieser Techniken präsentierte sie so, als ob sie in Stein gemeißelt seien.

Was Menschen verstehen müssen, ist, dass keine Induktion automatisch besser ist als eine andere. Die mächtigsten Faktoren, die entscheiden, ob dein Klient in Trance geht, sind deine Sprechgeschwindigkeit, Tonalität, Atmung und deine gesamte eigene Fähigkeit, deinen Zustand zu verändern, um ihn so auf einem unbewussten Weg in einen veränderten Zustand zu führen.

Die kommenden speziellen Muster und Übungen sind daher sowohl als Leitfaden als auch Mittel gedacht, Flexibilität zu entwickeln. Meine Erfahrung ist, dass das Versagen von jemandem, in eine Hypnose zu gehen, nichts mit „Hypnotisierbarkeit" zu tun hat, sondern alles mit der Fähigkeit des Hypnotiseurs, kreativ auf den Menschen vor ihm zu reagieren.

Wenn Hypnose für dich neu ist, empfehle ich, dass du jedes Muster nimmst und es übst, bis es sich leicht und natürlich anfühlt. Es ist nicht notwendig, dass du einen Klienten zum Üben hast – aber das Wichtige ist, es so zu tun, als ob du einen hättest. Sprich sie laut aus, höre deine eigene Tonalität und verändere das, was du von dir gibst, während du weitermachst.

Es kann nützlich sein, deine frühen Versuche aufzunehmen, und sie dir dann später anzuhören, um herauszufinden, ob sie irgendeine Art von Wirkung auf dich haben. Wenn du dich selbst nicht in Trance versetzen kannst, ist es unwahrscheinlich, dass du fähig sein wirst, andere hineinzuversetzen.

## Rhythmus und Tonalität

Eines der Charakteristika von trance-induzierender Sprache ist der Gebrauch von Übergangs- oder Verknüpfungswörtern und -phrasen.

Ein fachkundiger Hypnotiseur spricht reibungs- und mühelos mit wenigen erkennbaren Satzendungen. Obwohl das Verknüpfen von Formulierung mit Formulierung und Satz mit Satz vielleicht grammatikalisch oder sogar logisch nicht richtig sein mag, ist die Wirkung auf den Hörer doch besänftigend und beruhigend

Selbst mit seiner tiefen und rauen Stimme war Milton Erickson ein Meister des Rhythmus. Er schaffte dies auf unterschiedlichen Wegen, einschließlich der Art, wie er seinen Körper von einer Seite zur anderen wippte, um bestimmte Formulierungen für das Unbewusste des Zuhörers zu markieren. Während wir das Milton-Modell zusammentrugen, identifizierten wir eine Anzahl von Verknüpfungen, einige stärker als andere. Wie bei allen Sprach-Mustern empfehle ich sehr, dass du nicht nur die Ressourcenblätter am Ende des Buches genau studierst, sondern so viele deiner eigenen Varianten wie möglich entwickelst und niederschreibst.

Möglicherweise die einfachste, aber auch die schwächste Art, Formulierungen zu verknüpfen, ist der Gebrauch einfacher Konjunktionen, wie zum Beispiel „und" und „sodass".

*Und – während du dies tust, sodass – lernst, auf deine eigene Stimme zu hören – damit du dein eigenes Gefühl für Rhythmus und Selbstsicherheit entwickeln kannst – und sicher genug wirst – sodass du deine Fähigkeiten erweitern kannst, weit jenseits von allem, das du – und jeder andere – vielleicht als möglich gedacht habt –.*

Die zweite, etwas stärkere Verknüpfung wird durch das erzeugt, was wir im Milton-Modell eine „implizierte Kausalität" nennen. Einfach gesagt, diese Art von Muster legt eine Ursache nahe, ohne sie tatsächlich zu benennen. Die Tatsache, dass keine Kausalität direkt behauptet wird, macht es extrem schwierig, sich dem zu widersetzen. *Wenn du lernst, die implizite Ursache sowohl in deine normale Sprache als auch in deine hypnotischen Induktionen einzubauen, dann wirst du deine Fähigkeit, andere zu beeinflussen, dramatisch erhöhen, und, während du darüber nachdenkst, was das für deine Karriere und dein Privatleben bedeuten könnte, denkt dein Unbewusstes bereits über neue Wege nach, dieses Wissen anzuwenden.*

Noch stärker ist das Ursache-Wirkung-Muster. Dies suggeriert, dass ein Ereignis ein anderes auslöst. Das zweite existiert wegen des Ersteren. Das Wort „weil" an sich mag oder mag auch nicht im Satz vorkommen.

*Diese Muster werden im Ressourcenblätter-Teil skizziert und das bedeutet, dass du leicht eine Referenz zur Hand hast. Und je mehr du diese Muster übst, desto spontaner wirst du sie generieren, denn einfache Wiederholung wird sicherstellen, dass du dich an sie sowohl bewusst als auch unbewusst erinnerst.*

## Übung:
## Induktionen kreieren

Entscheide über den Zustand, den du in einem Klienten induzieren möchtest, und schreibe wenigstens drei 10-minütige Induktionen, wobei du drei Beispiele jedes der folgenden Muster im Wechsel benutzt:

1. Einfache Konjunktionen
2. Implizite Kausalität
3. Beispiele für das Ursache-Wirkung-Muster

Dies wird dir neun Aussagen für jede Trance liefern, die du verfeinern und ausbauen kannst.

*Anmerkung:* Dies ist keine Anregung, dass du vorbereitete Skripte bei Klienten benutzt. Das Endziel von dieser und den meisten anderen Übungen in diesem Buch ist, dir zu helfen, zu lernen, wie du spontan Induktionen jeder Art generierst, die du ausgewählt hast.

Eine angenehme Tonalität ist für wirkungsvolle Veränderungsarbeit extrem wichtig. Es ist nicht einfach das, was du der Person sagst, das die Botschaft überträgt. Du badest seinen ganzen Körper mit deiner Stimme, jede Zelle schwingt mit den Wellenformen mit, die du erzeugst. Ich kann mich nicht mehr erinnern, wie viele Hypnose-Workshops ich mitgemacht habe und wie oft ich jemand im kreischendsten, nervigsten Ton sagen hörte: „Entspann dich, jetzt – du fühlst dich entspannter ..." Du weißt gleich zu Beginn, dass das nicht funktionieren wird.

Eine „gute Stimme" ist nicht notwendigerweise etwas, womit du geboren wirst, aber es ist sicherlich etwas, das du dir aneignen musst. Im Laufe der Jahre habe ich mir antrainiert, fähig zu sein, meinen Dialekt von New Joisey (New Jersey im heimischen Dialekt ausgesprochen, Anm. d. Übers.) bis hin zum tiefen Süden zu wechseln, mit jedem Staat dazwischen, der dir in den Sinn kommt. Ich kann Ericksons Stimme annehmen, seinen Rhythmus und seine Tonalität, so einfach wie meine eigene.

In Workshops lasse ich oft die folgenden Schritte nachmachen:

1. Leg deinen Finger auf deine Stirn und sage in einer hohen, schrillen Stimme: „Dies ist meine Stirn!"
2. Berühre jetzt deine Nase und spreche so nasal aus, wie du kannst: „Dies ist meine Nase."
3. Berühre deinen Mund und sage in einer etwas tieferen Stimme: „Dies ist mein Mund."
4. Berühre jetzt dein Brustbein, lass die Stimme weiter etwas tiefer werden und sage: „Dies ist meine Brust."
5. Berühre schließlich deine Nabelgegend und sage so, als wenn du es wirklich meinst: „Dies ist mein Bauch, und wenn ich von hier spreche, kann ich jeden beeinflussen, den ich treffe, Millionen verdienen und allen Sex haben, den ich möchte ...'"

Das andere wichtige Muster, das du entwickeln musst, ist das von Autorität und Glaubwürdigkeit. Dabei geht es schlicht darum, zu lernen, deine Stimme an der richtigen Stelle in den Sätzen fallen zu lassen, die du benutzt.

- Nach der allgemeinen Regel gehst du mit der Stimme am Ende des Satzes nach oben, wenn du eine Frage stellst.
- Wenn du eine neutrale Aussage machst, bleibt die Stimme auf gleichbleibender Höhe.
- Wenn du einen Kommentar oder einen Befehl gibst, endet der Satz mit absinkender Stimme.

Diese einfachen Regeln zu wissen und anzuwenden, kann deine Flexibilität merklich erhöhen und damit deine Wirkung als Hypnotiseur. Indem du zum Beispiel bei etwas die Stimme nach unten gehen lässt, das wie eine Frage erscheint, kannst du einen Befehl an das Unbewusste des Zuhörers senden.

Wiederhole den Satz: „Würdest du dich jetzt gerne entspannen?" laut, zuerst mit gehobener Stimme am Ende, dann mit gesenkter. Bemerke den Unterschied, sowohl in der Art, wie es klingt, als auch, wie es sich bauchmäßig anfühlt. Meine Schüler berichten oft davon, dass sie sich wesentlich selbstsicherer, geerdeter und mehr Herr der Lage fühlen, wenn sie lernen, ihre eigene Tonalität zu steuern. Insbesondere Frauen können auf diese Weise eine beachtliche Autorität erlangen.

## Übung:
## Veränderung des Tonfalls

Wähle einen Teil aus diesem oder jedem anderen Buch aus und lies es laut vor, abwechselnd

1. mit der Stimme nach oben gehend am Ende jedes Satzes,
2. mit gleichbleibender Stimmhöhe durchgehend jeden Satz,
3. mit sich senkender Stimme am Ende jedes Satzes.

Reservier dir nun einen kompletten Tag, in dessen Verlauf du probierst, in jedem Satz die Stimme nach unten gehen zu lassen, den du aussprichst. Es ist unwahrscheinlich, dass du dies schaffst, aber durch Übung wird es leicht und zur zweiten Natur. Es wird deine Autorität bemerkenswert erhöhen, ohne den Status oder die Macht anderer Menschen herauszufordern, die du triffst.

## Die Aufmerksamkeit des Klienten lenken

Erickson definierte Trance einmal als „Reduktion der Vielfältigkeit der Aufmerksamkeitsfokusse". Was er damit auf eine sehr schwerfällige Art ausdrückte, ist, dass Hypnose uns erlaubt, unsere Aufmerksamkeit einzuengen, bis wir nur noch auf einen bestimmten Bereich unserer subjektiven Erfahrung fokussiert sind.

Ein anderer Weg, Trance zu betrachten, ist ein Wechsel der äußeren Wahrnehmung des Klienten hin zu seinem inneren Erleben. Wann immer unsere Aufmerksamkeit nach innen geht, fangen wir an, unseren Zustand zu verändern – oder in Hypnose zu gehen. Wann immer die „Fokusse der Aufmerksamkeit" nach außen gehen, kehrt der Klient in seinen normalen Wachzustand zurück.

Dieses Wissen kann für den neuen Hypnotiseur als systematischer Leitfaden dienen, auf den er die Gesamt-„Gestalt" seiner Induktion und seinen Sprachgebrauch ausrichtet.

## Den Klienten pacen

Das Verbinden dieser außen-nach-innen Richtung mit dem „Pacen" des Erlebens des Klienten liefert ein leicht erinnerbares Modell, um eine Hypnose zu praktizieren, die sowohl lebensnah als auch wirkungsvoll ist.

Pacen ist ein Verhalten, das dem Klienten vermittelt, dass du sein Erleben gleichermaßen beachtest und respektierst, und es funktioniert als ein Rückmeldemechanismus, der ihn weiter in Trance führt.

Die Effektivität dieser speziellen Technik hängt fast vollkommen davon ab, Übereinstimmung auf Übereinstimmung zu erzeugen und zu stapeln, und dies dann mit einem konkreten Befehl zu verknüpfen. Es ist eine universelle Wahrheit, dass Übereinstimmung mehr oder weniger den Grad erhöht, in dem wir vom Klienten Zustimmung erhalten, selbst wenn das Übereinstimmen sich auf

Themen bezieht, die nicht mit anderen zusammenhängen, sondern nur mit dem gerade vorliegenden.

Um es einfacher zu sagen: Wenn wir jemanden dazu bekommen, mit zwei oder drei unbestreitbaren „Tatsachen" (das bedeutet, verifizierbar durch ihre Sinne) übereinzustimmen, werden sie wahrscheinlich jeder nicht sinnesspezifischen Suggestion folgen, die wir möglicherweise geben.

Beispiel: „Du sitzt zurückgelehnt auf dem Stuhl, deine Füße sind auf dem Boden, deine Hände auf deinem Schoß – und du kannst anfangen, dich entspannt zu fühlen."

Die ersten drei Aussagen sind unwiderlegbare „Wahrheiten", die vierte ist eine Vorschrift oder ein Befehl.

Damit dieses Modell funktioniert, ist es extrem wichtig, dass der Hypnotiseur jede Form von Meinung oder Urteil in den drei Pacing-Aussagen unterlässt. Du darfst nicht sagen: „Du sitzt *bequem* auf deinem Stuhl", einfach, weil „bequem" potenziell verneinbar ist. Vielleicht hat der Klient einen schmerzhaften Rücken oder Kopfschmerzen oder der Sitz ist zu weich.

Die Formel lautet: pace den Klienten (vorzugsweise drei Mal), führe ihn dann mit einer Suggestion, die mit dem Ergebnis korrespondiert, für die du dich entschieden hast.

Die Induktion wird aus aufeinanderfolgenden Pacing-Leading-Aussagen aufgebaut und so, wie der Klient sich mehr entspannt, zunehmend intern ausgerichtet.

*Anmerkung:* Du kannst deine Flexibilität und Wirkung als Hypnotiseur erhöhen, indem du lernst, „kunstvoll vage" Aussagen zu treffen, die nichtsdestotrotz unbestreitbar wahr sind: „Du spürst die Temperatur der Sonne auf deiner Haut" ist „du spürst die Wärme der Sonne" vorzuziehen. Diese Fähigkeit wird sich als besonders nützlich in den Modellen für Hypnose-Induktionen herausstellen, die folgen. Behalte im Kopf: Je weniger Inhalt du voraussetzt, desto geringer ist die Wahrscheinlichkeit, dass du falsch liegst. Je mehr prozessorientiert du bist, desto größer sind deine Chancen, das innere Erleben deines Klienten zu pacen.

## Übung:
## „Truismen" zum Induzieren von Hypnose benutzen

Schreibe eine Induktion nieder, die das folgende Modell benutzt:

1. Drei Aussagen, die unbestreitbar wahr sind (Truismen), gefolgt von einer Suggestion zunehmender Bequemlichkeit und Entspannung. Wiederhole dies drei Mal, welches dir neun Pacing-Aussagen und drei Suggestionen an die Hand gibt. Hänge jetzt

2. zwei „Truismen" und zwei „entspannende" Suggestionen an. Wiederhole dies drei Mal. Füge

3. ein Truisma und drei entspannende oder Trance vertiefende Aussagen hinzu. Wiederhole dies drei Mal.

4. Ergänze weitere Suggestionen, sodass der Klient drei oder vier Minuten tiefer und erfrischender Erholung genießt, kehre dann zu vollkommenem Wachbewusstsein zurück.

Teste deine Induktion mit einem Partner.

# Überlappung

Das Erreichen von Rapport durch das Angleichen an das Verhalten und die sinnesspezifischen Präferenzen des Klienten ist wichtig – aber nicht so wichtig, wie einige NLP-„Experten" uns gerne glauben lassen würden. Du brauchst keinen hervorragenden Grad an Rapport, es reicht, wenn Menschen verstehen, was du tust.

Wenn jemand in Bildern zu dir spricht, redest du mit ihnen ebenfalls in Bildern, damit sie besser verstehen können. Verstehen ist aber natürlich nicht das wichtigste Ziel. Veränderung ist das wichtige Ziel; Lernen ist das wichtige Ziel.

Ich bin immer wieder erstaunt, selbst ernannte Experten des Neurolinguistischen Programmierens zu treffen, die mir erzählen wollen, was ich wirklich gemeint habe. Dies sind gewöhnlich Leute, die sich selbst zertifiziert haben, die eines morgens aufgewacht sind und meinten: „Hmm. Ich erinnere mich jetzt – ich habe NLP erfunden." Trotz der Tatsache, dass ich dieses Feld entwickelt und mich 40 Jahre damit beschäftigt habe, gibt es immer noch Leute, die zu mir kommen und mit mir über den „richtigen" Weg streiten wollen, wie man NLP macht.

Etwas, von dem ich u. a. sehr viel höre, ist die Wichtigkeit, „Rapport" zu bekommen. Es gibt da draußen im Bereich des NLP ganze Bücher darüber, wie man Rapport herstellt. Alles jedoch, was ich je gesagt habe, ist: Wenn du Rapport *brauchst* – wovon ich in den meisten Fällen nicht glaube, dass er notwendig ist – kannst du ihn herstellen, indem du dein Verhalten angleichst.

Es gibt aber Fälle, in denen du das nicht möchtest. Du willst zum Beispiel keinen Rapport mit einem paranoiden Schizophrenen herstellen. Ich mit Sicherheit nicht. Ich bringe sie dazu, sich vor Angst fast in die Hose zu machen, sodass sie sich verändern wollen.

Einer meiner Lieblings-Paranoid-Schizophrenen, Andy, hatte die folgende bizarre Beschwerde: Er sagte, dass Leute aus dem Fernsehen herauskämen und ihn verfolgten. Schon alleine der Gedanke daran machte mich nervös, aber als ich davon hörte, konnte ich es mir einfach nicht entgehen lassen.

Die Psychiater sträubten sich sehr, ihn von seinen Medikamenten abzusetzen, „für den Fall, dass er ausflippte". Ich machte sie darauf aufmerksam, dass sie beide fast 2 Meter groß waren und er nur bis an ihre Brust reichte.

Sie schleiften ihn also in diesen Raum, wo beschlossen worden war, den ganzen Prozess aufzunehmen. Als er hereinkam, waren da Lichter und Kameras auf uns gerichtet und Techniker und Leute starrten auf uns – genau die Art von Situation, die einem Paranoid-Schizophrenen Sicherheit gibt.

Sein Bruder, dem er sehr nahe stand, begleitete ihn und erzählte mir, dass es sein Bestreben sei, zusammen auf eine Reise zu gehen, etwas, das sie geplant hätten, als sie jung waren, aber nie gemacht hatten. Er sagte aber, dass sie es nie tun könnten, denn er hätte immer wieder gewalttätigen Streit mit Leuten, die nicht da wären.

Ich fragte: „Wie wer zum Beispiel?", was nicht die Art von Frage ist, die die meisten Menschen stellen würden, aber absolut von Bedeutung schien. Er sagte, Figuren aus den Fernsehsendungen würden herauskommen und mit seinem Bruder streiten – besonders diese kleine Zicke Mary aus „Unsere kleine Farm", eine Serie, die zu der Zeit sehr beliebt war. Andere Sachen, die ihn aufbrachten, wie sein Bruder sagte, waren, wenn er angefasst wurde, und Leute mit langem Haar (was, in Anbetracht der Länge meines Haares zu dieser Zeit, versprach, interessant zu werden).

Als Andy hereinkam, stellte er sich als der süßeste Schizophrene heraus, den ich je getroffen hatte, denn er nahm alles, was er tat, wirklich ernst. Er erzählte mir ausführlich, wie Mary aus dem Fernseher herausstieg und ihn verfolgte, an ihm herumnörgelte und ihn zum Durchdrehen brachte. Einmal kam ein Prediger aus dem Fernseher heraus, verfolgte ihn und schrie ihn an mit den Worten, dass alles, was er tat, Sünde sei.

Andy gab mir einen sehr eindringlichen Blick und sagte: „Er riet mir auch, mich vor Menschen mit langem Haar in Acht zu nehmen." Ich lehnte mich vor, berührte ihn am Knie und schrie: „Mach dir darüber keine Sorgen!"

Andy schrie kurz auf und rutschte zurück und ich rutsche vor und sagte: „Andy, die sagen mir, dass du schizophren bist." Andy stimmte zu und sprach dann weiter, wobei er mir eine sehr detaillierte, sehr offiziell klingende Auflistung seiner Diagnose gab.

Als er fertig war, bemerkte ich: „Andy, du bist nicht schizophren." Die zwei Psychiater, die ihn reingebracht hatten, blickten entsetzt. Schließlich war es ihre Diagnose und selbst Andy sah verwirrt aus.

Also erklärte ich: „Das ist kein Problem von Schizophrenie. Das ist eins von schlechtem Geschmack."

Er erwiderte: „Was meinst du damit?"

Ich antwortete: „Andy, hast du jemals vom Playboy-Kanal gehört?"

Es gab eine Pause, in der Andy darüber nachdachte, und plötzlich teilte sich das Rote Meer der Schizophrenie vor uns. Die zwei Psychiater schauten Andy plötzlich mit Neid in ihren Augen an.

Ich sagte: „Andy, das ist eine Multimillionen-Dollar-Störung, die du hast. Wie viele Menschen würden eine Menge Geld dafür bezahlen, das tun zu können, was du machst? Denk an all die Reiseverkäufer, die von zu Hause weg sind und immer noch Spaß haben können, ohne ein Problem mit ihren Ehefrauen zu bekommen."

Andy schaute mich an und fragte: „Meinst du wirklich?"

Ich antwortete: „Da ist noch eine andere Sache. Du hast dir auch die falschen Zeichentrickfilme angeschaut. Hast du je diese Bugs Bunny-Sendungen gesehen, wo der Bleistift des Zeichenkünstlers ins Bild kommt und Bugs Beine ausradiert? Und als er anfängt, sich zu beschweren, radiert er ihm den Mund aus?"

Andy erwiderte: „Oh, ja, die habe ich gesehen." Also machte ich eine ausufernde Handbewegung, als ob ich ihm einen riesigen Bleistift reichen würde, und sagte: „Gut, ich möchte, dass du den hier nimmst und Marys Mund wegradierst."

Andy nahm den „Bleistift" mit einem sehr entschlossenen Gesichtsausdruck, drehte sich um und gehorchte ohne eine einzige Frage. Dann setzte er sich zurück und fing an, mit einem Gefühl von Macht zu lachen.

Ich sagte: „Hör dort nicht auf. Radier jetzt ihren ganzen Kopf weg und setz den Kopf von einer Giraffe an seine Stelle."

Der Punkt ist, es ist nicht schlimm, wenn Menschen halluzinieren, schlimm ist es, wenn die Halluzinationen ein schlechtes Spiel mit ihnen treiben. Aber gleich, nachdem ich mit Andy gearbeitet hatte, brachten die Psychiater ihn zurück und pumpten ihn wieder mit Medikamenten voll, „nur für den Fall des Falles".

Nun, da die Medikamente als ein starker Anker wirkten, ging Andy wieder in einen schizophrenen Zustand. Ich schickte also das Videoband von der Sitzung zu ihm rüber und ließ ihn sich anschauen, was passiert war, während er unter Medikamenten stand.

Nach einer Weile konnte er dieser neuen Sache mit Thorazin oder ohne Thorazin folgen, denn es war einfach nur eine mentale Fertigkeit.

Nach meiner Ansicht waren Andys Halluzinationen nicht schlimmer als der Mensch, der auf mich zukommt und sagt: „Ich kann nicht glücklich sein." Oder: „Ich kann keine wirkliche Liebe erfahren." Meine Antwort ist: Nicht, während du so denkst, das stimmt. Denn je häufiger du über das nachdenkst, was du nicht tust, desto öfter wirst du es nicht tun.

Wie ich bereits erwähnte, ist es wichtig, sich zunächst an die primären Repräsentationssysteme anzugleichen und dann in alle anderen Systeme zu überlappen. Auf diesem Weg erweiterst du die Fähigkeit der Person, Informationen aufzunehmen und zu verarbeiten. Du öffnest neue Zugänge in seinem Gehirn. Einer der Wege, meine Arbeit zu betrachten, ist, als Erweiterung der Repräsentationssysteme der Leute mit hoher Präzision, um ein spezifisches Ergebnis zu erreichen.

Neurologisch überlappen sich alle Systeme im Gehirn. Die Trennung zwischen Gefühlen und Bildern und Gefühlen und Klängen ist bestenfalls dünn. Es gibt eine enorme Überschneidung zwischen diesen Dingen.

Natürlich sind sich Menschen des einen oder anderen Repräsentationssystems vollkommen unbewusst und hier liegen oft ihre Probleme. Wenn jemand sagt: „Mein Job wächst mir über den Kopf" oder „Ich habe ein Problem, von dem ich Abstand gewinnen muss", sagt uns das, *wie* sie ihre Erfahrung strukturieren, nicht, dass die Person weiß, *was* sie tut. Die Wahrheit ist, nur weil jemand seine Bilder nicht sieht oder sich nicht seiner inneren Dialoge bewusst ist, bedeutet es nicht, dass er sie nicht hat.

Es ist einfach genug, festzustellen, wo die Probleme eines Menschen wirklich liegen, indem man Meta-Modell-Fragen stellt (siehe Ressourcenblatt 4). Zum Beispiel sagen sie vielleicht: „Ich bin deprimiert." Die Reaktion darauf ist: „Wie weißt du das?" Ich entscheide mich immer für die Frage nach dem größten Chunk – dem, der mir am meisten Informationen liefern wird. „Wie weißt du das?"

und „Was meinst du damit?" sind zwei Beispiele für großchunkige Fragen.

Gewöhnlich werden sie antworten: „Ich weiß nicht, ich habe einfach das Gefühl", und dann sagst du: „Nun, wie weißt du, dass du deprimiert bist? Wie weißt du, wann du deprimiert sein musst? Wie weißt du, dass du in Wirklichkeit nicht glücklich bist?"

Du hörst auf die sinnesbasierten Informationen – und du achtest auch auf das, was *nicht da ist*. Die Tatsache, dass bei jemandem alle Sinnessysteme vorhanden sind, er sie aber nicht alle bewusst benutzt, wird eine Menge Fragen dazu beantworten, woher ihre Probleme kommen. Wenn jemand die Bilder, auf die er reagiert, nicht sieht, hat er keine Chance, sie zu verändern. So einfach ist das.

Es ist also leicht, zu erkennen, dass Probleme in den „versteckten" Repräsentationssystemen existieren. Aber wir sollten uns auch bewusst sein, dass, wenn wir Menschen helfen, die Wahrnehmung ihrer Repräsentationssysteme zu erweitern, wir auch Ressourcen die Türe öffnen können, die zuvor aus ihrer bewussten Wahrnehmung ausgeklammert waren. Und indem wir dies tun, wird bald offensichtlich, dass die Person, die ihre Aufmerksamkeit von einem Repräsentationssystem zu einem anderen verschiebt, ihr Bewusstsein ebenfalls tief greifend verändert.

„Normales" Wachbewusstsein korrespondiert gewöhnlich damit, in welchem bevorzugten – und, per definitionem, vertrautestem – Sinnessystem das Individuum arbeitet. Das Überlappen von Systemen verändert Zustände rasant. Wenn eine sehr visuelle Person anfängt, ihren Gefühlen Aufmerksamkeit zu schenken, wird sie in eine Trance gehen. Wenn ein überwiegend auditiver Mensch sich Bilder vorstellt, wird er in eine Trance gehen. Ein kinästhetischer Mensch, der lernt, sich Dinge lebhaft bildlich vorzustellen, geht in Trance.

Das Erweitern von Sinnessystemen wird am einfachsten durch den Prozess des „Überlappens" erreicht. Wie das Wort suggeriert, bewegt sich der Klient von einem System zu einem anderen, wodurch er in dem Prozess seine Erfahrungen und Fähigkeiten bereichert.

# Übung:
# Steigerung der Fähigkeiten durch Überlappen

1. Denk an eine körperliche Aktivität, die dir Spaß macht –
   Laufen, Tanzen, Fahrradfahren etc. Kreiere eine so lebhafte
   innere Erfahrung wie möglich, indem du das Repräsentationssystem benutzt, in dem dir das am leichtesten fällt. Vielleicht visualisierst du zum Beispiel die Straße, die unter den
   Rädern deines Fahrrades hinwegfliegt, siehst deine Beine
   rhythmisch strampeln und deine Hände die Lenkergriffe
   umschließen.

2. Füge jetzt ein Beispiel von einem der beiden nicht vorhan-
   denen Sinnesmodalitäten hinzu. Zum Beispiel, während du
   auf die Straße unter deinen Rädern schaust, stellt dir den
   Klang der Reifen auf der Fahrbahn vor und verstärke ihn
   dann.

3. Wenn du eine zweite Modalität erfolgreich hinzugefügt hast,
   denk an eine dritte und nimm diese mit hinein – vielleicht
   das Gefühl deiner strampelnden Knie, während du die
   Pedale trittst.

4. Setze den Prozess fort, aber lege systematisch eine weitere
   „Schicht" Modalitäten darüber, bis du mindestens drei Beispiele für jede hast.

5. Nimm wahr, wie dies die „Realität" dieser Erfahrung verändert.

6. Wenn möglich, probiere die Aktivität in Wirklichkeit aus und
   stelle fest, wie der Gebrauch des Überlappens deine Leistung
   verbessert.

Es ist notwendig, Systeme zu überlappen, um Lernen und Veränderung zu erreichen. Dies ist, per Definition, ein veränderter Zustand. Überlappen ist daher nicht nur eine mächtige hypnotische Technik, sondern ein Unterrichtswerkzeug mit unendlichem Potenzial.

## Übung:
## Überlappen zum Induzieren von Trance

1. Arbeite mit einem Partner und bitte ihn, dir von einem Ort zu erzählen, der für ihn etwas Besonderes ist. Stell sein bevorzugtes Sinnessystem fest.

2. Lade ihn ein, seine Augen zu schließen und dich bei einem Besuch seines besonderen Ortes zu begleiten, indem du beginnst mit: „... Und während du dir vorstellst, jetzt dort zu sein, kannst du ...", und fange dann an, die Erfahrung mit einer Reihenfolge von Aussagen in seinem bevorzugten System zu pacen und dann in ein anderes System zu überlappen. Achte genau auf seine nonverbalen Reaktionen. Wenn es ihm angenehm scheint, fahre fort.

3. Mach weitere Pacing-Aussagen und überlappe dann in ein anderes System.

4. Fahre auf diese Weise fort, bis du in drei (oder möglichst fünf) Sinnessysteme überlappt hast.

5. Lass den Klienten ein paar Momente reflektieren und gib ihm dann die Anregung, zum normalen Wachbewusstsein zurückzukehren, sobald er dazu bereit ist.

Vermeide es, zu spezifisch zu sein. Beziehe dich eher auf die „Farbe des Himmels", als auf „den klaren, blauen Himmel", „die Temperatur der Luft auf deiner Haut", anstatt „die warme Brise". Dies ist ein anspruchsvoller, jedoch extrem lohnenswerter Weg zu tiefer Trance. „Kunstvoll vage" zu sein, war eine bedeutende Charakteristik von Ericksons Arbeit und wurde im Milton-Modell festgehalten (s. Ressourcenblatt 5).

*Anmerkung:*
Es ist absolut zulässig, Ausdrücke zu verwenden, wie: „Ich weiß nicht, ob ...", um inhaltsfreie Instruktionen zu unterstützen.

Beispiel:
*„Ich weiß jetzt nicht, ob es Wolken gibt oder nicht, aber du kannst besonders auf die Farbe des Himmels achten. – Besonders – den Unterschied am Horizont zwischen dem Himmel und dem Wasser. – Und die Farben und Töne und das Licht auf dem Wasser selbst. – Und wie genau sich die Luft in deinem Gesicht anfühlt. – Oder, ob es irgendetwas anderes um dich herum gibt und du kannst Stimmen hören oder auch nicht – oder es genießen, allein zu sein ..."*

# 12.

# Noch tiefer und noch schneller

## Techniken für rasche Induktion
## und Trance-Vertiefung

⌘

Mit all den Werkzeugen, die uns nun zur Verfügung stehen, sollte Hypnose ein schneller Prozess sein. Leute unterrichten immer noch veraltete Methoden, wie progressive Entspannung oder die Treppen-induktion, in welcher der Klient erst fähig sein muss, sich eine imaginäre Treppe zu entwerfen und dann darauf hinunter in Trance zu gehen. Mein Gefühl ist, wenn sie eine Treppe halluzinieren können, sind sie bereits in Trance.

Heutzutage verbringe ich nicht Stunden über Stunden, die ich früher brauchte, um Trance zu induzieren. Ich habe entdeckt, dass die meisten Menschen die ganze Zeit in veränderte Zustände springen und wieder heraus, und wenn ich sie einfach beobachten kann, sie zum richtigen Zeitpunkt erwische und das verstärke, was sie bereits tun, ist die Schnellstraße schon da.

Auch wenn ich keine langwierigen hypnotischen Induktionen mehr benutze und von dir, dem Leser, möchte, dass du schnelle Methoden entwickelst, glaube ich, dass sich der Zeitaufwand für die Grundlagen, wie in diesem Buch dargestellt, ähnlich wie die Stunden, die ich in meinen Anfängen mit Experimentieren verbrachte, bezahlt machen werden. Der Nutzen, den ich daraus zog, beinhaltete zu lernen, wie ich meine Sprache organisiere, sodass ich Mehrdeutigkeiten benutzen kann, mehrere Ebenen schaffen, während ich spreche und mit Menschen gleichzeitig bewusst und unbewusst rede. Sehr wichtig, ich lernte, wie man analog markiert, sodass ich direkte Befehle platzieren konnte, ohne dass die Menschen sie erkannten. Wenn sie mir erzählten, dass sie zu nervös sind, sagte ich: „Also, was du mir sagst, ist, dass du nicht ..." (dann markiere ich analog, indem ich ein bisschen lauter spreche und den absinkenden Stimmton eines Befehls benutze) „... *entspannen und loslassen* kannst." Ich wiederhole dieses Muster immer wieder – und an dem Punkt, wo ich tatsächlich mit einer hypnotischen Induktion anfange, sind die Leute typischerweise bereits dort.

Eine andere extrem wichtige Eigenschaft von schneller Hypnose ist das Timing – das Timing deiner Worte, das Timing des Rhythmus deiner Stimme, das Timing, welche Worte du betonst. Menschen verarbeiten Grammatik normalerweise nicht formal, besonders, wenn sie auf dem Weg in eine Trance sind. Deswegen verbringe ich eine Menge Zeit damit, mich auf Zwei-Wort-Äußerungen zu konzentrieren, die für die frühe Sprachentwicklung charakteristisch sind. Diese Muster sind immer noch in die nichtdominante Gehirnhälfte eingebettet, und wenn du sie benutzt, kannst du eine sehr starke Reaktion hervorrufen.

*Entspann jetzt. Gutes Gefühl. Angenehme Entspannung. Lern Neues. Sicheres Gefühl ...*

Ich habe bereits erwähnt, dass du einfach durch Beobachtung des Klienten sehen kannst, wann er sich in einen veränderten Zustand bewegt. Dieser Grad an Observation braucht jedoch Übung und Erfahrung. Deswegen habe ich früher so große Betonung auf das verbale Pacen gelegt – und ich empfehle, dass du zuerst im verbalen Pacen versiert wirst, bevor du zu anderen Arten übergehst, um Zugang zum Weltmodell des Klienten zu erhalten.

Heute beobachte ich mehr als früher. Ich schaue auf die Pupillen des Klienten, seine Unterlippe, seinen Muskeltonus, seine Hautfärbung. Ich weiß, wie diese Dinge sich verändern, wenn Menschen in Trance gehen. Wenn Menschen anfangen, ihren Zustand zu verändern, füllt sich zum Beispiel ihre Unterlippe mit Blut, die Poren werden kleiner und die Pupillen weiten sich.

Ich achte auf diese Dinge und ich passe mich an sie an. Ich beginne, in der gleichen Geschwindigkeit wie der Klient zu atmen, ein durch meinen Mund und langsam aus durch meine Nase, um mich selbst zu entspannen. Und selbst wenn sie anders atmen – vielleicht gleichzeitig durch Mund und Nase – wenn ich durch meinen Mund einatme und mich leicht nach vorne beuge und durch meine Nase ausatme, werden sie dem Muster ziemlich bald folgen und anfangen, sich auch zu entspannen. Je mehr du sie dazu bringen kannst, dir nonverbal zu folgen, desto besser.

Das bedeutet aber nicht, dass ich vollkommen indirekt arbeite. Tatsache ist, ich gebe so viele direkte Anweisungen wie nötig. Diese Idee einer nichtdirektiven Hypnose unter Ericksonschen Hypnotiseuren ist nicht wirklich richtig. Er benutzte eine Menge Mehrdeutigkeiten, und da andere Menschen, besonders zu seiner Zeit, ihm nicht folgen konnten, nannten sie es nichtdirektiv. Es war nur nichtdirektiv in dem Sinne, dass er transderivationale Suche in seinen Klienten anregte – damit ist gemeint, dass er ihnen sagte, etwas nicht Spezifisches würde passieren, das sie wissen ließe, dass sie sich entspannten, und ließ sie entscheiden, was es war.

Natürlich suchten sie ihren Körper ab und meinten: „Oh mein Gott, ich kann etwas spüren. Das muss es sein." Er war unspezifisch, aber in vielerlei Hinsicht war Milton einer der direktivsten Hypnotiseure, die du je kennenlernen möchtest. Er hatte nur fünf Ziele für Menschen, damit es ihnen besser ging: eins, aus dem Krankenhaus rauskommen, zwei, eine Arbeit finden, drei, heiraten, vier, Kinder kriegen, und fünf, ihm Geschenke schicken. Das war seine Definition einer Heilung.

Meine ist ein bisschen breiter als das. Nicht jeder ist anfänglich im Krankenhaus. Ich will nicht wirklich ihre Geschenke, also können wir den wegstreichen. Ich denke nicht notwendigerweise, dass sie verheiratet sein oder Kinder haben müssen. Ich denke, es ist gut für

Menschen, eine Arbeit zu haben, die sie befriedigt, Beziehungen zu haben, die sie glücklich machen, und ich denke, es ist wichtig für sie, Spaß zu haben – und zwar eine Menge. Der Grund, weshalb Menschen so unglücklich werden, ist, dass sie so viele Stunden damit verbringen, dies zu tun, und sie kommen an den Punkt, wo sie ein Meister darin werden, unglücklich zu sein. Das ist jenseits einer Gewohnheit, es ist das Verhalten eines Fachmanns geworden.

Ob ich das dialoghaft angehe oder nicht, ist nicht wichtig. Entweder bette ich die Suggestionen ein oder ich blicke sie direkt an und sage: „Entspann dich." Wenn sie dann reagieren, werde ich sagen: „Entspann dich mehr." Und dann schaue ich noch tiefer in ihre Augen, fast, als ob ich durch sie hindurchschaue, und sage: „Mehr – mehr – mehr – mehr", lehne mich bei jedem Wort nach vorne und beende jedes mit nach unten gehender Stimme. Wenn sie darauf ansprechen, warum es komplizierter machen?

Ich habe eine feine Antenne dafür entwickelt, wie Menschen zwinkern. Es gibt bewusstes Zwinkern und unbewusstes Zwinkern. Die Augenlider schließen sich bei einem unbewussten Zwinkern etwas schneller und bleiben ein kleines bisschen länger geschlossen als bei einem bewussten Zwinkern. Ich weiß dann, dass der Klient seine Aufmerksamkeit nach innen gerichtet hat und anfängt, sich zu entspannen. Also verstärke ich es, indem ich nicke und sage: „So ists richtig." Dann fange ich an, auf genau die gleiche Art langsam zu zwinkern, und während er das Gleiche tut, sage ich: „Schließ deine Augen."

Ich achte auf das Schließen der Augenlider. Wenn er seine Augen zu schnell schließt, sage ich ihm, dass er sie wieder öffnen und sie wieder schließen soll, „nur so, als wenn du schläfst". Das ist eine verwirrende Aussage für den bewussten Verstand, aber wenn das Unbewusste versteht, reagiert der Klient mit Flattern, Doppelzwinkern. Wenn ich diese Doppelzwinker sehen, weiß ich, dass der Klient auf dem Weg Richtung Trance ist, also schaue ich sie eingehend an und sage beruhigenderweise: „So ist es richtig, so ist es richtig", lasse meine Stimme tiefer werden und verstärke jedes andere Signal einer sich entwickelnden Trance.

Eine meiner schnelleren und mächtigeren Induktionen beinhaltet, mich vorzulehnen und die Hand von jemandem zu ergreifen, mit Finger und Daumen das Handgelenk umfassend. Wenn notwendig, drehe ich die Hand, sodass die Handgelenkunterseite nach oben zeigt, und hebe sie etwa auf Schulterhöhe und drücke sie leicht in Richtung seines Körpers.

Nun, wenn dies sehr fest gemacht würde, hätte es eher die Charakteristik der Handgelenksklammer irgendeiner Kampfsportart. Diese besondere Kombination aus Bewegungen lässt den Arm sich anfühlen, als ob ihm die Kontrolle abhandengekommen wäre, und indem du dies tust und den Arm zurück bewegst, kommt es dem Auslösen einer Katalepsie nahe.

In dem Augenblick sage ich: „Halt ihn für einen Moment", aber ich bin mehrdeutig darin, was „er" wirklich ist. Ist es der Gedanke des Entspannens, den er halten soll, oder der Arm? Ist es der Gedanke, *wirklich tief zu gehen und zu wissen, dass du nicht weißt, wohin du gehen wirst, aber es wird sich gut anfühlen. Die Frage ist immer: Wie viel Spaß hältst du aus? Kannst du deine Stirn und deine Knie gleichzeitig entspannen? Kannst du deine Vorder- und Rückseite gleichzeitig entspannen? Wie wärs mit beiden Ohren und nur einem Nasenflügel? Die Wahrheit ist, es spielt keine Rolle, wo wir entspannen, es ist nur wichtig, dass wir es tun – jetzt –*.

Bewusst können Menschen nur mit ein paar Suggestionen auf einmal umgehen. Wenn du also so wie hier Suggestionen stapelst, ist es zu viel zum Verarbeiten, und es geht zur Verarbeitung in den Strom der unbewussten Kommunikation über. Da ihre Hand oben ist und ich sie loslasse und sie dort bleibt, ist sie bereits kataleptisch. Es bedarf keiner langatmigen Suggestionen, um die Hand in die Luft zu bekommen und kataleptisch werden zu lassen. Da es weit schwerer ist, deine Hand hochzuheben, als sie runterzunehmen, hebe ich sie für sie hoch – und sage ihnen dann, „sie nur in der gleichen Geschwindigkeit sinken zu lassen, in der sie sich entspannen und in eine tiefe Trance gehen." Beachte die dissoziative Wirkung der Worte. Die Präsupposition ist, dass sie nicht mehr länger die Kontrolle über den Arm haben, daher muss sie jemand anderes haben – ihr „Unbewusstes".

Als Alternative dazu, ihren Arm zu heben, ergreife ich manchmal das Handgelenk, schüttele die Hand und spüre danach, welche ihrer Muskeln entspannt sind, werfe den Arm dann runter, während ich ihnen sage, „dass du dein Bewusstsein und deinen Arm fallen lässt". Die Wirkung ist fast unmittelbar und Leute entspannen sich ganz plötzlich.

## Hebelwirkung und Vertiefen der Trance

Eine Art, wie man dieses Phänomen erklären kann, ist mit dem Prinzip der „Hebelwirkung". Menschen in unserer Gesellschaft haben bestimmte Vorstellungen davon, was „echte" Hypnose kennzeichnet. Armkatalepsie – bewegungslos dasitzen mit einem Arm ausgestreckt – ist ein solches Kennzeichen. Es ist etwas, was Menschen in ihrem normalen Wachzustand nicht tun. Sobald es also auftritt, erhöht es deine Glaubwürdigkeit als Hypnotiseur.

Da es aber keinem besonderen sinnvollen Zweck dient, einen Klienten eine ganze Sitzung lang mit einem kataleptischen Arm sitzen zu lassen, können wir die Hebelwirkung benutzen, um die Trance noch mehr zu vertiefen. Sag der Person einfach: „... Und deine Hand kann beginnen zu sinken, in ehrlichen, unbewussten Bewegungen – aber nicht schneller, als du bereit bist – noch tiefer in eine Trance zu gehen ..."

Viele Hypnose-Anfänger machen sich unnötig Sorgen darüber, ob sie Trancen induzieren, die „tief genug" sind. Natürlich stellt sich dann die Frage: „Tief genug wofür?"

Ich glaube durchaus nicht, dass jeder in tiefen, schlafwandlerischen Zuständen sein muss, um Veränderungen zu produzieren. Oft finde ich es sogar zu dissoziierend und Leute neigen dazu, zu vergessen, was von ihnen gefordert wird, wenn ihnen jetzt die richtigen post-hypnotischen Suggestionen gegeben werden.

Ich versetze Menschen meistens in Zustände, die verändert genug sind, um ihnen zu erlauben, neue Verhaltensweisen einzugehen, die ich dann mit dem bewussten Zustand wieder verknüpfen kann.

Ich möchte wirklich, dass Menschen Kontrolle haben. Milton wollte nur, dass sie reagieren. Wenn Menschen deprimiert waren, wollte er, dass sie in einen Zustand gehen, in dem sie optimistischer waren. Er wollte nicht wirklich, dass sie die bewusste Kontrolle haben.

Ich möchte, dass sie fähig sind, Depression einzuschalten und sie abzuschalten. Ich möchte, dass sie fähig sind, Glücklichsein einzuschalten und es abzuschalten. Wie Virginia zu mir sagte: „Wenn Menschen Wahlmöglichkeiten haben, werden sie sich immer für die beste entscheiden." Wie ich es sehe, ist es unsere Aufgabe, ihnen Wahlmöglichkeiten zu geben.

Den hypnotischen Zustand gerade genug zu vertiefen, um effektiv damit arbeiten zu können, während man die Kontrolle behält, wie tief der Klient geht, ist mit der als „Fraktionierung" bekannten Technik eine relativ einfache und leichte Sache.

Diese besteht darin, den Klienten in Trance zu führen, ihn dann, gerade wenn er sich dort einrichtet, wieder herauszubringen, und den Prozess zu wiederholen. Jedes Mal, wenn du das tust, gleitet er in eine tiefere Trance.

Hüte dich aber, es zu weit zu treiben. Wenn der Klient zu weit hineingebracht wird, reagiert er vielleicht mit der Weigerung, aus der Trance wieder herauszukommen, in welchem Falle du deine Rolle als Führer der Erfahrung verloren hast und ein paar Schritte zurückgehen müssen wirst, um wieder Rapport zu erlangen.

Es gibt viele verschiedene Wege, wie Trance induziert und vertieft werden kann, und wir entwickeln sie die ganze Zeit. Der entscheidende Punkt ist, im Kopf zu behalten, dass der Hypnotiseur die Funktion eines Feedback-Mechanismus für den Zustand des Klienten hat, und so, wie deine Fähigkeiten, Trance nonverbal zu zeigen und zu verstärken, sich verbessern, wirst du den Klienten zu einer reicheren und produktiveren Erfahrung führen.

Aus neuralen Tomografien haben wir die Erkenntnis, dass die wirklichen Veränderungen in ihrem Gehirn stattfinden, wenn Menschen in hypnotische Trancen gehen. Gehirnwellenbeeinflussungstechnologien, wie zum Beispiel der Mindspa(R), für den ich eine

Reihe von Programmen entwickelt habe, erlauben uns auch, spezifisch veränderte Zustände mit Lichtern und Tönen zu erzeugen.

Es ist wirklich aufregend, festzustellen, dass wir nur die Oberfläche dessen ankratzen, was möglich ist. Auch wenn ich insbesondere für meine Arbeit in NLP und Hypnose bekannt bin, habe ich nie
aufgehört, Physiker zu sein, was mir erlaubt, einen Blick auf noch
fortgeschrittenere Technologien zu werfen, als wir bereits haben.

Während der Fertigstellung dieses Buches arbeite ich mit einem
Moskauer Wissenschaftler, um ein Gerät zu entwickeln, das uns
ermöglichen wird, die Art, wie das Gehirn funktioniert, zu sehen, zu
messen und zu verändern. Wir haben ein komplexes EEG-Gerät auf
einen einzelnen Chip mit in eine Baseballmütze integrierten Elek-
troden reduziert. Der Benutzer wird es an sein Laptop, Mobiltelefon
oder PDA anschließen können und seine eigenen Gehirnwellen
beobachten können. Er wird wissen, wie Alpha und Beta und Theta
aussehen, und er wird wissen, wie sie sich anfühlen, und er wird
wissen, wann er erfolgreich darin war, seine Wellenmuster in jede
Richtung zu verändern, die er wünscht.

Technologie und Selbstentwicklung kommen auf Wegen zusammen, die es uns erlauben, unsere eigene Evolution noch rascher zu
beschleunigen. Bis das aber passiert, ist das beste Mittel, um all dies
zu erreichen, dein Sinnessystem – insbesondere deine Fähigkeit, zu
beobachten.

Selbst wenn du noch nie Hypnose gemacht hast, bedeutet das
nicht, dass du sie nicht zuvor gesehen hast. Denk an die Momente,
als die Leute im Fahrstuhl standen und die Türen sich öffneten und
sie nicht ausstiegen. Wenn jemand an einer roten Ampel steht und sie
wechselt auf grün, aber er fährt nicht los. Denk an den Gesichtsausdruck deines Kindes, wenn es angemeckert wird und seine Augen
fangen an, sich zu defokussieren und seine Haut wird schlaff und es
vergisst den Schluckreflex. Dies alles sind Minitrancen und je mehr
du wahrnimmst, wie Menschen geradezu natürlich in diese Minitrancen gehen, desto vertrauter wirst du mit den Anzeichen, die dir
erlauben, eine Feedback-Schleife zu verstärken und ihrem sich verändernden Zustand eine Richtung zu geben.

Der Zweck hiervon ist, Menschen in einen Zustand zu bekommen, wo ihr Gehirn flexibler ist, fähiger, ihre Probleme zu tolerieren und Lösungen zu entwickeln. All unsere Glaubenssätze, all unsere Ängste, all unsere Grenzen existieren in bestimmten Bewusstseins-zuständen. Du kannst keine Angst haben, wenn du echt belustigt bist, du kannst nicht gleichzeitig ängstlich sein, wenn deine Muskeln entspannt sind und deine Atmung langsam und gleichmäßig geht.

Zustandsbedingtes Lernen ist etwas, was wir alle viele Male erlebt haben. Du hast zum Beispiel mühevoll zu Hause gelernt und dann eine Prüfung in der Schule abgelegt und du merkst, dass du dich an nichts erinnern kannst. Wenn du aber dorthin zurückgehst, wo du ursprünglich gelernt hast, kommt all das Wissen wieder ange-schwemmt.

Was uns das sagt, ist: Wir müssen im richtigen Zustand sein, um das Richtige zu tun. Viele Aktivitäten sind hiervon abhängig. Ath-leten wissen das. Oft folgen sie ausgeklügelten Ritualen, um in den richtigen Zustand zu kommen, denn sie wissen aus Erfahrung, dass ihre Leistung dann deutlich besser sein wird.

Andererseits, wenn Menschen aufgeregt sind, können sie keine optimale Leistung zeigen. Wenn der Grad an Stress hoch genug ist, können sie noch nicht einmal addieren oder subtrahieren oder die Sicherheitshinweise auf der Türinnenseite ihres Hotelzimmers im Fall eines Feuers lesen.

Dieses Buch wurde dazu geschrieben, dir zu dem Wissen zu ver-helfen, wie du Submodalitäten deiner ungewollten Erfahrung wech-selst, Swish-Muster machst, neue Sequenzen entwickelst, damit du neue Strategien hast, die du willentlich ablaufen lassen kannst. Kurz gesagt, du kannst deine Leistung als Mensch optimieren.

Da wir wissen, dass Stress für gute Leistung nicht hilfreich ist, folgt daraus, dass die Fähigkeit, in tiefe Zustände von Entspannung zu gehen, unsere Glaubenssätze zu verändern, zu verändern, wie wir Dinge sehen, auch unser Verständnis, unsere Gefühle und unser Ver-halten ändert.

Selbst in den ältesten Kulturen der Erde war bekannt, dass Men-schen ihre Leistung steigern und ihre Lebensqualität verbessern können, – und der erste Schritt ist immer, fähig zu sein, in irgendeine Art von entspanntem, verändertem Zustand zu gehen.

Ich habe viele verschiedene Arten der Meditation in vielen unterschiedlichen Ländern studiert. Ich bin in hunderten von heiligen Tempeln gewesen und habe mit jedem Guru gesprochen, den ich finden konnte. Ihre Methoden waren unterschiedlich, aber sie alle sagten mehr oder weniger das Gleiche: Lerne zu meditieren und übe es regelmäßig und deine Probleme werden davonschweben. Du wirst als Mensch erleuchteter, als Geschäftsmann effektiver werden. Du wirst ein besser Familienmensch sein, ein besserer Vater, ein besserer Partner oder Freund.

Ich denke nicht, dass das unrealistisch ist, für wie weit hergeholt es einige Menschen vielleicht auch halten mögen. Menschen, die meditieren, sind einfach ausgeglichener, denn, anstatt den Alltagsstress zum Chaos anwachsen zu lassen, haben sie einen Ort, der ihnen Frieden, Ruhe und Erholung gibt.

Menschen brauchen diesen Nutzen heute so wie im antiken Indien – vielleicht noch mehr. Aber Zeit ist ein hohes Gut. Nicht jeder kann sich ausklinken und am Stück stundenlang meditieren. Um Menschen zu helfen, Frieden und Wohlgefühl zu erfahren und davon zu profitieren, müssen wir tiefe Trance schnell induzieren können.

Während ich früher Stunden damit verbrachte, Menschen zu hypnotisieren, brauche ich heute drei Minuten. Das liegt daran, dass ich mit dem Prozess sehr vertraut geworden bin. Ich stelle diese Erwartung nicht an Leute, die gerade erst damit anfangen, aber ich habe die Erwartung, dass sie lernen können, das Gleiche zu tun. Und ich habe diese Erwartung mit Sicherheit an Menschen, die Hypnose seit langer Zeit praktizieren.

Leider haben viele Menschen in dem Bereich nicht diese Erwartung an sich selbst. Sie haben einen Weg gefunden, der funktioniert, und sind dabei geblieben. Wenn sie aber nicht bereit sind, ihre eigenen Grenzen anzuzweifeln, werden sie sich nie über den Punkt hinaus verbessern, an dem sie sind.

Je besser du in Hypnose wirst, desto schneller solltest du Menschen in Trance versetzen können. Je schneller du das tun kannst, mit desto mehr Menschen solltest du arbeiten können und eine desto weitere Bandbreite von Schwierigkeiten solltest du lösen können.

Diese Technologien sind dazu entwickelt, Menschen zu helfen, kreativer und schöpferischer zu denken, tiefere Gefühle zu verspüren und mehr Flexibilität in ihrem Verhalten zu entwickeln. Vor allem ermöglichen sie den Menschen, schneller zu lernen als je zuvor.

# 13.

# Frieden aus der Erinnerung:

## Auf frühere Trance zurückgreifen

⌘

Die Induktion einer früheren Trance ist sowohl leicht als auch universell anwendbar, da jeder Mensch irgendwann einmal einen veränderten Zustand hatte, und der Wiedereintritt in diese Erfahrung löst neurochemisch und verhaltensmäßig eine fast identische Reaktion aus. Man kann es auch anders beschreiben: je mehr Sinne wir benutzen, um uns eine bestimmte Erfahrung wieder ins Gedächtnis zu rufen, desto „realer" wird die Erinnerung sein.

Induktionen vorheriger Trance-Zustände können sich auf ein bestimmtes Ereignis beziehen (das dem Hypnotiseur gezwungenermaßen jeweils sehr vertraut sein muss) oder auf allgemeine Erfahrungen Bezug nehmen, wie das anschließende Beispiel.

Um hierin und in anderen Induktionsformen versiert zu werden, wirst du sowohl theoretische Kenntnisse als auch Praxis brauchen. Das Milton-Modell (siehe Ressourcenblatt 5) legt die Sprach-Muster dar, die veränderte Zustände induzieren. Du kannst üben, indem du deine eigenen Induktionen entwickelst, sie niederschreibst und an anderen Menschen oder sogar an dir testest (du wirst sie natürlich erst aufnehmen müssen).

Als ich anfing, Hypnose zu studieren, schrieb ich viele hundert Induktionen von Experten wie Milton Erickson ab, nicht, damit ich selbst eine Kopie wurde, sondern um die Muster, die ich identifiziert hatte, in mein Unbewusstes zu integrieren, um sie zur Hand zu haben, wenn ich sie gerade brauchte.

Daher kommt es, dass ich solche Induktionen wie das folgende Beispiel kreieren kann. Ich habe das bereits ein paar Mal gemacht –.

## Frühere Trance: Beispiel

Während du beginnst, zurückzugehen und dich an die ursprüngliche Erfahrung zu erinnern – vielleicht, als du früher einmal hypnotisiert warst, oder selbst – als du zum Zahnarzt gegangen bist und vielleicht – gab er dir Lachgas – du weißt, das Gas, bei dem du dich – wirklich gut fühlst – oder ein anderes Erlebnis, als du anfingst, dich wirklich geborgen und entspannt zu fühlen – und wahrnimmst – das Erste, was du hörtest – und das Erste, was du fühltest – und dann, woran du dich als Nächstes erinnerst, was du hörtest – und die nächste Sache, die du spürtest – sodass – du weitergehst – während du hier sitzt, mich ansiehst, einfach deine Augen für einen Moment schließt und dich daran erinnerst, was es für ein Gefühl war, dort zu sein, an diesem Ort –.

Und – wenn du vielleicht meditierst, kannst du hingehen und darüber nachdenken, wie du dich fühlst, wenn du in tiefer Meditation bist – wo du sie zuerst in deinem Körper spürst? Und in welche Richtung sie sich bewegt – während du entspannter wirst? – Und dann nimm es buchstäblich, das Gefühl, und lass es sich ausbreiten, sodass es schneller kreist – und ich habe geradezu eine Tendenz – einfach in der gleichen Geschwindigkeit zu atmen wie der Mensch vor mir – und mich einfach selbst zu entspannen – und ich werde ihnen sagen, dass so, wie ich mich entspanne – du dich entspannst und du wirst da sitzen – und du wirst dich fragen, was passieren wird –.

Und du wirst vielleicht merken, dass du eine Tendenz hast, mit dir selbst zu reden, und – wenn du musst – sprich mit dir langsamer – und in einer tieferen Stimme, oder zähl einfach – 20 – 19 – 17 – und mit jeder Zahl – zähl weiter runter und – füge etwas Gähnen dazu, l-a-n-g-s-a-m-e-s Gähnen – und, wenn du dich entspannt fühlst, sag einfach *aaah* – und fühl dich noch entspannter –.

Und wenn du das Gefühl hast, dass du ein bisschen zu hoch schwebst, mach dir keine Sorgen darum – schweb einfach hinunter – denn du kennst den Unterschied zwischen Entspannung und Nicht-entspannung – es ist so, als wäre man im Wasser und schwebt – und du kennst den Unterschied zwischen unten und oben, sodass du dich einfach – tiefer gehen lässt –.

Und je mehr du versuchst, dich zum Aufhören zu bringen – und dir Sorgen machst und dich fragst, ob du es richtig machst – wenn du befürchtest, dass du dich nicht entspannst – das ist nicht richtig, was also übrig bleibt, ist – tiefer zu gehen und noch tiefer – zu lernen, mehr – zu verstehen, immer weiter – an Entspannung zu denken, wenn du atmest – ein und aus – und denk über das Wort nach – *los-lassen* – und ich liebe das Wort, denn – wenn du *aus-reichend* los-lässt – kannst du deine Muskeln entspannen – du kannst den Fokus der Bilder in deinem Kopf entspannen – du kannst sogar deinen inneren Dialog entspannen und du kannst mehr gähnen – und tiefer gehen und noch tiefer, in das – was es ist, das du noch nicht kennst in den Tiefen und den Tiefen eines sehr entspannten Zustandes – Dinge in deinem Hinterkopf können nach vorne kommen und Dinge, die dich beunruhigt haben, und Dinge, die dich aufgeregt haben, können einfach verschwinden –.

Und, wenn du dir in deinem Kopf ein Bild vorstellst, lös es auf, schieb es weg in die Ferne und – wenn du eine Stimme hast, die redet, lass sie sich von dir entfernen und – schwebe einfach hinab – in einen Zustand von Wohlbefinden, und so, wie du meine Stimme hörst, jedes der Worte hat seine eigene Bedeutung – denn es ist ein Wunder der Sprache, dass du Dinge verstehst – bevor du wirklich weißt, was sie bedeuten, sodass, wenn ich das Wort *sanft* sage, dein Körper weiß, was sanft ist – und wenn ich das Wort *schlaf jetzt* sage, weißt du, was das ist –.

Und wenn ich sage, dein Unbewusstes möchte dir jetzt helfen – dein Unbewusstes muss jetzt bestimmte Dinge tun – schon immer hat dich dein Unbewusstes beschützt – wenn etwas auf dich zufliegt, zwinkerst du – wenn sich etwas auf dich zubewegt, lässt dein peripheres Sehen es dich wissen und – du gehst in den Zustand, der wachsam ist, und – wenn du fertig bist, entspannst du dich, entspann dich richtig, mit einem wachsenden Gefühl von Wohlbefinden – und je tiefer du gehst, desto mehr Wohlbefinden hast du – und denk daran, zu lächeln, denn es sollte sich gut anfühlen zu wissen – dein Unbewusstes hilft dir gerade, Dinge zu tun, die du sonst nicht könntest – es ist so, als ob du in einem Traum bist, denn, wenn du einen Traum hast, weißt du nicht immer, dass du träumst – der Traum also, den du jetzt haben solltest – ist der, in dem deine Wünsche hochperlen, in dem deine Hoffnungen hochperlen und in dem deine Sorgen und deine Ängste zurückgehen, denn – wenn du zurückgehst, tief hinunter, hinunter tief, von innen nach außen – was passiert, ist, dein Unbewusstsein jetzt – wird dir helfen, diese Gedanken bewegen zu können aus einem Zustand des Wohlbefindens in eine fortwährenden Freude – denn in diesem Zustand – ist die einzige Sache, die du zu wissen brauchst, dass – am Ende des Tunnels Freude ist.

## Übung:
## Induktion einer früheren Trance

1. Wähle drei allgemeine Beispiele aus der realen Welt aus, in denen Menschen tief entspannt sind.

2. Benutze das Milton-Modell (siehe Ressourcenblatt 5) als Leitfaden, entwerfe drei 10-minütige Induktionen, die darauf ausgerichtet sind, die Erfahrung von Wohlbefinden, Frieden und Entspannung zu erzeugen und zu vertiefen, indem du mit Hilfe von Konjunktionen, temporalen Ausdrücken und

anderen Dingen, die wir zuvor besprochen haben, entspre-
chende „kunstvoll vage" Bezüge verknüpfst. Halte deine
Sprache unspezifisch – damit ist gemeint, dem Klienten
nicht fortwährend zu sagen, wie er sich fühlen soll, sondern
Optionen und Möglichkeiten zu kreieren, aus denen er auswählen kann.

3. Überlappe aus jeder Sinnesmodalität in die nächste, um die
   Erfahrung zu vertiefen und zu bereichern.

4. Teste die Induktion, entweder an einem Partner oder nimm
   sie auf und erlebe sie für dich selbst.

*Anmerkung:* Stell sicher, dass du dem Klienten klare Anweisungen gibst, die Trance zu beenden und vollkommen wach
und munter zurückzukommen.

# 14.

# Kreativität durch Verwirrung:

## Muster-Unterbrechungen, gestapelte Realitäten und Nested Loops

⌘

Die psychomotorischen Muster von jemandem zu unterbrechen, kann für denjenigen extrem desorientierend sein, und wenn jemand keine Orientierung hat, tendiert er dazu, sich an der nächsten Aussage festzuhalten, die sinnvoll zu sein scheint. Ich stapele oft Negationen oder Präsuppositionen linguistisch aufeinander, um die bewusste, dominante Hemisphäre zu überladen und Zugang zur unbewussten, nicht-dominanten Hemisphäre des Zuhörers zu erhalten.

Muster-Unterbrechungen können aber viele Formen annehmen und extrem wirkungsvoll sein. Eine der ersten, die ich je machte, war bei einer Feministin namens Phyllis. Sie wollte emanzipiert sein, aber sie beschwerte sich andauernd bei der Gruppe, in der sie war, dass ihr alle auf der Nase herumtanzten und sie ausnutzten. Ihre Mitbewohner ließen sie immer den Abwasch machen, niemand räumte jemals auf, sie wussten sie nicht zu schätzen, *blah blah blah*.

Schließlich wandte ich mich ihr zu und sagte: „Was ist los? Kannst du nicht einfach *Nein* sagen?"

Sie schaute mich an und wurde blass. Sie sagte: „Nein, ich kann zu Menschen nicht ,Nein' sagen." Ich fragte: „Was meinst du damit?" und sie antwortete: „Wenn ich zu Menschen ,Nein' sage, werden sie sterben."

Sie akzeptierte das als wortwörtliche Wahrheit. Sie verstand es, denn sie war durch Psychoanalyse gegangen und entdeckte, dass, als sie klein war, ihre Mutter sich entschloss, ihren Vater zu verlassen, der ein starker Alkoholiker war. Der Vater flehte sie an zu bleiben, aber sie gingen weg – und als sie nach Hause kamen, fanden sie ihn tot, mit dem Kopf 10 Zentimeter vom Telefon entfernt. Aus seinem Mund rann Blut von einem durchbrochenen Magengeschwür.

Natürlich kam Phyllis zu der Schlussfolgerung, dass, wenn sie und ihre Mutter sich nur nicht geweigert hätten, zu bleiben, sie den Krankenwagen rufen und sein Leben hätten retten können – etc., etc.

Tatsache war aber, so, wie sie ihr Leben führte, sich von Leuten wie ein Fußabtreter benutzen ließ und deren Forderungen nicht mit „Nein" beantwortete, war einfach verrückt. Ich sah sie also an, Auge in Auge, und ich sagte: „Okay – sag zu mir NEIN!" und sie blickte mich an und sagte: „Nein, ich kann nicht." Ich fiel sofort von meinem Stuhl auf den Boden.

Phyllis musste mich schließlich anschauen und ich sagte: „Sag zu mir ,Nein'! Sag zu mir noch mal ,Nein'. Sag zu mir ,Nein', jetzt!" und sie sagte weiter: „Nein, nein, nein, nein, werde ich nicht", und je öfter sie das tat, desto mehr musste sie lachen, denn es gab keinen Ausweg, keinen einzigen. Es war ein Double Bind, eine komplette Zwickmühle.

Die Sache mit verbalen Double Binds ist, dass, wenn du sie auf eine Art und Weise einsetzen kannst, die Menschen zum Lachen bringt, sie anfangen, von der Art ihres bisherigen Verhaltens endgültig genug zu haben. Ich tue das, indem ich Menschen aufziehe. Ich nenne es „Schelte", denn es wird nicht mit schlechter Absicht gemacht. Es bringt Menschen dazu, über ihre eigene Dummheit zu lachen.

Ich benutze den Universalquantor (siehe Ressourcenblatt 4) wortwörtlich. Ich sage: „Okay, Phyllis, ich werde dir sagen, was ich möchte, das du tust. Ich möchte, dass du dich vor meine Eingangstür legst, sodass Leute ihre Schuhe auf dir abstreichen können."

Sie sagte: „Niemals. Ich werde das nicht tun." Ich entgegnete: „Du sagst also ‚Nein'? Du versuchst mich umzubringen. Du hasst mich. Du willst mich ermorden. Bitte leg dich vor meine Eingangstür."

Was darauf passierte, war, dass das nächste Mal, als jemand sie darum bat, etwas zu tun und sie anfing „Nein" zu sagen, das Kichern in ihr aufzusteigen begann. Statt der Angst, jemanden umzubringen, die unbewusst war, wurde es sowohl eine bewusste als auch unbewusste Reaktion. Denn das Problem war, jemand mochte vielleicht „nein" sagen wollen, aber, wenn sie unbewusst Gefahr empfinden, macht dieser Konflikt sie handlungsunfähig. Nur, wenn du bewusste und unbewusste Wünsche in die gleiche Richtung ausrichtest, werden Menschen Verhaltensweisen mit ganzem Herzen übernehmen.

Ich erinnere mich daran, dass ich Phyllis einige Jahre später wiedersah. Sie war nicht mehr wie eine Feministin jener Zeit angezogen. Sie kleidete sich wie eine Führungskraft – und es stellte sich heraus, sie war eine. Sie war immer noch eine Feministin, aber auf eine neue Art. Anstatt die Feministin zu sein, die nicht „nein" sagen konnte, war sie jetzt der Chef. Ich wette, sie sagte zu vielen Menschen „Nein" – besonders, wenn sie um Dinge wie eine Gehaltserhöhung baten.

Eine Zeit lang konzentrierte ich mich sehr auf Muster-Unterbrechungen, denn ich merkte, dass sich all diese mächtigen Glaubenssätze an irgendeinem Punkt selbst in den Rücken fallen. Menschen, die behaupten, dass sie bei allem unsicher sind, sind sich dessen wirklich sicher. Menschen, die zögern, warten niemals damit, dies zu tun. All diese Muster haben ein paradoxes Element in sich.

*Indem du es ins Paradoxe treibst,*
*bringst du Menschen zum Lachen.*

## Der Handshake-Interrupt

Milton Erickson nutzte Muster-Unterbrechung und Verwirrung bei vielen Gelegenheiten. Fast überall, wo ich Hypnose unterrichte, werde ich gebeten, seine „Handshake-Interrupt"-Induktion zu zeigen. Ich muss jedoch gestehen, dass er das Handshake-Interrupt-Muster nie genau so benutzte, wie ich es immer demonstriere. Da er gelähmt war, konnte er die Bewegungen nicht so flüssig und schnell ausführen, wie es erforderlich ist.

Ich halte ihm jedoch zugute, mich auf die Idee gebracht zu haben. Ich sah, wie er einmal einem eher selbstgefälligen jungen Mann vorgestellt wurde – und Wichtigtuerei war etwas, bei dem Milton es liebte, die Luft herauszulassen. Der Mann war sich sicher, dass er alles über Hypnose wusste, was es zu wissen gab, und gab Milton deutlich zu verstehen, dass es nichts gab, was er ihm beibringen konnte.

Aber als sie einander vorgestellt wurden, nahm Milton seine paralysierte Hand mit seiner gesunden und ließ sie dem Besucher genau an dem Punkt entgegen plumpsen, wo ein normaler Händedruck geschehen wäre. Die Wirkung dieses gelähmten Gliedmaßes, das auf ihn zugeschossen kam, traf den Mann so unerwartet, dass er für einen Moment verwirrt war. Nun, Milton liebte Konfusion und erzeugte sie oft absichtlich, um eine Trance zu induzieren, und während der Mann seinen Mund auf und zu machte, ohne etwas zu sagen, lehnte sich Milton vor und gab seinen klassischen Spruch von sich:

*„Jetzt – zu dir als Kind sprechend ..."*

Der Schock durch Miltons Gestik und die Ambiguität seiner Aussage hatten solch eine Wirkung, dass der junge Mann direkt in eine tiefe Trance fiel und anfing, altersmäßig zu regredieren, während Milton ihn weiter massiv wegen seiner fehlenden Manieren schalt.

Der Grund für die Verwirrung des Mannes war einfach. In allen Kulturen haben wir bestimmte psychomotorische Muster – wir nennen einige davon „Traditionen" – welchen wir automatisch folgen. Der Händedruck ist einer der im Westen bekanntesten.

Er existiert als reine Reiz-Reaktion. Wenn jemand uns seine Hand entgegenstreckt, reagieren wir automatisch, indem wir sie ergreifen. Es gibt nichts in dem Programm zwischen dem Entgegenstrecken der Hand und dem Händeschütteln. Wir, und viele Millionen anderer Menschen, haben eine Generalisierung wie diese gemacht, mit der wir alle ziemlich glücklich leben.

Solange das Programm vollendet wird, gibt es kein besonderes Problem. Wenn es aber plötzlich unterbrochen wird, tritt Verwirrung auf – und immer, wenn Verwirrung auftritt, kann Trance induziert werden, einfach, weil das Gehirn nach Instruktionen dafür sucht, was es als Nächstes tun soll.

Der Handshake-Interrupt, so, wie er später entwickelt wurde, unterbricht absichtlich die Reiz-Reaktion und fügt andere, unerwartete Suggestionen und Anweisungen ein, bevor er durch das Ausführen des Händeschüttelns wieder abgeschlossen wird. Der Klient hat immer eine Amnesie für das, was in der Zwischenzeit passiert ist.

Selbst, wenn du nie den Handshake-Interrupt wie hier beschrieben benutzt, rege ich an, dass du ihn mit einem Partner zusammen übst, bis du richtig firm darin bist. Dies wird deine Fähigkeit erhöhen, leichte Verwirrung zu induzieren oder zu erkennen, und sie kreativ zu nutzen, um Trance zu induzieren.

## Übung:
## Der Handshake-Interrupt

1. Streck deinem Partner deine rechte Hand entgegen, so, als ob du ihm die Hand geben wolltest. Tue dies selbstsicher, indem du gleichzeitig Augenkontakt herstellst.

2. Während seine Hand hochkommt, um deine zu ergreifen, lass deine linke Hand vorgleiten und seine ausgestreckte Hand nehmen, deinen Daumen auf seinem Handrücken und deine Finger um sein Handgelenk.

3. Dreh seine Hand sofort gegen den Uhrzeigersinn und beweg seine Handfläche zu seinem Gesicht, bis sie davon nur knapp 10 Zentimeter entfernt ist.

4. Richte gleichzeitig deinen rechten Zeigefinger auf seine Handfläche und sage im Befehlston: „Schau!"

5. Während er versucht, sich auf seine Handfläche zu fokussieren, beweg sie leicht zurück und vorwärts und fahre fort: „– auf deine Hand und nehme den sich verändernden Fokus deiner Augen wahr – und während du weiter genau auf die Details deiner Handfläche schaust, kann deine Hand beginnen, herabzusinken –"

6. An diesem Punkt, bewege die Hand in kleinen, nicht eindeutigen Schritten, bis du spürst, wie sich die Muskeln des Klienten anspannen, lass dann los und mache mit den Worten weiter:

7. „– in ehrlichen, unbewussten Bewegungen – und nimm wahr, während dies passiert, wie sich deine Augen zu schließen beginnen – und deine Hand kann herabsinken und deine Augen können sich vollkommen schließen, aber nur so schnell oder so langsam, wie du bereit bist, in einen tiefen, entspannten und angenehmen Zustand zu gehen –"

8. Benutze weiter hypnotische Sprache, während du die Abwärtsbewegung seiner Hand verstärkst und seinen Zustand vertiefst, indem du selbst die kleinsten Zeichen einer sich entwickelnden Trance verstärkst. Stell sicher, dass die Bewegungen ehrlich unbewusst sind. Diese sind eher klein und ruckhaft als schnell und geschmeidig. Wenn sich seine Hand zu schnell abwärts bewegt, fang sie mit deinem Zeigefinger auf und sag: „Nicht so schnell. Ich sagte, ehrliche, unbe-

wusste Bewegungen –", während du seine Hand rüttelst. Wenn du eine kataleptische Reaktion spürst, verstärke sie, indem du sagst: „So ist es richtig", mach dann weiter mit deinen Instruktionen. Du kannst ihn in der Abwärtsbewegung jederzeit eine Pause machen lassen, während du beliebige Suggestionen oder Befehle einfließen lässt, die relevant sind. Gib ihm dann einfach die Anweisung, der Abwärtsbewegung zu erlauben weiterzugehen, „bis sie meine berührt und wir uns die Hand geben können, als ob nichts passiert wäre."

9. Wenn seine Hand Hüfthöhe erreicht, ergreif sie mit einem festen Druck, schüttele sie und sag ihm, er möge seine Augen öffnen – *jetzt!*

Zu jener Zeit wurde der Handshake-Interrupt als schnellste Induktion überhaupt betrachtet. Seitdem habe ich noch schnellere Methoden entwickelt, die alle davon abhängen, fähig zu sein, Trancen wahrzunehmen, während sie sich natürlich entwickeln, und mein eigenes verbales und non-verbales Verhalten in Reaktion darauf zu verändern.

Einige Verwirr-Methoden können verstörend wirken oder zu Orientierungslosigkeit führen. Andere jedoch sind eleganter und genauso wirkungsvoll.

## Realitäten stapeln

Eines der Muster, über die ich in „Therapie in Trance" geschrieben habe, nennt sich „Realitäten stapeln". Dieser Prozess enthält eine Geschichte in einer anderen, sodass der Zuhörer unsicher wird, welches Faktum zu welcher Geschichtenebene gehört. Die Wirkung ist leicht verwirrend und, abhängig von der Art der Geschichten, sehr beruhigend.

Der einfachste Weg, um Realitäten zu stapeln, beginnt mit den Worten: „Ich hatte einmal einen Klienten, ziemlich so wie Sie –" (das hat die Tendenz, den Zuhörer zu entspannen, da sich die Geschichte um jemand anders dreht) „– der ein ähnliches Problem hatte –" (Pacing) „– das ihr auch viele schlaflose Nächte bereitete –" (mehr Pacing) „– bis sie eine Freundin traf. Und sie sagte: ‚Weißt du, sich darüber Sorgen zu machen, wird das Problem nicht lösen (Suggestion). Meine Mutter sagte immer: ‚Entscheide, was du ändern kannst und ändere es. Akzeptiere, was du nicht ändern kannst, entspann dich und mach mit deinem Leben weiter' (Suggestion), und sie erkannte, dass sie sich auf das konzentrierte, was sie nicht wollte, und sagte: ‚Es ist wichtiger zu entscheiden, was du *eigentlich* willst' (Suggestion), und so erzählte sie: …"

An diesem Punkt hat der Zuhörer die Übersicht verloren, über wessen Welt wir reden. Die Wirkung ist ein Zustand von leichter Konfusion.

Sobald du dich durch mehrere Realitätsebenen bewegt hast, kannst du beginnen, Prozess-Instruktionen dessen einzubetten, was du möchtest, das der Klient tut. Alle relevanten Sprachmuster, besonders das Milton-Modell „Zitat-Muster" (s. Ressourcenblatt 5), können eingesetzt werden, genauso wie die verschiedenen Techniken, die in diesem Buch erklärt werden. Der Klient wird dem voraussichtlich besonders folgen – und wird auch fast sicher eine Amnesie genau für das haben, was die Instruktionen waren. Geh aber davon aus, dass sich sein Erleben und Verhalten scheinbar spontan verändern.

## Übung:
## Realitäten stapeln

1. Entscheide im Voraus, welches Ziel du erreichen willst. Stell sicher, dass es alle Bedingungen von Wohlgeformtheit erfüllt.

2. Konstruiere eine Folge von Geschichten oder Anekdoten, eine in die andere übergehend, wie oben demonstriert. Benutze das Milton-Modell „Zitat-Muster", ebenso jedes andere Muster, das mit deinen Erfordernissen übereinstimmt.

3. Bette Prozess-Instruktionen in eine oder mehrere Geschichten ein. Die leichteste Art, dies zu tun, ist, einfach zu sagen: „Und er sagte: ,Tue X ...'"

4. Teste deine gestapelten Realitäten an einem Übungspartner.

## Nested Loops

Da Lernen das Herz meiner Arbeit bildet, suche ich nach immer schnelleren Wegen, Informationen in den Menschen zu installieren, die zu mir kommen. Ich habe Pionierarbeit in Bezug auf das Verfahren „unbewusste Installation" geleistet, die, unter all den anderen Techniken der Multi-Level-Kommunikation, die zu viele sind, um hier beschrieben zu werden, von der Technik der „Nested Loops" (auf Deutsch etwa: Verschachtelte Geschichten, Anm. d. Ü.) Gebrauch macht. Loops sind mächtige Techniken, um rasch veränderte Zustände zu installieren, und wenn die Informationen oder Instruktionen richtig in den Nested Loops übermittelt werden, ist sich der

Klient oft nicht bewusst, dass er sie aufnimmt, und überrascht, zu einem späteren Zeitpunkt zu entdecken, wie sich sein Denken, seine Gefühle oder sein Verhalten verändert haben.

Nested Loops können so einfach oder so komplex sein, wie du möchtest. Während du anfängst zu lernen, wie du diese mächtige Art der Kommunikation handhabst, wirst du einiges an sorgfältiger Planung vornehmen müssen. Wie jedoch bei jeder anderen Fertigkeit, die du dir aneignest, wird regelmäßige Übung das Verfahren einfacher machen.

Die Prinzipien, auf denen Nested Loops basieren, sind das Bedürfnis des bewussten Verstandes, den Informationen, die er empfängt, „Sinn zu geben", und die Fähigkeit des Unbewussten, mehrere Informationsstränge zu verfolgen und sein Bedürfnis, alle unvollendeten Sachen, oder „Loops", abzuschließen.

Das Öffnen und Schließen von Loops ist das Herz des Geschichtenerzählens. Kinder werden von spannenden Geschichten automatisch gefangen genommen. Der klassische Weg, einen Lern-Loop bei einem Kind zu öffnen, beginnt mit: „Es war einmal vor langer, langer Zeit ..." Es scheint mir, dass dies ein weiterer Bereich ist, den Bildung übergeht. Nur, weil wir versuchen, Leuten etwas beizubringen, bedeutet das nicht, dass wir sie nicht unterhalten sollten. Das ist das, was ich „Edutainment" nenne.

Nested Loops können einer Reihe von Zwecken dienen.
• Der erste ist natürlich, die Aufmerksamkeit des Zuhörers zu gewinnen und zu vermeiden, dass er sich verfrüht verschließt. In dem Moment, in dem jemand etwas sagt, wie: „Ah, ja, das kenne ich", wird er keine weitere Information aufnehmen. „Ah-hah ..." ist das Geräusch, das das menschliche Gehirn macht, wenn es sich abschaltet.
• Nested Loops können außerdem verschiedene Zustände im Zuhörer verknüpfen oder „verketten". Indem du in jedem Stadium eine andere emotionale Reaktion hervorrufst, kannst du ihn in jede beliebige Richtung führen, die du willst.

- Informationen oder Prozess-Instruktionen werden in die Loops eingebettet, sodass, während sich jeder Loop schließt, die Information in das Unbewusstsein des Zuhörers fällt und er Amnesie für die tatsächliche „Installation" hat, die geschehen ist.

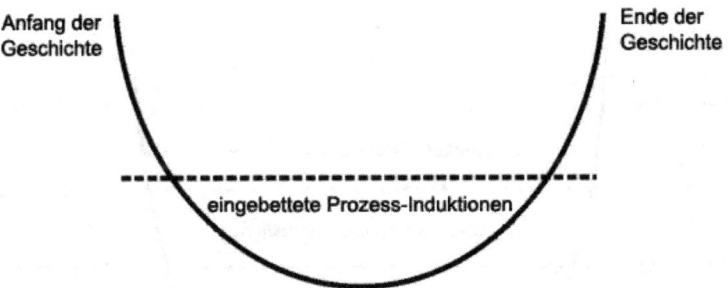

*Diese Abbildung stellt einen einfachen Loop dar, in dem eine Geschichte oder eine Aussage angefangen wird, unterbrochen wird, um Informationen oder Prozess-Instruktionen Raum zu geben, vermittelt zu werden, und dann wird die Geschichte oder Bemerkung geschlossen.*

Nested Loops sind, wie der Name schon andeutet, komplexer und benutzen mehrere Geschichten. Die erste Geschichte wird nach einem Stück unterbrochen und die nächste Geschichte beginnt. Diese wiederum bleibt unvollendet und die nächste fängt an. Der Zuhörer wird zunehmend gespannt und ein wenig frustriert, da er nicht weiß, wie eine oder mehrere Geschichten enden. Informationen oder Instruktionen werden auf jeder Ebene im Laufe des Prozesses eingebettet, oder genau bevor du anfängst, die Loops in *umgekehrter Reihenfolge* zu schließen.

Die Vorgehensweise (wenn drei Loops benutzt werden) ist: Beginne Geschichte 1 (optional: bette Informationen ein), unterbrich sie, um Geschichte 2 zu beginnen (optional: bette Informationen ein), unterbrich, um Geschichte 3 zu beginnen (bette Informationen ein). Erzähl dann den Rest von Geschichte 3, dann von Geschichte 2 und dann von Geschichte 1.

Die folgende Übung benutzt fünf Loops, aber mit etwas Erfahrung kann dies erhöht werden. Alle meine Trainings nutzen viele, viele Loops, alle mit einem anderen Ziel vor Augen. Loops können in der gleichen Unterhaltung wieder geschlossen werden, oder Stunden, Tage oder, wie im Fall einiger meiner Seminare, sogar Wochen später.

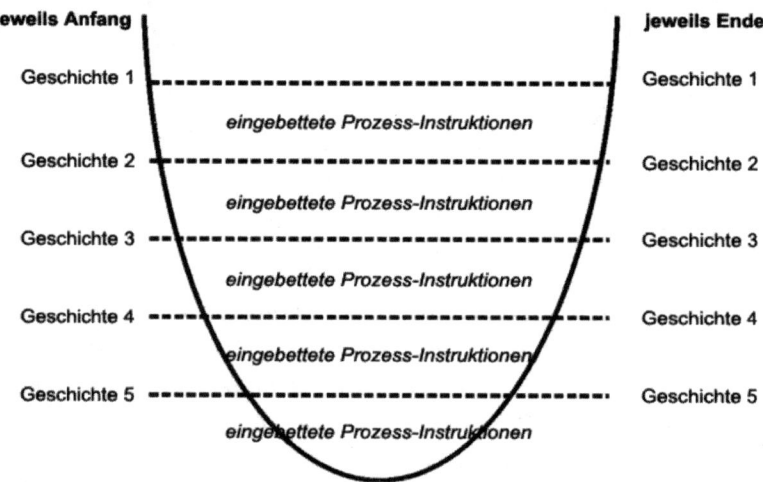

*Diese Abbildung stellt ein „Fünf rein, fünf raus" Nested Loop-Muster dar. In jedem Stadium wird eine Geschichte begonnen und unterbrochen, um Informationen oder Prozess-Instruktionen übergeben zu können, und dann die nächste Geschichte begonnen.*
*Die Vorgehensweise wiederholt sich für alle fünf Geschichten,*
*1, 2, 3, 4, 5, die dann in umgekehrter Reihenfolge geschlossen werden,*
*das heißt 5, 4, 3, 2, 1.*

## Übung:
## Nested Loops – Fünf rein, fünf raus

1. Identifiziere zuerst die fünf Prozess-Instruktionen oder Informationsteile, die du vermitteln willst. Dies können eingebettete Befehle sein, offene Instruktionen oder in einer Unterrichtsumgebung Übungen.

2. Finde jetzt fünf Anekdoten, wovon jede einer Stimmung gleicht oder einen Zustand (z. B. Neugierde) im Zuhörer hervorruft.

3. Entwickele dein „Fünf rein, fünf raus"-Muster, indem du die Abbildung oben als Leitfaden benutzt.

4. Übe die Nested Loops, entweder mit jemandem zusammen oder mit einem Tonaufzeichnungsgerät.

*Anmerkung 1:* Denk daran, wenn mehrere Ebenen an Prozess-Instruktionen vorliegen, dass auch sie in umgekehrter Reihenfolge installiert werden – von der letzten zur ersten.

*Anmerkung 2:* Anfänger haben oft Schwierigkeiten mit dem Übergang von einer Geschichte zur nächsten. Du kannst einen Ausdruck, wie „oh, das erinnert mich ...", benutzen, oder ein Wort oder einen Begriff aus deinem letzten Satz herausgreifen und ihn als Startpunkt deiner nächsten Bemerkung nehmen. Wenn du übst, experimentiere mit verschiedenen Übergängen, um Flexibilität aufzubauen und darin sicherer zu werden.

# 15.

# Fortgeschrittene Submodalitäten

## Freiheit, Spaß und mehrdeutige Funktion

⌘

Unsere Fähigkeit, von einem Sinneskanal auf einen anderen zu überlappen, kann ein mächtiges, kreatives Werkzeug sein. Es kann auch
massive Probleme hervorrufen, wenn wir nicht lernen, wie es funktioniert und wie man damit umgeht.

Überlappen taucht in unterschiedlichen Graden auf, mit unterschiedlicher Wirkung, bei verschiedenen Menschen. Psychologen
haben das festgestellt, was sie für eine seltene Fähigkeit halten, die
einige Menschen haben, die eine Sinnesmodalität in eine andere
umwandeln können. Dieses Phänomen, bezeichnet als Synästhesie,
beschreibt, wie Menschen Farben hören und andere Klänge
schmecken können. Oft benutzen diese Menschen, die für besonders
begabt gehalten werden – Psychologen nennen sie *Savants* –,
Synästhesie zusammen mit gewöhnlicheren Arten der Prozess-Infor-
mation, um außerordentliche Ergebnisse zu erzielen. Wenn die Sinne
jedoch ein hoffnungsloser Kuddelmuddel ohne eine Strategie sind,
sie entsprechend auseinanderzuhalten, kann extremes Leiden die
Folge sein.

Obwohl einige Entwicklungsexperten glauben, dass alle Babys
bei der Geburt synästhetisch sind und schrittweise lernen, ihre Sin-

nesmodalitäten in verschiedene Kanäle zu unterteilen, wird Synästhesie unter Erwachsenen im Allgemeinen für selten und exotisch gehalten.

Damit ist nicht gesagt, dass wir keine Synästhesien benutzen können – oder es nicht tun. In gewissem Maße sind Menschen fähig, wenn sie dazu gedrängt werden, die Gestalt eines Klanges wahrzunehmen oder die Farbe eines Geschmackes.

Weiter vorne, als du die einfache „frühere Trance-Induktion" geübt hast, hast du oder die Person, die dich hypnotisierte, die Erfahrung vertieft, indem ihr zur Bereicherung der subjektiven Erfahrung einen Sinneskanal auf einem anderen abgebildet habt. Als du spürtest, dass sich deine Augenlider zu schließen begannen, konntest du einen sich verändernden Fokus deiner Augen wahrnehmen; als du das Heben und Senken deiner Brust fühltest, konntest du auch das leise Geräusch der Luft hören, wie sie in deine Lungen strömt und daraus entweicht. Die Fähigkeit, von einer Sinnesmodalität zu einer anderen überzugehen, erzeugt eine umfassendere und reichere Erfahrung; sie stellt dir ebenfalls mehr Werkzeuge zur Verfügung, neue und wundervolle Fertigkeiten zu generieren, deren Grenzen nur von deiner Vorstellungskraft abhängen.

Schon früh stellte ich fest, dass das Überlappen von einem Sinn zu einem anderen nicht nur möglich war, sondern ebenso die Quelle sowohl für Kreativität als auch, bei einigen Menschen, für Verwirrung und Angst war. Obwohl die Erfahrung, wundervolle innere Körperempfindungen zu erleben, während wir Musik hören, eine ganz andere ist, als wenn wir uns schlecht fühlen, sobald wir einen nörgelnden Ton in der Stimme unseres Partners hören, ist der Prozess der Gleiche. Dies ist eine Funktion von „Fuzzy-Logik" – wenn sich das Repräsentationssystem, das als Inputkanal benutzt wird, von dem unterscheidet, das als Outputkanal benutzt wird. Einige Menschen folgen einem Hören-Fühlen-Muster, andere einem Sehen-Fühlen-Muster.

Wenn du mit anderen Menschen kommunizierst, sei dir immer bewusst, dass Worte Macht sind, und die Art, wie du Worte benutzt, muss so präzise sein wie die Ergebnisse, die du anstrebst.

Wenn ich hypnotische Suggestionen gebe, baue ich Fuzzy-Logik ein. Es kann zum Beispiel sein, dass ich jemanden in Trance habe und weiß, dass sie Erinnerungen haben, die ihnen Angst einjagen. Ich sage ihnen also: „In einem Moment (was eine Möglichkeit ist, zu sagen ‚nicht jetzt sofort') werde ich dir sagen, dass du zurückgehst und dir dieses Erlebnis anschaust, aber ich will nicht, dass du es auf die gleiche Art wie vorher tust. Ab jetzt, je mehr Angst du verspürst, wenn du die Erinnerung siehst, desto mehr wird das Bild zittern und schrumpfen, und je mehr du es dir ansiehst, desto mehr wird es in der Ferne verschwinden. Je schmerzhafter es ist, desto weiter wird es weg sein ...“

## Mit Abreaktion umgehen

Anfangs, als ich mit Hypnose begann, wurde ich vor „Abreaktionen" gewarnt. Dies sind plötzliche Gefühlsausbrüche, die einigen Menschen passieren, wenn sie in einen entspannten Zustand gehen. Anstatt sich zu beruhigen, fangen sie an auszuflippen. Manchmal ist die Abreaktion so stark, dass die Person buchstäblich Krampfanfälle hat.

Ich glaube, das liegt daran, dass einige Menschen nie die Erfahrung gemacht haben, sich wirklich zu entspannen, und das Erlebnis für sie so ungewohnt ist, dass es ihnen Angst macht. Anstatt die Person aus der Trance herauszuholen, wie es mir erklärt wurde, schlage ich eine vollkommen andere Richtung ein, sobald ich irgendwelche Anzeichen von Abreaktion sehe. Ich nehme meine Inspirationen aus einem alten John Wayne Film. In diesem Film war er übel verletzt und hatte große Schmerzen, aber er sagte: „Nun, wenigstens lassen mich die Schmerzen wissen, dass ich am Leben bin.“ Ich erinnere mich, dass ich zu meinem ersten abreagierenden Klienten sagte: „Weißt du, diese Angst zu spüren gibt dir die Gewissheit, dass du am Leben bist, und je mehr du dir dieser Angst bewusst wirst, desto mehr wird sie verschwinden, und je mehr du dir sicher bist, dass du am Leben bist, desto besser wirst du dich fühlen." Und die Abreaktion verschwand einfach.

In einer anderen Situation ging ein Trance-Klient in einen sehr unangenehmen Zustand. Ich sagte: „Dies ist unangenehm, und je unangenehmer es ist, desto alberner wird es erscheinen." Und dieser Menschen brach plötzlich in Lachen aus, grade so wie Babys, wenn sie zu weinen anfangen, und du tust so, als ob du weinst, und dann kicherst du und sie kichern. Das funktioniert, denn Menschen können von einem Zustand in einen anderen springen, von einem Sinnessystem in ein anderes.

Den Beginn eines Problems – oder sogar etwas vor dem Beginn – mit einer neuen und ressourcenvolleren Reaktion zu verknüpfen, ist ein nützlicher Ansatz. Ich schaffe diesen Wechsel im Vorgang am liebsten so früh wie möglich. Einige Menschen machen den Fehler, dies als Muster-Unterbrechung zu bezeichnen, aber das ist es nicht wirklich. Genaugenommen ist es eine Funktion von Interpunktions-Ambiguitäten (siehe Ressourcenblatt 5).

Ich bin Mathematiker und Computerwissenschaftler und für mich ist Mathe keine reine Wissenschaft, sie ist eine Verhaltenswissenschaft. Mathematik und Programmierung von Computern sind Modelle menschlichen Verhaltens sowie der Art und Weise, wie sie denken. Menschen haben „und"-Ausgänge und „oder"-Ausgänge, was bedeutet, dass sie, wenn sie einen bestimmten Punkt erreichen, entweder diesen Weg oder jenen einschlagen können.

Diese Erkenntnis ist besonders dann von Nutzen, wenn du Menschen mit Problemen wie Asthma oder Angstattacken helfen willst, bei denen es eine Menge physiologische Aktivität gibt.

Einer der Ansätze, die ich seit vielen Jahren nutze, ist, die Person in einen supertiefen entspannten Zustand zu versetzen und ihr dann die post-hypnotische Suggestion zu geben, dass, wenn er oder sie aus der Trance zurückkommt, sie in dem Moment in sie zurückfallen wird, wenn ich ihr Knie berühre. Dann hole ich den Klienten heraus, löse die Panikattacke aus und, genau in diesem Augenblick, feuere ich den Entspannungsanker ab. Ich löse eine Asthma-Attacke aus, löse Entspannung aus, löse hohen Blutdruck aus, löse Entspannung aus, und ich tue es immer und immer wieder, bis es von selbst abzulaufen beginnt.

Der einzige Weg, wie du wirklich in Panik geraten kannst, ist, indem du körperlich angespannt bist und deinen Atem anhältst. Du kannst nicht panisch sein, wenn du wirklich entspannt bist. Du kannst keinen epileptischen Anfall oder einen Krampf oder einen Wutanfall bekommen, wenn du in einem Zustand tiefer Entspannung bist.

Einer meiner Klienten – ein wirklich liebenswerter Mensch – wurde mir vom Gericht geschickt, denn er hatte jemanden in der Öffentlichkeit blind vor Wut angegriffen. Er sagte: „Ich kann mich nicht einmal daran erinnern. Der Typ trat mir auf den Fuß und ich fing einfach an, auf ihn einzuprügeln."

Er ging zur Therapie und der Therapeut erklärte ihm, er habe einen „roten Knopf" (engl. „hot button", Anm. d. Ü.) und sobald du einmal einen roten Knopf hast, gibt es nichts, was du daran ändern kannst. Ich liebe den Optimismus in dieser Feststellung – der Glaube, dass man dir nicht helfen kann, wenn du ein Mensch bist, der unmittelbar in Rage gerät. Er wusste natürlich, dass dies bedeutet, dass er schlussendlich im Gefängnis landen würde.

Als er mir das erzählte, fragte ich: „Du hast also einen Knopf, der nicht verschwindet?" und er antwortete: „Richtig." Ich fragte: „Du sagst, du hast einen roten Knopf?" Er antwortete: „Ja", und ich antwortete: „*Cool!*" In diesem Moment wusste ich genau, was ich tun musste.

Ich versetzte ihn also in eine tiefe Trance, ließ ihn sich vollkommen entspannt und wohl fühlen und gab ihm dann eine posthypnotische Suggestion. Während ich ihn wieder herausholte, befestigte ich seinen roten Knopf an meinem „coolen Knopf".

In dem Augenblick wusste ich genau, was ich tun würde. Sobald ich den coolen Knopf mit dem roten verbunden hatte, drückte ich den roten Knopf und der coole Knopf wurde ausgelöst. Und dann trat ich ihm auf den Fuß und er grinste einfach nur und lachte und entspannte sich.

Es ist sehr wichtig, dass du zurückgehst, um herauszufinden, wo die Schwierigkeit ihren Anfangspunkt hat, und die Ressourcen an dem Punkt platzierst, *bevor* die Schwierigkeit auftritt. Sobald du einmal in einem Zustand der Rage bist, ist es schwer, herauszukommen; sobald du einmal gestresst bist, ist es schwierig, dich zu entspannen.

In den Zeiten, als wir noch Tonbänder benutzten, nahm jede Firma im psychologischen Bereich zum einen oder anderen Zeitpunkt Kontakt mit mir auf, um mich darum zu bitten, ein „Stressreduktionsband" zu machen. Ich fragte gewöhnlich: „Können wir nicht eins machen, damit die Leute gar nicht erst in einen Stress-Zustand kommen?" und jedes Mal war die Antwort: „Nein, jeder reagiert mit Stress."

Es stellte sich heraus, dass das nicht stimmt. Wenn du die Dinge herausfindest, die Stress auslösen, kannst du sie Entspannung auslösen lassen oder einen Zustand, in dem dir der Druck ziemlich egal ist, ein Zustand, in welchem du einfach die Aufgabe erledigst, ohne irgendwelche unangenehmen Gefühle.

Tatsächlich ist jedes dieser Probleme ein veränderter Zustand. Wut ist ein veränderter Zustand. Das Gleiche gilt für Rage, Depression, Angst und Furcht. Jeder Bewusstseinszustand kann durch so ziemlich alles Mögliche ausgelöst werden. Daher können wir die Dinge so einrichten, dass ein veränderter Zustand sofort einen anderen, erwünschteren veränderten Zustand auslöst. Post-hypnotische Suggestionen sind ein mächtiger Weg, dies zu bewerkstelligen, und Ankern (siehe Ressourcenblatt 1) lässt es deutlich besser funktionieren.

## Übung:
## Roter Knopf – Cooler Knopf

1. Denk an eine Reaktion, die du hattest, die du ändern möchtest – Irritation, Depression, Wut, Sorge usw. Versetze dich
für nur einige wenige Augenblicke voll in das letzte Mal, als
du dies erlebtest. Sieh, was du sahst, höre, was du hörtest,
und spüre genau, was du zu diesem Zeitpunkt fühltest.

2. Tritt jetzt aus der Erfahrung heraus und lass sie langsam wie
einen Film rückwärts laufen, bis du den allerersten Augenblick findest, in dem sich die Reaktion zu entwickeln
beginnt. Dreh den Film nur ein Bild weiter zurück und stell
dir dies als großen roten Knopf – deinen „roten Knopf" – auf
deinem linken Knie vor.

3. Öffne deine Augen, wechsele deine Haltung und schließ
dann wieder deine Augen.

4. Hol jetzt drei bis fünf Mal Luft, wobei du dem Ausatmen
etwas länger Zeit gibst als dem Einatmen. Feuere deinen
„Trance-Anker" ab oder weise dein Unbewusstes einfach an,
dich tief hinab in einen entspannten Zustand gleiten zu
lassen, in den du gerne gehst. Lass das Gefühl von Wohlbefinden und Entspannung in dir kreisen, sodass es anfängt,
sich in deinem ganzen Körper auszubreiten.

5. Während dieser Zustand beginnt, seinen Höhepunkt zu erreichen, stell dir einen großen grünen „Cool"-Knopf auf
deinem rechten Knie vor. Drücke den Knopf ein paar Mal,
wodurch du jedes Mal doppelt so tief gehst.

6. Öffne deine Augen und feuere deinen roten Knopf ab. Feuere unmittelbar deinen coolen Knopf ab und halte beide für einen Augenblick gedrückt. Lass deinen roten Knopf los und halte deinen coolen Knopf gedrückt, während du den Unterschied durchgehst, den diese Reaktion haben würde, wenn du sie anstatt der Roter Knopf-Reaktion hättest. Stell sicher, dass du die Repräsentationssysteme wechselst, während du dies tust: Wenn die frühere Reaktion ein Bild war, stell sicher, dass du am Ende ein starkes, gewünschtes Gefühl hast; wenn die frühere Reaktion ein Gefühl war, höre mit einem Bild davon auf, wie dein Unbehagen in die Ferne wegfliegt, usw.

7. Wiederhole die Schritte von 4 bis 6 ein paar Mal, bis das Abfeuern deines roten Knopfes automatisch die coole Reaktion auslöst.

Synästhesie, oder Fuzzy-Logik, kann auch dazu genutzt werden, Kreativität zu erhöhen. Der Schlüssel zu wirklich ungewöhnlichen Erfahrungen liegt nicht nur darin, das Repräsentationssystem zu wechseln, sondern auch die Submodalitäten zu verstellen.

Bis zu diesem Punkt hast du die Fähigkeit entwickelt, zunehmend komplexe und detaillierte subjektive Erfahrungen mit relativer Leichtigkeit zu schaffen – zum Beispiel kannst du dir ziemlich einfach vorstellen, an einem kalten Wintertag nahe an einem flackernden Feuer zu stehen oder zu sitzen. Und während du dies tust, beobachte die tanzenden Flammen, nimm die sich subtil ändernden Farben wahr, riech den stechenden Holzrauch und fühle, wie deine der Hitzequelle zugewandte Körperseite wärmer wird als die andere. Und so, wie du der Wärme erlaubst, sich auszubreiten, beschleunige den Prozess immer mehr, schneller und schneller, und lass die Wärme sich in deinem ganzen Körper ausbreiten, feststellend, dass du tatsächlich genau an der Schwelle zu einer neuen und wundervollen Erfahrung bist, denn du wirst gleich anfangen, einfach einige der Fertigkeiten zu benutzen, die du gelernt hast, um einen vollkommen neue Technik zu entwickeln, und während du darüber nachdenkst, möchte ich, dass du dich zu fragen beginnst, während du dich angenehm wärmst, was passieren würde und wie eigenartig es wäre, wenn die Submodalitäten des einen Systems die Submodalitäten des anderen beeinflussten, wann immer du wünschst, dass dies der Fall ist. Was würde passieren und wie könnte das sein?

Als Milton Erickson mit hypnotischen Phänomenen experimentierte, tat er ein paar ausgefallene Dinge, wie zum Beispiel temporäre Farbenblindheit zu induzieren. Aber als er hypnotische Farbenblindheit induzierte, passierte etwas Eigenartiges. Einige Menschen wurden stocktaub. Diese und andere ähnliche Erscheinungen waren spontane Demonstrationen des Überlappens von einem Sinnessystem auf ein anderes.

Was du jetzt tun wirst – entweder mit einem Partner oder vielleicht gerade, während du diese Worte liest –, ist zum Beispiel, genau jetzt darüber nachzudenken, ob du entschieden hast, in eine Trance zu gleiten und dies dir erlauben soll, tief genug zu gehen, sodass dein Unbewusstes anfangen wird, alle notwendigen Veränderungen zu treffen, damit Schmerzkontrolle für dich erreicht werden kann, indem wir sagen, dass alles, was du in einem Arm fühltest, jeden einzelnen Teil des Drucks nahm und ihn in eine Lautstärke umwandelte, an einer bestimmten Stelle, sodass der Ort, wo man dich berührte, darüber entschied, welchen Klang du hörtest. Wenn jemand also deinen Arm reibt, würdest du überhaupt nichts spüren, sondern du würdest etwas wundervolles hören. Auf diese Weise macht es eine Menge mehr Spaß, mit Schmerzkontrolle zu arbeiten.

Sieh, sehr oft wird es anders gemacht und dein Unbewusstes versteht das perfekt. Deswegen kannst du jetzt oder in ein paar Augenblicken auf deinem anderen Arm einen Eiswürfel spüren, und der Eiswürfel wird kühler und kühler und breitet sich aus, ganz runter zu dem Punkt, an dem, wenn du Eis genügend lang auf etwas legst, wenn du es mit einer Nadelspitze berührtest, du absolut gar nichts spüren würdest.

Lass den Eiswürfel jetzt verschwinden und richte deine Aufmerksamkeit zurück auf deinen anderen Arm und lass dein Unbewusstes sich vorstellen, wie es wäre, wenn du noch sorgfältiger jedes Sinnessystem nähmest und Teile von diesem System in ein anderes übergehen ließest. Und für die Zwecke hier möchte ich, dass dein Unbewusstes sich einen Augenblick Zeit nimmt, um die Liste der Submodalitäten durchzugehen, und ich möchte, dass du einfach zufällig, aus keinem besonderen Grund, erkennst, dass es keinen Grund gibt, zu zögern und dass es keinen Grund gibt, zu warten.

Suche ein paar Submodalitäten aus und versetze sie von einem System in ein anderes. Stell dir die Möglichkeiten vor, mit denen du dies tun kannst, sodass, wie das letzte Mal, als ich das gemacht habe, ich schließlich Lieder auf dem Arm von jemandem spielen konnte, indem ich den Ton den Arm hinauf höher werden ließ und tiefer am Arm hinunter, und je mehr Druck ich benutzte, desto lauter wurde die Musik, und während ich ein Lied spielte, operierte jemand diesen Arm und der Klient spürte überhaupt nichts in dem Arm. Ihm fiel aber auf, dass das Lied von etwas „komischem Grundrauschen" untermalt war.

Gut, eine andere Sache, die du tun kannst, wäre ein auditiv externes Signal zu nehmen und seine Klanghöhe in ein Gefühl zu verwandeln; seine Lautstärke kann der Druck dieses Gefühls werden und so weiter.

Sobald es passt, möchte ich, dass du dich mit einem Partner zusammen in einen tief gehend veränderten Zustand versetzt und anfängst, mit allen möglichen kinästhetischen Empfindungen, die du hast, zu experimentieren, indem du sie in Klänge oder Bilder verwandelst.

Sei kreativ und denk an Anwendungsmöglichkeiten. Wenn bestimmte Menschen zum Beispiel nach bestimmten unerlaubten Substanzen süchtig sind, kannst du ihr Suchtgefühl etwa in ein Bild verwandeln und es so anlegen, dass das Bild desto weiter weggeht, je stärker das Gefühl wird.

Synästhesie-Muster eröffnen viele Möglichkeiten. Wenn du Fingersignale installierst, erhöhst du in hohem Maße deine Flexibilität.

Während dein Klient tiefer in Trance gleitet und noch tiefer, installiere Fingersignale und bitte dann sein Unbewusstes, für eine gewisse Zeit, die du mit 5 oder vielleicht 10 Minuten definierst, zu erlauben, dass er auf einer unbewussten Ebene alle notwendigen Veränderungen bei all den Submodalitäten vornehmen kann, die du ausgewählt hast.

## Übung:
## Fortgeschrittene Synästhesie-Veränderungsmuster

Die Übung ist dazu entwickelt, deine Flexibilität zu erhöhen und eine Vorlage für Kreativitätstechniken zu liefern, die neu und passend für alle möglichen Situationen sind, mit denen du zu tun hast.

1. Suche dir ein gewünschtes Ziel aus. Gehe in allen Sinnesmodalitäten durch, wie du dich oder dein Klient sich verhalten, fühlen, aussehen wird etc., wenn das Ziel erreicht ist.

2. Identifiziere, was möglicherweise dem Ziel im Wege steht, damit es erreicht wird (zum Beispiel, sagen wir mal, Sicherheit beim Kennenlernen neuer Menschen und Spaß an neuen Situationen sind dein Ziel; konstruierte Bilder von „mich zum Affen machen" begleitet von einer inneren Stimme, die sagt: „Du brauchst es gar nicht erst zu probieren", begleitet von einem Gefühl von „Graus", stehen dem Erreichen dieses Ziels im Wege.

3. Orientiere dich an einer umfassenden Liste von Submodalitäten (s. Ressourcenblatt 3) und wähle drei zufällige aus. Das können sein farbig/schwarz-weiß und Stimmen/Stille (beides digital) und der Ort eines kinästhetischen Gefühls.

4. Experimentiere damit, das Gefühl von Graus in einen Klang zu verwandeln (sagen wir, das Kreischen einer Kreissäge, wie sie ausgeschaltet und wieder eingeschaltet und wieder ausgeschaltet wird, wobei du die Reaktion beachtest) oder den Klang eines selbstkritischen Selbstgespräches in eine Abfolge von Farben. Passe die Farben so an, dass sie hell und anziehend sind. Setze das Experimentieren mit jeder Submodalität fort, bis du eine oder mehrere synästhetische Wechsel findest, die die komplette Erfahrung verändern.

5. Verbinde einen Auslöser mit dem Wechsel, sodass du oder dein Partner den Zustand willentlich eingehen kann.

# Teil III

## Utilisationsmuster

Wie man die Werkzeuge
der TRANCE-formation benutzt

⌘

# 16.

# Zurück in die Zukunft:

## Persönliche Vergangenheit verändern

⌘

Einer der besten Wege, über eine unglückliche Vergangenheit hin-wegzukommen und eine glückliche und erfolgreiche Zukunft zu garantieren, ist, zu üben, dich aus keinem besonderen Grund besser zu fühlen, jetzt. Wenn du morgens aufwachst und dich gut fühlst, wirst du bessere Entscheidungen darüber treffen, was du mit deinem Leben anfangen willst.

Menschen machen sich selbst andauernd Probleme. Einige machen mit einem Partner Schluss und dann gehen sie aus und betrinken sich, um andere Leute kennenzulernen, und ein paar Stunden und viele Biere oder Schnäpse später sagen sie jemandem, den sie gerade erst vor Kurzem kennengelernt haben, wie sehr sie ihn lieben. Dann wachen sie morgens auf und stellen fest, dass sie ein Stück Holz im Bett haben.

Manchmal tun Menschen dumme Dinge und sagen später, sie haben sich so benommen, weil sie „verwirrt" waren. Eine der Sachen, die ich jedoch im Laufe der Jahre entdeckt habe, ist, dass Verwirrung kein Zustand ist, der zu Dummheit führen sollte. Er ist ein Tor zu neuen Erkenntnissen.

Wenn du anfängst, Dinge als schwierig zu betrachten, werden sie es sein. Wenn du anfängst, zu untersuchen, was Dinge unmöglich macht, wirst du es herausfinden. Wenn du jedoch die Einstellung annimmst, dass das nur in dem Bewusstseinszustand wahr ist, in dem du bist, wirst du nie in eine Sackgasse geraten. Wenn du also zu lernen beginnst, wie du es machst, dass du dich anders fühlst, wird es deine Zukunft ein für alle Mal verändern.

Nach einer Weile wirst du anfangen, dich besser zu fühlen, und du wirst keine Ahnung haben, warum. Aber schau, du brauchst das nicht zu wissen, du musst nur wissen, wie du es schaffst, dass gute Gefühle die alten ersetzen – oder noch besser, wie du sie in das einfließen lässt, was gerade passiert, bevor du dich schlecht fühlst, sodass du anfängst, nach innen und neue Wege zu gehen.

## Übung:
## Wie viel Freude kannst du aushalten?

1. Ich möchte dich einladen, an eine Zeit zu denken, als du außergewöhnlichen Spaß hattest. Wenn ein Lächeln sich über dein Gesicht auszubreiten beginnt, wirst du wissen, dass du ein bezeichnendes Erlebnis gefunden hast.

2. Nimm wahr, wie du dich an das Erlebnis erinnerst: Sieh genau, was du damals sahst, höre, was du hörtest und nimm wahr, wie Gefühle zu dir zurückkehren.

3. Indem du die Liste in Ressourcenblatt 3 zur Hand nimmst, fange jetzt an, die Submodalitäten eine nach der anderen zu verändern. Wenn es keine bedeutsame Veränderung gibt, bring sie zurück, wie sie war. Wenn sich die Erfahrung verstärkt und anziehender wird, verstelle sie soweit wie maximal möglich. Wenn du alle Veränderungen vorgenom-

men hast, die möglich scheinen, mach einen Kreis im Zentrum der Erfahrung und öffne ihn sehr rasch, wie die Blende einer Kamera, sodass du sehen kannst, wie du doppelt soviel Spaß erlebst. Mach die Farben doppelt so hell, doppelt so intensiv und lass den Klang höchster Befriedigung durch deinen Körper resonieren, dann durch jede Zelle deines Körpers – *Aa-a-h!*

4. Tu dies zwei oder drei Mal mehr, womit du die Spaßgefühle soweit treibst, wie sie gehen werden, und ankere sie dann, damit du die Gefühle für dich jederzeit nach Belieben verfügbar machst (siehe Ressourcenblatt 1).

5. Nimm wahr, auf welchem Weg sich die Gefühle intensiven Vergnügens bewegen und verbinde die Anfangs- mit den Endpunkten und fang an, es in dir kreisen zu lassen, während du über einige Bereiche deiner Gegenwart und deiner Zukunft nachdenkst, in denen du davon profitierst, diese Änderungen gemacht zu haben.

6. Steige in ein zukünftiges Erlebnis, feuere deinen Anker ab und sieh, höre und fühle so umfassend wie möglich, wie du von dieser Freude profitieren wirst, die dieses Erlebnis überflutet – *jetzt.*

7. Tu dies noch zwei Mal mit zwei weiteren Szenarien und mach dann eine Pause, um deinem Verstand zu erlauben, den Prozess zu generalisieren, hinaus in Bereiche, an die du vielleicht noch nicht bewusst gedacht hast, in denen er aber nützlich und passend wäre.

Menschen, die mit Problemen kämpfen, sagen oft Dinge, wie: „Wenn ich mein Leben noch einmal leben könnte, würde ich es anders machen." Oder mein Lieblingssatz: „Ich habe jetzt all die Probleme wegen der schlimmen Dinge, die mir als Kind passiert sind."

Meine Reaktion ist: „Nun, ändere es. Es ist nie zu spät, eine glückliche Kindheit zu haben."

Die Reaktion der Leute ist entweder, dass sie schockiert sind, denn ich bin nicht „einfühlsam" genug, oder sie fangen an zu lachen, denn intuitiv verstehen sie, dass es stimmt.

Natürlich können wir nicht ändern, was uns zugestoßen ist. Aber wir können die Art verändern, wie wir darauf reagieren – entweder bewusst oder unbewusst. Das Konzept, nach dem wir alle Opfer vergangener Erfahrungen sind, ist für viele Psychoanalytiker und Ratgeber sehr anziehend. Soweit ich allerdings weiß, gibt es keinen Hauch eines Beweises dafür, dass das immer der Fall sein muss. Wenn es so wäre, hätten wir nicht Situationen, wo zwei Menschen durch ein und dasselbe traumatische Erlebnis gehen und einer am Boden zerstört ist, während der andere offensichtlich unbeschadet ist.

In Wirklichkeit ist es so, dass die Opfer auf eine Erinnerung in einer Weise reagieren, die jetzt für sie Probleme verursacht, da die Vergangenheit vorbei und abgeschlossen ist. Es ist nicht so, dass das Trauma sie so sehr dysfunktional „gemacht" hat, da sie auf eine dysfunktionale Art reagieren.

Im Laufe der Jahre bin ich das Problem auf eine Reihe von verschiedenen Wegen angegangen, wobei ich Muster geschaffen habe, um die Menschen von der Tyrannei veralteter Glaubenssätze zu befreien. „Change History" beschreibt eine Gruppe von Techniken, die ich entwickelte, um dem Klienten zu helfen, anders auf die Generalisierungen zu reagieren, die sie als Ergebnis irgendeiner traumatischen vergangenen Erfahrung gebildet haben. Das ist nicht das gleiche wie der Gang in die Vergangenheit von jemandem, ein Erlebnis nach dem anderen. Wir brauchen minimale Informationen – oder oft überhaupt keine Informationen – um Menschen helfen zu können, ihre Reaktionen auf die Vergangenheit zu verändern.

# Die Schnelle Phobie-Heilung

Der erste und fast mit Sicherheit bekannteste Ansatz ist das visuell-kinästhetische Dissoziationsmuster oder Schnelle Phobie-Heilung genannt. Wie im ersten Teil dieses Buches erwähnt, funktioniert die Phobie-Heilung durch Dissoziation. Statt andauernd immer wieder neu die Ursache der Phobie wachzurufen, als ob sie gerade tatsächlich passieren würde, lernt der Klient, sich zu dissoziieren – aus der Position der ersten Person herauszutreten, sodass er es noch mal ablaufen lassen kann, ohne davon überwältigt zu werden.

Psychologen wissen, dass die Probleme der Menschen oft durch ihre Vergangenheit verursacht werden, aber sie glauben, dass das Verstehen dieser Vergangenheit wundersamerweise die Probleme verschwinden lässt. Es wäre ein schönes Konzept, wenn es nur funktionierte. Aber das tut es nicht.

Psychoanalytiker der alten Schule geben dann schließlich dem Patienten die Schuld dafür, im „Widerstand" oder „nicht bereit" zu sein, sich zu verändern. Ich denke, das ist Unsinn. Sie sollten sie entweder nach Hause schicken, bis sie bereit sind, oder es schaffen, dass sie bereit sind, sich zu verändern. Menschen sind manchmal zögerlich darin, eine neue Wahlmöglichkeit zu akzeptieren, entweder weil sie nicht die richtige Loslege-Strategie einsetzen oder sie noch nicht soweit sind, dass das Problem für sie das Maß überschritten hat. Wenn sie daran denken, Angst davor zu haben, mit dem Fahrstuhl zu fahren, oder an ihre Erfahrungen, in einer gewalttätigen Beziehung missbraucht zu werden, reihen sie nicht genügend Erlebnisse an einem Faden auf, um das Gefühl unerträglich zu machen. Es hat nichts damit zu tun, ein „Klient im Widerstand" zu sein, aber es hängt vielleicht alles mit seiner Wahl eines unflexiblen und beschränkten Therapeuten zusammen.

Einsicht allein wird es nicht bringen. Ich kenne jemanden, der eine Phobie vor Wasser hatte, weil er hineinfiel, als er fünf war, und ertrank. Er ertrank nicht *beinahe*, er ertrank und wurde herausgezogen, klinisch tot, und wiederbelebt. Seit diesem Tage hatte er panische Angst vor Wasser und erinnerte sich lebhaft an das ganze

Erlebnis. Als er in Therapie ging, ließ der Therapeut ihn zurückgehen und es wiedererleben – und er hatte immer noch Angst vor
Wasser.

Dies war keine leichte Angst. Dies war ein Mensch, der nicht
duschen konnte oder in eine Badewanne steigen oder sein Haar
waschen, und der seinen Körper mit einem angefeuchteten Tuch
abreiben musste, um sich zu säubern. Er hatte den Gedanken an
Wasser genommen und ihn in dem Maße übergeneralisiert, wo sein
Leben untragbar wurde.

Nun, all diese Details zu wissen, wird diese Reaktionen nicht
ändern. Was sie verändern wird, ist die Entscheidung, dass er genug
hatte, und zu wissen, was er in seinem Kopf anders machen muss in
Bezug auf das, was er bisher tat. Er muss sich von diesem Erlebnis
dissoziieren. Er muss damit beginnen, wie ihn jemand wiederbelebt
und dann durch das ganze Erlebnis rückwärtsgehen. Wenn er das tut,
wird er sich anders fühlen, denn sein Gehirn wird das Erlebnis
anders verarbeiten. Und wenn er sich anders fühlt, kann er anfangen
die Dinge zu tun, die ihm Angst machten und die er zuvor mied.

Mein Interesse am Inhalt einer Erfahrung beschränkt sich darauf,
wie sie die Art beeinflusst, auf die der Klient seine Angst beibehält.
Ich will nicht zu tief in seine Vergangenheit gehen, denn ich will
seine Angst nicht vergrößern. Ich bin kein Psychologe und daher
nicht daran interessiert, meinen Klienten Einsichten zu vermitteln.
Ich möchte ihnen stattdessen persönliche Freiheit geben.

Einige Leute werfen mir vor, ich lasse Menschen verleugnen –
und sie haben recht. Ich will, dass Menschen die Mittel haben, sich
der Notwendigkeit, schlechte Gefühle zu haben, für den Rest ihres
Lebens zu verweigern.

Inzwischen ist klar, dass das Verändern der Submodalitäten
unserer Repräsentation einer Erfahrung einer der schnellsten und
einfachsten Wege ist, unser Empfinden zu verändern. Assoziation
und Dissoziation sind wichtige einzusetzende Unterscheidungen.
Die meisten Menschen werden einen dramatischen Unterschied in
der Art feststellen, wie sie etwas empfinden, das sie assoziiert
erleben und das Gleiche dissoziiert. Wenn du zum Beispiel dich

selbst in der ersten Sitzreihe einer Achterbahn siehst, wie sie rauf-
und runterfährt, ist es ein vollkommen anderer Mix an Gefühlen als
der, den du hast, wenn du siehst, was du sehen würdest, wenn du
jetzt dort wärest. Das ist ein großartiger koffeinfreier Weg morgens
aufzuwachen. Stell dir vor, du wirst ganz nach oben auf eine Achterbahn aufgezogen, siehst Dinge genauso, wie du sie sehen würdest,
wenn es jetzt passieren würde, dann – einfach – *lass los –*!

Einige Menschen würden dieses Erlebnis lieben, andere würden
es hassen. Was in einem Menschen Furcht erzeugt, kann dem
anderen einen schönen Nervenkitzel geben. Ich glaube aber, dass
Menschen mit Phobien – genaugenommen jeder mit Furcht vor
etwas oder Depressionen oder ähnlichen Zuständen – im Endeffekt
irgendeine Art von post-hypnotischer Suggestion ausführen, ob es
von jemandem aus ihrer Kindheit kam oder von etwas, das sie selbst
geschaffen haben.

Ich liebe es, Leuten zu sagen, dass ich einer der besten Hypnotiseure auf der Welt bin (ich habe einen Brief, der das beweist) und
daher jede Suggestion, die sie von anderen Menschen erhalten
haben, durch meine Stimme rückgängig gemacht werden kann. Es
hört es sich einfach so logisch an, aber ich denke, jeder sollte das
sagen.

Eine der Arten, auf die ich die post-hypnotischen Suggestionen
anderer Leute infrage stelle, ist, dass ich die Klienten in tiefe Trance
versetze und ihnen eine post-hypnotische Suggestion gebe, dass ihr
Kopf aus der Trance zurückkommen, aber der Rest drin bleiben
wird. Wenn sie ihre Augen öffnen, können sie nichts außer ihrem
Kopf bewegen. Dann sage ich zu ihnen: „Lass mich dich jetzt von
Kopf zu Kopf fragen – diese Annahme, die du hast, wo genau
kommt sie her?"

Viele körperliche Verfassungen, eingeschlossen psychosomati-
sche Schmerzen, Hautausschlag, hoher Blutdruck und stressbe-
dingte Störungen, funktionieren hypnotisch. Einige sehr eigenartige
Sachen können als Resultat daraus auftreten.

Ich traf mal so einen Jungen – etwa 22 Jahre, sehr intelligent,
konnte jede Maschine auseinandernehmen und in Nullkommanix

wieder zusammensetzen – aber er konnte einfach nicht lesen. Er ging zu jedem möglichen Förderunterricht, aber er sagte einfach immer nur: „Ich kann das nicht. Ich kann das nicht."

Ich versetzte ihn also in eine Trance und sagte: „Ich möchte dein Unbewusstes fragen, ob dich etwas vom Lesen abhält?" Ich bekam eine Bestätigung, also sagte ich: „Ich möchte, dass du es in sein Bewusstsein bringst und ihn aufspringen lässt und mir davon erzählen."

Ein paar Sekunden später sprang er auf und erzählte, wie er in der Grundschule war und die Lehrerin frustriert einen Bleistift vor seinen Augen zerbrach und sagte: „Du wirst nie lernen zu lesen!"

Sein Unbewusstes nahm es als Befehl und blockte von da an jeden Versuch ab, ihm das Lesen beizubringen. Es steckte irgendwo in den Tiefen seines Geistes fest und er kämpfte sein ganzes Leben lang mit dem Lesen. Er war ein schlaues Kind, aber Angst kann einen sehr veränderten und suggestiblen Zustand induzieren.

Ich sagte ihm also einfach: „Alles, was die Lehrerin zu dir sagte, ist ab jetzt nicht mehr wahr, und der Grund, weswegen es nicht mehr wahr ist, ist, dass sie es aus Versehen tat und ich es absichtlich tue. Jetzt wirst du zu lesen beginnen und es wird Spaß machen und du wirst schnell lernen."

Eine Woche später bekam ich von dieser Förderstelle einen Anruf, in dem sie mir mitteilten, dass er perfekt las. Tatsache ist, er hat sein ganzes Leben lang gelesen. Er hatte sich nur nicht erlaubt, es zu wissen.

Aber woher Probleme kommen, spielt für mich keine Rolle. Wichtig ist der veränderte Zustand, in dem sie sind und was getan werden muss, um sie herauszubekommen. In der Sekunde, in der ein Phobiker mit einer Phobie anfängt, ist er in einem veränderten Zustand und führt eine post-hypnotische Suggestion aus. Das Gleiche trifft zu, wenn ein Depressiver sich deprimiert fühlt. Für mich funktioniert ihr Verhalten auf die gleiche Weise, wie eine posthypnotische Suggestion funktioniert, und daher kann es auf die gleiche Art gelöscht werden, wie eine post-hypnotische Suggestion gelöscht werden kann.

Die Phobie-Heilung ist eines der ersten und wahrscheinlich bekanntesten Muster, die ich entwickelt habe. Sie zeigte, dass, auch wenn jemand 20 Jahre lang eine Angst erlebt hat, es nicht bedeutete, dass sie diese für den Rest ihres Lebens erleben müssen.

## Übung:
## Schnelle Phobie-Heilung
## (Visuell-kinästhetische Dissoziation)

1. Platziere den Klienten bequem in einem kleinen fiktiven Kino und lass ihn eine kleine, weiße Leinwand visualisieren, ein wenig oberhalb seiner Augen. Erkläre ihm, dass er bald seine traumatisierende Erfahrung sicher und in Wohlbefinden beobachten können wird, beginnend einen Augenblick, bevor das Ereignis auftritt (Sicherer Ort 1) und endend, wenn der Film seines Erlebnisses ins Weiß verblasst (Sicherer Ort 2).

2. Versichere dem Klienten, dass er zu seinem normalen Bewusstseinszustand zurückkehren kann, frei von jeglicher Angst, zu jedem gewählten Zeitpunkt.

3. Lass den Klienten sich entspannen und ankere seinen entspannten Zustand (siehe Ressourcenblatt 1), lass ihn sich dann dissoziieren, indem er aus seinem Körper heraus – und in den Vorführraum steigt, von wo aus er sowohl den Lauf des Filmes kontrollieren als auch sich sehen kann, wie er bequem sitzt und sich den Film anschaut. Wenn der Klient besonders ängstlich ist, ist es wünschenswert, ihn noch einmal zu dissoziieren (weise ihn an, „dich selbst zu beobachten, wie du dich siehst, wie du dir den Film anschaust").

Dies erlaubt ihm, ausreichend emotionale Distanz zu halten, um die Übung ganz abzuschließen.

4. Halte den Wohlbefinden-Anker und lass den Klienten den Film seiner traumatischen Erfahrung vom Sicheren Ort 1 zum Sicheren Ort 2 laufen, sehr schnell in schwarz/weiß, wobei du sicherstellst, dass er von der Erfahrung des Traumas dissoziiert bleibt.

5. Wenn er seinen Durchlauf beendet hat, lass ihn hinabgleiten und sich wieder in seinen Körper zurück assoziieren, wie er dasitzt und auf die Leinwand schaut. Weise ihn dann an, herauszuschweben und sich mit der Erfahrung in das Ende des Films (der weißen Leinwand) zu assoziieren, wieder Farbe hineinzubringen und sich vorzubereiten, das ganze Erlebnis rückwärts laufen zu lassen, vom Sicheren Ort 2 zum Sicheren Ort 1. Und mit etwas lebendiger Zirkusmusik als Soundtrack zu dem Erlebnis.

6. Am Sicheren Ort 1 ist der Klient auf seinen Sitzplatz zurückgekehrt, um sich die Leinwand anzuschauen, auf der das kleine Schwarz/Weiß-Bild des Sicheren Orts 1 wiederhergestellt wurde.

7. Gib ihm die Anweisung, aus seinem Körper heraus in den Projektorraum zu schweben, und wiederhole den Prozess von Schritt 3 bis Schritt 6.

8. Wiederhole das V-K-Dissoziationsmuster drei oder fünf Mal und teste dann den Klienten, indem du ihn an den Auslöser seiner Phobie denken lässt, und achte auf seine Reaktion. Wenn notwendig, wiederhole das Muster so oft wie nötig.

Die meisten Leute schaffen es, eine Phobie-Heilung funktionieren zu lassen. Wenn es jedoch nicht funktioniert, hängt es meist damit zusammen, dass sie es nicht schnell genug gemacht haben. Sie tun ein bisschen diese Woche und ein bisschen nächste Woche und dann beschweren sie sich, dass es nicht funktioniert.

Wenn wir wirklich mächtige Veränderungen hervorrufen wollen, formatieren wir das Gehirn neu, sehr ähnlich der Art, wie Informationen auf einem Computer neu formatiert werden. Vor Jahren hatten wir all diese Daten auf großen Kennedy-Bandlaufwerken, die du sprichwörtlich in den Computer laden und alles in etwas Neues umformatieren konntest. Du nahmst vielleicht eine Menge Daten und legtest sie in dreidimensionalen Matrizen ab und ludst sie dann auf Floppy Disks von der Größe eines Tisches. Wenn du die Informationen für die Nutzung in einem bestimmten Programm brauchtest, musstest du sie mit diesem Programm neu formatieren.

Die Erinnerungen der Menschen sind durcheinander, voll von Angst und Demütigung, bis zu dem Punkt, wo sie es nicht einmal mehr durch das ganze Erlebnis hindurchschaffen, ohne davon überwältigt zu werden. Sie kommen zur Quelle ihrer Angst, sagen wir zu einem Fahrstuhl, und die Angst wird automatisch ausgelöst.

Um ihnen zu helfen, sich neu zu formatieren, lasse ich sie zuerst aus dem Erlebnis heraustreten. Sich selbst von dem Erlebnis zu separieren hilft ihnen, sich anzuschauen, was passiert ist, ohne dass sie davon verschlungen werden. Jetzt schauen sie sich selbst an, sie sind also kleiner als zuvor; sie beobachten sich selbst in einem anderen kleinen Rahmen (der Leinwand), sie haben also sowohl den Ort als auch die Größe verändert.

Dann lasse ich sie den Film einschalten, dissoziiert, und dann lasse ich sie ihn schneller durchlaufen als normal, vielleicht mit etwas Zirkusmusik, sodass es neu formatiert wird. Wenn sie am Ende ankommen, lasse ich sie hineinsteigen, ihn wieder lebensgroß machen und rückwärts laufen, sodass das Gleiche rückwärts läuft. Es rückwärts laufen zu lassen ist genaugenommen nicht nötig, da sich die subjektive Erfahrung sowieso verändern wird. Sie verändert sich auf diese Weise nur besser.

Wenn sie sich jedoch dissoziieren und das Bild lebensgroß lassen, wird es nicht funktionieren. Ich habe es auf jede andere Art und Weise probiert und das ist der Weg, wie es am besten funktioniert.

Im Laufe der Jahre hatte ich viele Klienten, die traumatisiert waren und die Diagnose erhalten hatten, an einer post-traumatischen Belastungsstörung zu leiden. Dies sind Menschen, die jedes erdenkliche albtraumhafte Ereignis immer wieder durchleben, angefangen bei Entführung und Schussverletzungen bis hin zu Folter und Vergewaltigung. Ich habe mit Holocaust-Opfern aus dem Zweiten Weltkrieg gearbeitet, die schreckliche Dinge erlebt hatten und erneut durchlebten, immer und immer wieder. Die eine Sache, die sie aber alle gemeinsam hatten, war, dass sie ihre Erfahrung alle lebensgroß repräsentierten.

Wenn du Menschen so wie hier dazu bringen kannst, aus einem Erlebnis herauszusteigen und sich ihr Leid von einem anderen Standpunkt aus anzuschauen und es kleinschrumpfen zu lassen, kannst du erreichen, dass sie nie wieder die gleiche Angst spüren werden.

Wir können natürlich nicht ändern, was passiert ist, aber wir können die Art, wie wir es empfinden, verändern. Unsere Aufgabe ist es, die Verantwortung für unsere eigenen Denkprozesse zu übernehmen und anderen zu helfen, das Gleiche zu tun. Wir wollen nicht nur, dass sie sich nicht selbst in Gefahrensituationen begeben, sondern auch, dass sie nicht den Rest ihres Lebens in Angst verbringen, nur weil ihnen zufällig etwas Schlimmes passiert ist.

Es ist mir sehr wichtig, dass Menschen verstehen, dass Angst nicht von außen kommt. Sie kommt von innen. Ich denke, ich habe wahrscheinlich mehr darüber entdeckt, wie man Ängste los wird, als jeder andere lebende Mensch. Ich bezweifle, dass es jemanden auf Erden gibt, der so viele Ängste wie ich beseitigt hat.

Ich habe nicht nur Techniken entwickelt, die ich selbst bei Menschen anwende, sondern ich habe sie auch hunderttausenden Menschen auf der ganzen Welt beigebracht, damit sie sie benutzen, um noch mehr Menschen zu helfen. Ich habe enorm große Mühe darin investiert, diese Dinge, welche funktionieren, zu finden und sie dann zu verbessern, damit sie andere Menschen für sich selbst leicht anwenden können.

Es spielt für mich keine große Rolle, wie Menschen so geworden sind, wie sie es sind. Ich will nicht wissen, wie sie kaputtgegangen sind oder sich festgefahren haben. Alles, was ich will, ist, ihnen zu helfen, optimal zu agieren. Ich möchte, dass sie verstehen, dass, wenn sie schreckliche Dinge lebensgroß wiederholt abspielen, diese Ereignisse weiter ihr Leben beeinträchtigen werden, so, als ob sie ihnen immer wieder von Neuem wirklich passierten. Deswegen haben sie in Kinohäusern gewaltige Leinwände: Je größer der Bildschirm, desto stärker sind deine Gefühle.

Die schnelle Phobie-Heilung war extrem wirkungsvoll. Sie funktionierte bei jedem, der vorbeikam – aber ich fing an zu überlegen: „Sie nimmt 30 Minuten in Anspruch. Wir sollten fähig sein, es in drei zu schaffen." Natürlich dachten alle, das sei verrückt, aber das störte mich nicht besonders. Das meiste, was ich erreicht habe, habe ich geschafft, indem ich mich verrückt verhalten habe.

Ich war verrückt genug anzunehmen, dass es möglich war, Klienten in einer einzigen Sitzung aus ihren Schwierigkeiten herauszubekommen. Ich glaube, in einer Sitzung ist es einfacher als in 10 oder 100, denn, wie ich bereits mehrmals erwähnte, lernen Menschen besser, wenn sie schnell lernen. Wenn jene Seiten vorbeiblättern, siehst du das Muster der Bewegung. Wenn du eine Reihe von Standbildern nimmst und sie mit einer Geschwindigkeit von 35 Bildern pro Sekunde zeigst, hast du einen Film. Das Gehirn versteht das. Je schneller wir ein Muster ablaufen lassen können, desto schneller geht es ins Unbewusste über.

Wir wissen jetzt, wie das im Kortex funktioniert. Zuerst benötigt es große Areale des Gehirns, um ein Muster auf die Reihe zu bekommen, sagen wir mal Rollschuh laufen lernen oder Fahrrad fahren, dann codiert es plötzlich neu und belegt einen klitzekleinen Teil im Gehirn. Das ist der Unterschied zwischen Kurzzeitgedächtnis und Langzeitgedächtnis. Es ist der Unterschied zwischen einem bewussten Verhalten, mit dem du dich abmühst, und einer unbewussten, automatisierten Reaktion.

Probleme treten auf, weil wir unbewusste, automatisierte Reaktionen haben, die nicht diejenigen sind, die wir wollen. Wir sind aber unendlich programmierbar und wir können unsere Reaktionen neu auf Verhaltensweisen codieren, die unser Leben unterstützen und es verbessern – aber nur, wenn wir vollkommen intolerant werden, so zu bleiben, wie wir sind.

## Der Unterschied
## zwischen Phobien und Ängsten

Wenn wir mit Menschen arbeiten, die unter angstbasierten Störungen leiden, müssen wir zwischen Phobien und Ängsten unterscheiden. Phobien sind unmittelbare Reiz-Reaktionen. Angst ist das Ergebnis eines längeren Prozesses – dem Aufbau einer Angst-Attacke. Die Ansätze, diese beiden anzugehen, sind daher unterschiedlich.

Indem wir ihnen helfen, die Art, wie sie auf ihre Vergangenheit reagieren, zu verändern, bringen wir ihnen effektiv bei, wie sie ihre persönliche Geschichte verändern.

Vor nicht langer Zeit wurde eine Frau zu mir gebracht, die von Terroristen in Peru entführt worden war. Sie wurde von der Angst fast vollkommen außer Gefecht gesetzt, die durch beinahe jede Situation ausgelöst wurde, die sie nicht ohne Weiteres verlassen konnte. Das bedeutete, ihr jagten Autos, Fahrstühle und Züge schreckliche Angst ein. Sie musste sogar die Fenster ihres eigenen Hauses wegen dem, was als „Klaustrophobie" bezeichnet wird, geöffnet lassen.

Obwohl sie klaustrophobisch sein sollte, konnte sie sonderbarerweise jedoch mit dem Flugzeug fliegen, solange sie nahe an der Tür sitzen konnte.

Nun, jeder wusste genau, weshalb sie ihr Problem hatte. Während ihres allererste Urlaubs wurde sie auf dem Weg vom Flughafen zum Hotel ausgeraubt. Im Hotel gab es eine Bombenwarnung und kurz nachdem sie ein kleines Flugzeug bestiegen hatte, um zu einem anderen Ort zu fliegen, brachten Terroristen mit Ski-Mützen und Uzis (Gewehre, Anm. d. Ü.) dies in ihre Gewalt und sie hatte eine so schlimme Panikattacke, dass sie solche Angst bekamen, dass sie das Flugzeug auf der Startbahn anhielten und die Tür aufmachten, um sie zu beruhigen.

Nun, ich dachte, das sei komisch, und als ich lachte, blickte sie mich furchtbar aufgebracht an. Sie sagte: „Ich glaube nicht, dass das komisch ist", und ich sagte: „Glaubst du nicht? Du findest es nicht komisch, dass du solch eine Panikattacke hattest, dass du einem Flugzeug voll von Terroristen Angst eingejagt hast und die haben dich nicht einfach erschossen, dich nicht aus dem Flugzeug geworfen? Tut mir leid. Für mich ist das komisch." Dann meinte ich zu ihr: „Du musst für den Rest deines Lebens darunter leiden, es sei denn, du kannst darüber lachen."

Humor ist ein wertvolles Hilfsmittel, um bedeutsame Veränderungen zu schaffen. Wenn wir gleichzeitig echt lachen, während wir versuchen, das Problem aufrecht zu erhalten, verändern und schwächen wir die neurologische Struktur dessen, was uns Sorgen oder Angst gemacht hat. Menschen treten oft an mich heran und sagen: „Ich weiß, eines Tages werde ich darüber lachen, aber –", und bevor sie weiterreden können, sage ich: „Warum dann warten?"

Da diese Frau keine wirkliche Phobie hatte, sondern unter einem zur Gewohnheit gewordenen Muster litt, musste ich als Erstes sicherstellen, dass sie die Nase voll hatte, auf diese Art zu reagieren. Sie hatte dieses Problem seit 25 Jahren und selbst nach Jahren der Therapie war sie immer noch ängstlich. Das Problem war ihr auch peinlich – aber nicht peinlich genug.

Als Teil ihrer Behandlung schleppte ich sie in Kinosäle und in Seminare, vor Kameras und aberhundert von Zuschauern. Ich schob sie in einen Fahrstuhl und die ganze Zeit sagte sie immer: „Oh, es wird schlimmer. Ich bin die schlimmste Klientin, die Sie je hatten."

Ihr war aber nicht klar, dass ich es mit Absicht schlimmer machte, denn ich wollte, dass sie demgegenüber so intolerant wird, dass sie anfangen würde zu versuchen, es zu verändern, und sich Fragen zu stellen, wie: „Wie weit kann ich von alleine in das Kino gehen?" „Wie wohl kann ich mich fühlen?" und sie begann, sich wirklich über jedes kleine Stück Fortschritt zu freuen, den sie machte.

Seit einiger Zeit fliegt sie jetzt überall hin, benutzt Fahrstühle und fährt Auto und hätte niemals geglaubt, dass es möglich sei. Aber zuerst musste sie genug davon haben und als Nächstes musste sie gute Gefühle bekommen, die jeden kleinen Schritt vorwärts verstärken. Sie musste lernen, wahrzunehmen, in was für einem Maße sie besser war als am Tag zuvor.

Sie schickte mir kürzlich eine Email, die ich ziemlich lustig fand, denn sie führte all die Probleme auf, die sie losgeworden war, und schrieb dann: „Ich denke, es hat mit dem zu tun, was Sie gemacht haben."

Das war es aber nicht. Es hatte mit dem zu tun, was sie tat. Sie hatte das größte Problem in ihrem Leben nicht mehr toleriert und als sie es gelöst hatte, schienen all die anderen Probleme nicht mehr so unüberwindlich, sodass sie anfing, diese auch aus dem Weg zu räumen.

Das ist das, was gutes Lernen ausmacht. Lernen hat damit zu tun, auf Dinge anders zu schauen, dein Leben jeden Tag ein bisschen besser zu machen, den Fortschritt wahrzunehmen, den du machst, wie klein auch immer er am Anfang sein mag. Denn die Wahrheit ist, dass Menschen nicht gleich bleiben. Menschen geht es entweder besser oder es geht ihnen schlechter. Dies sind die einzigen beiden Möglichkeiten.

Wir wissen, dass Menschen, die fortdauernd Probleme haben, zu einem bestimmten Zeitpunkt in ihrem Leben Generalisierungen aufgebaut haben, die ihnen nicht mehr dienlich sind. Die meisten Therapien versuchen Wege zu finden, ihre Gedanken, Gefühle und Erinnerungen gegen neue und geeignetere Muster auszutauschen.

Das Problem dabei ist, dass das menschliche Gehirn auf diese Art nicht wirklich funktioniert.

Was ich zu tun versuche, ist, Menschen zurück zu dem Punkt zu bekommen, bevor sie die Generalisierung aufbauten, die nicht funktioniert, und neue Generalisierungen einzubauen, die die alten überschreiben. Dies funktioniert, denn das menschliche Gehirn funktioniert wie eine Art Speicher, in dem Sachen nach unten geschoben werden, etwa wie die Sorte, die du in Selbstbedienungsrestaurants siehst, wo Teller in einem gefederten Behälter eingelassen aufbewahrt werden. Sobald einer vom Stapel genommen wird, fährt der nächste an seine Stelle.

Wir alle wissen, wie es ist, eine neue Telefonnummer zu bekommen, und in den ersten paar Wochen rufen wir die alte Nummer an, wenn wir versuchen, zuhause jemanden zu erreichen. Aber schließlich legst du die neue Nummer auf die alte oben drauf, welche in die Vertiefungen deines Bewusstseins geschoben wird. Das menschliche Gehirn archiviert Informationen, es vergisst nie etwas.

Dies ist ein mächtiges und dramatisches Phänomen. Ich kann mit Menschen in Hypnose eine Altersregression durchführen, sodass sie sich an jede Telefonnummer erinnern werden, die sie je hatten, – und sie tun es in der umgekehrten Reihenfolge.

Mein Ansatz ist jetzt also, dieses Archivsystem zu akzeptieren und eine neue Ressource hineinzusetzen, eine neue „Erinnerung", sodass darauf zugegriffen wird, *bevor* die Erinnerung losgeht, die für die ungewollte Generalisierung verantwortlich ist.

Was ich also gewöhnlich zu tun versuche, ist, zu dem Punkt zurückzugehen, bevor Menschen eine schlechte Lerngewohnheit aufgebaut haben, darin eine neue Ressource einzubauen und diese anzuregen, sich weiter zu verallgemeinern, sodass es sich nicht wirklich so anfühlt wie zuvor, wenn sie zurückgehen. Dieses Gefühl von: „Ja, ich weiß, ich habe das gemacht, aber das bin nicht mehr wirklich ich", ist ein sehr wichtiger Teil dieses Prozesses. Seit ich das entdeckt habe, benutze ich nicht mehr soviel Altersregression wie früher. Heutzutage konzentriere ich mich mehr auf die Zukunft. Wir könnten den alten NLP-Begriff „Future Pacing" benutzen, um dies zu beschreiben, oder in Hypnose-Sprache „post-hypnotische Suggestion". Wie auch immer wir es nennen, ich möchte sicherstellen, dass der neue Bewusstseinszustand genau im richtigen Moment auftritt.

Menschen brauchen nicht jede Sekunde des Tages Selbstvertrauen. Wenn sie aber Schwierigkeiten haben, über Brücken oder auf
der Autobahn zu fahren, brauchen sie Vertrauen darauf, dass alles
gut sein wird, wenn sie in diese Situation kommen. Dies braucht
Übung.

## Übung:
## Der Vergangenheit einen neuen Dreh geben

1. Denk an eine spezifische, angewöhnte Reaktion, die du gerne ändern würdest – zum Beispiel Nervosität vor großen
Gruppen, unbeherrscht sein am Steuer etc.

2. Lass ein lebhaftes Beispiel für die Reaktion erneut ablaufen
und lege besondere Aufmerksamkeit auf das Gefühl, das es
auslöst. Wo hat es seinen Startpunkt? Wohin bewegt es sich?

3. Folge diesem Gefühl jetzt zurück zu der Zeit, als es zum
ersten Mal bedeutsam wurde. Du magst dich daran bewusst
erinnern können oder auch nicht. Wenn du dir kein spezielles
Ereignis ins Gedächtnis rufen kannst, gehe einfach in der
Zeit rückwärts, bis du zu einem Haltepunkt kommst.

4. Nimm noch einmal das Gefühl wahr und verknüpfe dieses
Mal den Endpunkt mit dem Anfang und lass es kreisen,
wodurch du es rapide verstärkst, bis der Punkt erreicht ist, an
dem es so intensiviert ist, dass du „einfach weißt", dass du
bereit bist, diese Reaktion ein für alle Mal zu ändern.

5. Gehe jetzt einen Schritt zurück zu dem Moment gerade vor
dem ursprünglichen Ereignis und *kehre die Richtung um*, in
die das Gefühl kreist, und lass es schneller und schneller
drehen. Erhöhe die Geschwindigkeit und lass das Gefühl

sich in deinem ganzen Körper ausbreiten. Beginne dann, dich in der Zeit vorwärts zu bewegen, durch jede folgende Erfahrung, indem du ihr erlaubst, sich neu im Verhältnis zu der umgekehrten Drehrichtung des Gefühls zu codieren, womit sie ursprünglich verknüpft war. Tue dies sehr rasch, bis du im jetzigen Augenblick ankommst.

6. Überprüfe dies, damit du siehst, wie du deine ungewollte Reaktion empfindest. Wenn es sich immer noch wie ein bedeutender Teil von dir anfühlt, wiederhole die Übung von Schritt 5 bis Schritt 6. Teste es immer wieder und hör auf, wenn du dich dem Gefühl näherst, dass es keine wirklich große Rolle mehr spielt.

7. Erinnere dich an die Übung am Anfang dieses Kapitels, wo du gelernt hast, ohne besonderen Grund intensive, gute Gefühle zu haben. Greife erneut auf einen starken, freudigen, optimistischen Zustand zu, fange an, ihn intensiv kreisen zu lassen, und sieh dich selbst, wie du dich entlang der Zukunft vor dir bewegst. Nimm wahr, wie du mit diesen neuen Ressourcen anders und besser reagierst, besonders in solchen Situationen, in denen du früher vielleicht Probleme gehabt hast.

8. Wiederhole das drei bis fünf Mal – und fasse den Entschluss, in den nächsten etwa 21 Tagen jeden Tag wahrzunehmen, welche Verbesserungen, große und kleine, eingetreten sind.

# 17.

# Vergangene Beschränkungen überschreiten:

## Zögern, Grenzwert und die Freiheit darüber hinaus

⌘

Wie viele Male hast du etwas Gutes verpasst, einfach, weil du gezögert hast? Meiner Meinung nach ist Zögern die Krankheit unserer Tage und ich denke, es ist an der Zeit, dass wir aufhören, das darüber Hinwegkommen aufzuschieben. Wie viel besser wäre dein Leben – oder das Leben deiner Klienten –, wenn es möglich wäre, in einen Zustand des bewussten Verlangens willentlich einzusteigen und einfach „damit loszulegen", wissend, dass Nichts im Wege stehen kann?

Dies ist ein Problem, das alle Lebensplaner und Coaches zu überwinden versuchen, indem sie ihren Klienten helfen, sich großartige, riesige, reizvolle Ziele zu setzen, und sie dann dazu treiben, damit loszulegen. Wie aber die meisten Menschen für sich selbst herausgefunden haben, besteht eine große Kluft zwischen Zögern und einer Loslegen-Einstellung. Es gibt eine noch größere Kluft zwischen Zögern und tatsächlich etwas in die Tat umzusetzen.

Wie wir bereits besprochen haben, sind Ziele nicht ansatzweise so wichtig wie das Setzen und Beibehalten einer Richtung. Eine Richtung zu setzen, in die du handelst, ist etwas, auf das sich sowohl Hypnose als auch NLP bevorzugt konzentrieren. Wenn das Format erst einmal aufgestellt ist, kann der Inhalt später noch eingesetzt werden. Indem du eine Richtung setzt und jemanden durch eine Reihe von vertrauten Zuständen führst, die sie viele Male in der Vergangenheit erlebt haben, wird es eine einfache Sache, Zögern in dynamisches Handeln umzuwandeln.

Während du diesen Teil durchgehst, wirst du auch die Gelegenheit haben, verschiedene Muster zu lernen und zu üben, einschließlich Ankern, Verketten oder Aneinanderreihen (eine bestimmte Abfolge von nacheinander auftretenden Ereignissen aufstellen), Finger-Signale oder ideomotorische Reaktionen, Altersregression und posthypnotische Suggestion. Altersregression war ein Lieblingswerkzeug von Milton Erickson. Es ist schlicht und einfach ein leichter Weg, Erfahrungen und Ressourcen zu erschließen, die du bereits erlebt und gemeistert hast, und sie wiederzuverwenden, um ein neues Ziel zu erreichen.

Es gibt eine sehr bekannte VHS-Aufnahme von Erickson, in der er mit einer Frau namens Mondy arbeitet. Während er sehr langsam vorgeht, elizitiert er fünf verschiedene Erlebnisse aus ihrer Vergangenheit. Er lässt sie sich Schritt für Schritt zurückentwickeln, wobei er sie sich eine Tracht Prügel in Erinnerung rufen lässt, das Zerbrechen eines Fensters, und dann zu einer Zeit kommt, als sie „mit Hingabe" Enten gejagt hat. Er nennt diese Mondy „Duck-chasing Mondy" (deutsch: „Enten jagende Mondy", Anm. d. Ü.). Die Übung in diesem Kapitel ist der Vorgehensweise Ericksons ähnlich – aber viel schneller und einfacher.

Bevor wir jedoch anfangen, musst du unbewusste Finger-Signale installieren.

Finger-Signale installieren ist um einiges leichter, als es aussieht oder sich anhört. Wenn dein Klient in Trance ist, greif einfach nach seiner Hand, heb einen Finger an und sage ihm, dass das Bewegen dieses Fingers unbewusst Zustimmung kommunizieren wird. Das ist sein „Ja-Finger". Du kannst das Gleiche für das Kommunizieren von Ablehnung tun – einen „Nein-Finger" – wobei ich es vorziehe, dass meine Klienten nicht mit mir diskutieren.

Jetzt, mit installierten Finger-Signalen, weise deinen Klienten an, deine Fragen zu beantworten, und zwar „mit ehrlichen, unbewussten Bewegungen". Du bist jetzt in der Position, eine Reihe von interessanten Dingen zu tun, einschließlich einer Art 20-Frage-Spiels.

Der Zustand, mit dem wir beginnen, ist natürlich Zögern und es ist ein ziemlich drastischer Sprung von dort bis hin zu, mit etwas loszulegen. Wir werden also einen eleganten Weg finden, um dies zu tun. Wie Milton wirst du im ganzen fünf Zustände elizitieren.

Diese Zustände sind:

> Zögern
> Frustration
> Ungeduld
> Unbändiges Verlangen
> Loslegen

Warum diese speziellen Zustände? Nun, denk darüber nach, was passieren würde, wenn *Zögern dich wirklich frustriert werden lässt*, zu dem Punkt, wo *du anfängst, über Alternativen nachzudenken*. Du beginnst, mit deiner Trägheit *ungeduldig zu werden*, du willst *etwas anderes tun*, und je mehr du darüber nachdenkst, was das ist, desto reizvoller und anziehender wird die Alternative – bis zu dem Punkt, wo *du anfängst, es zu begehren*, bis das Nichthaben untragbar wird und du einfach – loslassen musst und *damit loslegen –*.

Im NLP legen wir Wert auf das, was wir „Eleganz" nennen. Dies ist ein weiterer Weg, um zu sagen, dass wir dem effizientesten und effektivsten Weg Bedeutung beimessen und diesem immer folgen, um ein Ergebnis zu erreichen. Es ist weitaus eleganter, sich nahtlos vom Zögern hin zu „mit etwas loslegen" in geschmeidigen und gängigen Schritten zu bewegen, als entweder aufzugeben, bevor du überhaupt angefangen hast, oder es ohne genügend Vorwärtsimpuls zu versuchen und zu scheitern.

Wozu wäre ein Muster wie dieses nützlich?

Wie wäre es, es mit dem Gelernten aus diesem Buch auszuprobieren? Die Muster, die hier präsentiert werden, gehören, wie der Titel suggeriert, zu den transformativsten, die je entwickelt wurden. Sie wurden über mehr als vier Dekaden in praktisch jedem Land der Erde getestet und ihre Beherrschung wird mehr Türen für dich öffnen als eine beliebige Anzahl von Gurus oder Therapeuten.

Wenn du also bisher damit gezögert hast, das zusammenzuführen, was du bis jetzt gelernt hast, um es auszuprobieren, kommt hier das, was dem Zögern ein Ende bereitet.

## Die Reaktion des Klienten optimieren

Wenn du Finger-Signale installierst, bitte das „Unbewusste" deines Klienten, ob es „alle notwendigen Änderungen für dich getroffen hat, um (deinen Klienten) in der Zeit ganz zurückzunehmen – ehrlich".

Das Wort „ehrlich" hat semantische Dichte. Dieses semantische Verpacken bedeutet, dass die Erfahrung kräftig sein wird, du erreichst eine viel vollkommenere Altersregression. Der Klient *wird* entsprechend jünger.

Sei etwas kreativer, als einfach der Person zu sagen, sie möge sich an eine vergangene Erfahrung erinnern. Du kannst vielleicht anregen, dass sie sich „Das Buch der Zeit" anschaut, die Seiten für jedes Jahr umblättert, jedes Mal ein Jahr jünger werdend. Sie können dies tun, bis sie das stärkste Beispiel für den angepeilten Zustand finden – und wenn sie das haben, lass sie die Finger-Signale benutzen, um es zu kommunizieren.

Befolge die Instruktionen genau. Sei systematisch und stell sicher, dass jeder Schritt etabliert ist, bevor du zum nächsten übergehst.

# Übung:
# Zögern überwinden

1. Lass deinen Klienten in Trance gehen und installiere Finger-Signale. Lass ihn an das denken, was „Zögern" für ihn wirklich bedeutet. Sobald sich sein Ausdruck verändert, ankere ihn, kinästhetisch (mit einer Berührung) und auditiv (gib ihm einen Namen, wie zum Beispiel „Zögernder Fred"). Lass ihn in der Zeit zu einigen seiner Schlüsselmomente des Zögerns und Bereuens zurückgehen und dir durch die Finger-Signale anzeigen, wenn er bei diesen Erinnerungen angekommen ist. Verstärke jedes Mal den Anker. Wenn du einen starken Zögern-Anker hast, gehe zum nächsten Zustand über und wiederhole den Prozess. Tue dies fünf Mal, je einmal für jeden Zustand.

2. Wenn du auf den Damit-Loslegen-Zustand zugreifst und ihn ankerst, nutze Submodalitäten, um die Reaktion deines Klienten zu verstärken. Mache den Endzustand des Handelns hochspezifisch. Er muss wortwörtlich „aufraffen" und mit einem Ziel „loslegen" beinhalten.

3. Der dritte Schritt beinhaltet „Verketten" – das Verbinden der fünf Anker, sodass das Abfeuern des ersten die anderen auslöst, und in dem starken Damit-Loslegen-Zustand endend:
   a. Während du den ersten Anker abfeuerst, lass deinen Partner an all die Zeiten und Orte denken, wo er sich ausbremste, wo er sich zurückhielt.
   b. Sobald du Veränderungen in seinem Ausdruck, seiner Hautfärbung usw. siehst, feuere den zweiten Anker ab. Halte beide für einen Moment, lass dann den ersten Anker los.
   c. Sowie sich die Reaktion automatisch von Nummer 1 zu Nummer 2 verändert, feuere Nummer 3 ab und teste es wieder. Feuere Nummer 1 und, wenn er 2 und dann 3 auslöst,

feuere Nummer 4 ab. Wiederhole dies, bis das Abfeuern des ersten Ankers automatisch das Erleben des Klienten zum Damit-Loslegen-Zustand weitertreibt.

4. Gib deinem Partner die post-hypnotische Suggestion (siehe unten), dass er diese Fähigkeit, vom Zögern zum Damit-Loslegen zu gehen, jedes Mal in die Tat umsetzen kann, wenn er es möchte. Er sollte seine momentane Situation sowie die Richtung und das Ziel überdenken, die er erreichen möchte, sich dann mit den dazwischenliegenden Schritten identifizieren, besonders mit dem ursprünglichen, der Handeln auslöst. Dann sollte er den ersten Anker abfeuern.

## Post-hypnotische Suggestion

Lernen, besonders in Trance, ist zustandsspezifisch. Das bedeutet, dass die neue Reaktion oder das neue Verhalten in einem bestimmten veränderten psychoneurologischen Zustand bleiben wird, es sei denn, wir stellen sicher, dass es sich in den passenden Lebensbereich des Klienten ausgeneralisiert. Dies ist ein verbreiteter Fehler unter vielen Hypnotherapeuten. Sie erreichen bemerkenswerte Reaktionen, während der Klient vor ihnen sitzt, aber wenn er wieder in sein alltägliches Leben zurückgeht, scheint die Wirkung einfach zu „verpuffen".

Um das zu vermeiden, gib deinem Klienten (und dir selbst) post-hypnotische Suggestionen, dass die gewünschte Handlung ausgeführt wird, wie und wann sie erforderlich ist. Das bedeutet, wann immer du merkst, dass du zu zögern beginnst, etwas Neues zu lernen, feuerst du den ersten Anker ab und erlebst, wie du schnell und geschmeidig durch alle fünf Zustände gehst.

Eine post-hypnotische Suggestion lässt sich leicht geben: Erkläre einfach spezifisch, was zu tun und wo und wann es zu tun ist. Um es noch fester einzubauen, denk an drei bis fünf Situationen in der Zukunft, in denen ein „vom Zögern zum *Damit-Loslegen*"-Gehen eine nützliche Reaktion wäre, und übe die Details mental ein, bis du dich wohlfühlst mit der Aussicht, mit diesen neuen Ressourcen gewappnet zu sein.

Handeln ohne Zögern sollte natürlich nur innerhalb eines akzeptablen Kontextes auftreten. Zögern ist eine angemessene Reaktion, wenn du beispielsweise an den Rand einer stark befahrenen Hauptverkehrsstraße trittst, daher musst du genau sein. Das Unbewusste ist ziemlich wörtlich. Um also alles, was du gemacht hast, zu verstärken und zu optimieren sowie auch sicherzustellen, dass deine Arbeit ökologisch ist, kannst du deinen Partner aus der Trance holen, indem du etwa Folgendes sagst:

*„– Jetzt, werde ich beginnen, deine Hand zu heben (heb die Hand an, dreh sie so, dass das Handgelenk am höchsten ist, wie zuvor beschrieben) und belasse sie da – und diese Hand kann beginnen, herabzusinken – in ehrlichen und unbewussten Bewegungen – nur so schnell, wie dein Unbewusstes bereit ist – all die richtigen inneren Regelungen zu treffen, um sicherzustellen, dass jedes der drei (oder fünf) Beispiele, die du für die Zukunft eingeübt hast – für drei weitere stehen kann – und jedes dieser drei, drei weitere – und jedes von diesen – und so weiter, und so weiter – sodass du wirklich – damit loslegen – kannst in Situationen, an die du bisher vielleicht nicht einmal bewusst denkst – wofür immer es nützlich ist und richtig für dich – jetzt –. "*

Stell sicher, dass dein Klient vollkommen aus der Trance herauskommt, lass ihn die Haltung ändern oder rede für ein paar Augenblicke über etwas anderes (das heißt im NLP „Zustandsunterbrechung") und lass ihn dann an ein Projekt denken oder ein Vorhaben, womit er gerne anfangen würde, aber diesbezüglich noch gezögert hat, und teste das Muster, indem du ihn den ersten Anker auslösen lässt.

*Anmerkung:* Wann immer du ein Projekt jeglicher Art angehst, stell sicher, dass du weißt, was der erste Schritt ist und die wichtigsten Schritte, die danach angegangen werden müssen.

## Über eine Grenzschwelle gehen

Je mehr ich Menschen dazu bringen kann, zu wissen, wie sie „prozessieren", wie sie zielgerichtet denken, desto mehr können sie ohne mich zukünftig mit Dingen fertig werden. Ich versuche nicht, mit NLP Abhängigkeit aufzubauen, ich versuche, *Un*abhängigkeit aufzubauen. Ich versuche nicht, Menschen das Gefühl zu vermitteln, sie müssten jedes Mal, wenn sie ein Problem haben, zu mir kommen und in eine tiefe Trance gehen. Ich möchte die Trance *sein*, die es so einrichtet, dass sie, wenn sie in die Zukunft blicken und wann immer etwas passiert, gut oder schlecht, merken, dass sie durch die Veränderung der Art und Weise, wie sie denken und was sie glauben, die Art verändern, wie sie empfinden. Wenn sie die Art verändern, wie sie empfinden, haben sie die Fähigkeit, die Art zu verändern, wie sie sich verhalten – für alle Zeit. Ich möchte, dass dies die Trance ist, die für immer währt.

Ich kann die verschiedenen Dinge gar nicht mehr aufzählen, die ich auf diesem Weg angegangen bin – und ich habe keine Klienten, die zurückkommen. Sie werden nicht eine Phobie los und kommen dann mit einer anderen an. Als ich anfing, sagten all die „Experten": „Hypnose ist schlecht und sie behandelt nur das Symptom", und ich erwiderte: „Ist das nicht gut? Warum irgendetwas anderes behandeln, wenn man das Symptom behandeln kann?"

Ihre Antwort war: „Nun, wenn du das Symptom unterdrückst, kommt es irgendwo anders zum Vorschein. Wenn du das Symptom unterdrückst, kann es an einer Stelle auftauchen, wo es nicht aufzutauchen braucht, irgendwo, wo es schlecht ist."

Nun, ich bin Mathematiker, also dachte ich: „*Cool* ..."

Ich tue jetzt genau das, aber mit Präzision – um Symptome absichtlich in eine Richtung zu „lenken", wo sie anderswo wieder auftauchen, sodass zum Beispiel der Klient, der hysterische Paralyse losgeworden ist, die besten Erektionen von allen haben könnte.

Indem ich die Vorannahmen innerhalb der Psychologie nicht akzeptierte – welche beinhalteten, dass Menschen „geheilt" werden mussten – und stattdessen darauf schaute, wie ich menschliches Verhalten optimieren kann, fand ich größere Freiheit, Techniken zu entwickeln, die Menschen helfen, glücklicher, gesünder und effektiver in allem, was sie taten, zu werden.

Als ich anfing, gab es all diese Leute, die aus ihrem Beruf ausstiegen, um „glücklich zu sein". Die Wahrheit ist, sie wurden nicht glücklicher, sie trugen nur hässlichere Klamotten. Was sie wirklich brauchten, war, Freude an ihren Familien und ihrer Arbeit zu haben, da dies keine Dinge waren, die sie zurückhielten. In Wirklichkeit waren dies sogar genau die Dinge, die ihnen Freiheit, Geld, Unterstützung und Möglichkeiten gaben.

Weder ein Swingerklub noch der Eintritt in einen Ashram würde sie glücklich machen. Dies waren nur andere Lebensstile, von denen sie annahmen, dass sie ihnen Glück bringen würden. Das war natürlich nicht der Fall, denn, wenn du glücklich sein willst, musst du üben, glücklich mit dem zu sein, was du hast, und dann zu anderen Dingen weiterzugehen. Wenn du mit einem guten Job und einer großartigen Familie nicht glücklich sein kannst, glaube ich nicht, dass ein großes Medaillon und ein Paisley-Shirt wirken werden.

Im Neurolinguistischen Programmieren „behandeln" wir keine Patienten, wir unterrichten Menschen darin, wie sie denken und bessere Entscheidungen treffen können. Sobald du von dem Rehabilitationsmodell, bei welchem es um das Reparieren von etwas geht, auf das Optimierungsmodell umsteigst, in dem du ihnen beibringst, wie sie ihr Denken, wie sie die Art ihres Empfindens verändern, wird es plötzlich brauchbarer.

Es versetzt den Anwender außerdem in den richtigen Denkrahmen.

Sofern Menschen nicht wissen, dass sie bessere Entscheidungen treffen können, und dazu bereit sind, ist es unwahrscheinlich, dass sie sich verändern. Ein Hypnotiseur bringt einen Klienten vielleicht dazu, zu glauben, dass Zigaretten schrecklich schmecken, aber das lässt nicht zwangsläufig alle Probleme verschwinden – und es kann weitere mit sich bringen.

Ich erinnere mich daran, dass ich ein Buch darüber las und es mit einem Raucher ausprobierte, der aufhören wollte. Ich hypnotisierte ihn und ließ Zigaretten wie Lebertran schmecken, sodass sie das Ekelhafteste auf der Welt waren und er nie wieder eine rauchen mögen würde.

Er kam in der nächsten Woche zurück und sagte mir, er habe keine einzige Zigarette geraucht. Dann langte er in seine Hosentasche und zog eine Flasche Lebertran heraus und nahm einen Schluck. Ich erinnere mich daran, wie mir durch den Kopf ging: „Nun – das ist ein Problem. Lebertran mag genaugenommen schlimmer für dich sein als Zigaretten, wenn du es den ganzen Tag lang trinkst." Das war kein Riesenschritt vorwärts und ich musste ihn wieder in Trance versetzen und einen anderen Weg finden.

Die Lehre daraus ist: Es ist nicht so, dass du etwas unangenehm machst, um Menschen dazu zu bringen, mit etwas aufzuhören, es ist so, dass du sie intelligent genug machst, damit sie es erst gar nicht tun. Sobald Menschen eine Entscheidung treffen, dass sie genug gehabt haben, dass sie etwas nie wieder tun werden, und du hilfst ihnen, das wirklich zu glauben, können sie es hindurchschaffen. Das trifft besonders auf Süchte zu.

Ich war zum Beispiel früher Raucher – und eines Tages hörte ich auf.

Es passierte im Krankenhaus, als ich sehr krank war und meine Ärztin sich zu mir ans Bett setzte und sagte: „Richard, ich muss Ihnen etwas sehr Ernstes mitteilen."

Ich fragte: „Um was gehts?" Gewöhnlich gibt es nicht viele gute Dinge, die einer Eröffnung wie dieser folgen.

Sie sagte: „Sie werden mit dem Rauchen aufhören müssen. Sie müssen die Medikamente, die Sie momentan bekommen, für den Rest Ihres Lebens nehmen und Sie können sie nicht nehmen und weiter rauchen."

Ich ging für einen Augenblick nach innen, kam wieder heraus und sagte: „Okay, Frau Doktor. Ich habe aufgehört."

Sie sagte: „Sie haben nicht verstanden. Es ist sehr schwer, das Rauchen aufzugeben. Sie werden schwierige Zeiten haben, bis Sie schließlich davon frei sind."

Ich erwiderte: „Nein, werde ich nicht. Ich habe aufgehört."

Sie sagte: „Ich habe Ihnen einige Infobroschüren mitgebracht, die Ihnen helfen, allmählich aufzuhören."

Ich hatte nicht den Plan, allmählich aufzuhören, aber ich las die Broschüren trotzdem. Sie waren voll von Aussagen wie dieser: „Tabak ist eine der suchterzeugendsten Substanzen, die man kennt." Und: „Rauchen aufzugeben ist extrem schwierig und kann lange Zeit in Anspruch nehmen."

Tatsächlich nimmt Rauchen aufgeben überhaupt keine Zeit in Anspruch. Sobald du die Entscheidung getroffen hast, war es das. Du bist ein Nicht-Raucher. Was Zeit in Anspruch nimmt, ist das, was dazu führt, endgültig aufzuhören – wenn die Person überhaupt aufhört. Oft haben sie zu viel Angst, ohne ihre Zigaretten zu sein, um auch nur ein Leben ohne sie in Erwägung zu ziehen.

Ich erinnere mich daran, wie ich an Gregory Bateson vorbeikam, als er auf einer fahrbaren Krankenhaustrage lag und eine Zigarette durch eine Tracheotomie-Röhre rauchte.

Ich meinte: „Wo hast du die Zigarette her?" und er antwortete: „Ach, jemand kam vorbei und ich fragte ihn, ob er eine Zigarette hätte, und er gab mir eine." Ich sah ihm eine Weile zu, wie er durch das Loch in seinem Hals rauchte, dann sagte ich zu ihm: „So sieht Abhängigkeit aus, Gregory."

Aber ich rauchte dann weiter. Ich kannte die Risiken. Jeder einzelne Raucher weiß, wie eine von Krebs befallene Lunge aussieht und sie machen weiter. Du kannst in Krankenhäuser gehen und Leute finden, denen als Ergebnis ihres Tabakkonsums Arme oder Beine abgenommen worden waren, und sie rollten sich immer noch gegenseitig irgendwohin raus, wo sie sich eine anzünden konnten.

Die Sache, die viele Menschen davon abhält, jemals aufzuhören, ist die Angst vor etwas, das man „den Drang zu rauchen" nennt. Das Grauen, einen Drang zu fühlen und ihn nicht zu befriedigen, ist für viele Raucher überwältigend und doch kommt es ihnen nie in den Sinn, dass sie Dutzende von Drängen jeden Tag haben, denen sie nicht Folge leisten.

Das ist es, was mich durchbrachte. Es war nicht so, dass ich nicht den Drang gehabt hätte, zu rauchen. Es war nicht so, dass ich nicht manchmal spürte, wie das Nikotin an meiner Seele nagte. Es war eine Kombination aus mehreren Sachen. Erstens hatte ich in diesem Moment entschieden, dass ich bereits aufgehört hatte. Zweitens erkannte ich, dass der Drang zu rauchen wie jeder andere Drang auch war. Wenn ich dem Widerstand leistete, wenn ich versuchte, nicht über Zigaretten nachzudenken, wenn ich versuchte, nicht rauchen zu wollen, wurde der Drang stärker.

Dies scheint eine Eigenschaft von Widerstand zu sein. Je öfter wir es tun, desto häufiger tritt es ein.

Leg das Buch für einen Augenblick nieder und versuche die folgende Übung.

*Leg deine beiden Hände Handballen an Handballen und drück sehr stark mit deiner rechten Hand. Drück stärker und noch stärker als das.*

Sei jetzt ehrlich. Warst du einer der Leute, die in einem Kampf endeten? Je stärker du mit deiner rechten Hand drücktest, desto stärker drücktest du mit deiner linken zurück?

Das Entscheidende ist: Ich hatte dich gebeten, mit deiner rechten Hand zu drücken und sehr wahrscheinlich, wenn du das machtest, *drücktest* du mit deiner linken *dagegen*.

Wir haben Probleme, wenn wir versuchen, langanhaltende Gewohnheiten aus mehreren Gründen zu ändern. Einer ist, dass wir der Art Widerstand leisten, wie der Gewohnheitsteil unseres Gehirns zurückschlägt. Wir hassen und fürchten den „Drang", zu dem zurückzugehen, was es war, das wir zuvor gemacht haben. Manchmal hassen und fürchten wir den Drang sogar noch mehr als den Tod.

Das andere Problem ist, dass wir versuchen, uns selbst zu programmieren, indem wir uns selbst sagen, etwas nicht zu tun, das, was auch immer, wir zu verändern versuchen. Wir sagen uns selbst: „Rauch nicht", „du darfst nicht an Zigaretten zu denken", „du musst mit Rauchen aufhören."

Hier ist der Punkt, wo sich einer der Unterschiede zwischen Sprache und Gehirnfunktion zeigt. Wie ich zuvor erwähnte, existiert

Verneinung – Worte wie *tu nicht, kann nicht, darf nicht, sollte nicht* –
in der Sprache, aber nicht in der Funktionsweise des Gehirns. Linguistisch postulieren wir eine Idee (in diesem Fall Rauchen) und
negieren es dann mit Worten wie „aufhören" oder „nicht machen".
Soweit es das Gehirn betrifft, wurde das Kommando bereits gegeben. Du musst dir ein Bild von dem Prozess vorstellen und nur dann
kann es negiert werden. Aber zu diesem Zeitpunkt ist es zu spät –
und je stärker du versuchst, das Bild zu ignorieren oder zu unter-
drücken, desto größer und heller wird es.

Versuche Folgendes: für die nächsten 60 Sekunden – *denk nicht
an die Farbe Blau*. Gib dir richtig Mühe. Versuche es noch intensiver. Nein, wirklich, ich meine, *tu es nicht* ...

Alles, was das Gehirn wirklich hört, ist: „Denk an die Farbe Blau"
– oder in Falle des Versuchs, die Nikotinabhängigkeit zu unter-
drücken: „Rauch!"

Es war in dieser Zeit, als ich zu verstehen begann: Wenn du ein
Gefühl nimmst, das du nicht willst, und anfängst, es aufzublähen
und es kreisen zu lassen und es sich noch mehr ausbreiten zu lassen
und noch darüber hinaus, wird eines von zwei Dingen passieren: Es
wandelt sich in ein anderes Gefühl, sogar ein angenehmes, oder es
wird lächerlich und beherrscht dich nicht mehr weiter.

Ich muss zugeben, dass etwas anderes mir half, fürs Leben damit
aufzuhören. Ich genoss es wirklich, all die Leute zu quälen, die zu
mir kamen in der Erwartung, ich müsste leiden. Sie fragten mich:
„Ist es nicht wirklich, wirklich schwierig, aufzuhören? Fehlt es dir
nicht wirklich sehr?" und selbst, wenn es mir fehlte, sagte ich: „Nö.
Es ist wirklich leicht." Das trieb sie in den Wahnsinn – besonders die
medizinischen Fachleute, die ihre Zeit damit verbrachten, anderen
Patienten wie mir zu erzählen, wie schwierig es sei, aufzuhören.

Die Lehre daraus ist: Wenn du einen großen und herausfordernden
Wechsel in deinem Leben machst, hilft es, einen Weg zu finden,
Spaß daran zu haben. Dann wird es wirklich einfacher.

Ein guter NLP-Practitioner muss die Wichtigkeit von Schwellen-
wert-Mustern verstehen, um Klienten zu helfen, vorwärtszu-
kommen. Einfach gesagt, dies bedeutet, dass das Nervensystem nur

bis zu einem bestimmten Punkt imstande ist, eine Funktionsweise beizubehalten. Wenn du diese Stufe überschreitest, verpufft das Muster.

Es gibt so viele Dinge, die Menschen bereit sind zu tolerieren. Obsessiv-Zwanghafte verbringen endlose Stunden mit Ritualen. Raucher, schwere Trinker und andere Abhängige wissen, dass ihre Sucht sie umbringen kann. Einige Menschen leben in Missbrauchsbeziehungen und verlassen sie einfach nicht.

Der Punkt hier ist, dass es noch nicht genügend ungewollte Erfahrungen gab, um diesen Schwellenpunkt zu durchbrechen.

Ich will damit nicht anregen, dass Leute zurückgehen und noch mehr missbraucht werden sollen, sondern dass du als Veränderungsagent ihnen helfen solltest, ihre Wahrnehmung zu verändern.

Das Erste, was ich probiere, ist, Menschen über die Schwelle zu bekommen. Wenn du 25 schlechte Erinnerungen direkt hintereinander aufreihst und durch jede einzelne hindurchgehst und sie dabei größer als real machst, dann gibt es einen Punkt, an dem das Gehirn sagt: *„Phhht! Genug!"*, und die Person springt aus der Erfahrung heraus und sieht sie auf eine vollkommen andere Art als zuvor.

Wenn Menschen zu dem Punkt kommen, an dem sie die Nase voll davon haben, so zu sein, wie sie sind, beginnt sich die Art, wie sie ihre Erfahrungen aufnahmen, zu verändern – und dann kannst du beginnen, sie dazu zu bringen, entschlossen in eine andere Richtung zu gehen.

Die unten dargestellte Technik ist extrem mächtig und man sollte sie mit Vorsicht angehen. Sobald ein Schwellenwert voll durchbrochen wird, ist es nahezu unmöglich, zum ursprünglichen Zustand zurückzukehren. Es ist identisch mit dem Muster, das Menschen oft unbeabsichtigterweise durchlaufen, die ohne ersichtlichen Grund „aufhören, jemanden zu lieben". Was hier passiert, ist, zu Beginn einer Beziehung assoziieren sie sich in Details, die sie mögen, und dissoziieren sich von denen, die sie nicht mögen. Dann, während die Gemeinsamkeiten wachsen, wechseln sie das Muster, konzentrieren sich auf das, was nicht funktioniert, und unterlassen es, das wahrzunehmen, was ist.

Sich bewusst zu sein, wie das Muster funktioniert, kann unnötige Beziehungsabbrüche vermeiden. Auf der anderen Seite kann es absichtlich genutzt werden, um jemandem zu helfen, sich selbst aus einer gefährlichen Missbrauchsbeziehung zu befreien.

## Übung:
## Grenzschwelle überschreiten

*Warnung:* Schwellenwert-Muster zu verändern kann extrem mächtig sein – und von Dauer. Stell sicher, dass du im besten Interesse deines Klienten bzw. deiner selbst handelst.

1. Nimm eine Situation oder eine Reaktion, die du gerne ändern möchtest, und identifiziere *eindeutig* fünf Dinge, die du daran magst, und fünf, die du nicht magst. Wenn du zum Beispiel eine bestimmte Beziehung hinter dir lassen möchtest, hast du vielleicht das Lächeln deines früheren Partners gemocht, seine Großzügigkeit, gutes Aussehen usw., und seine plötzlichen Launen nicht gemocht, unbegründete Forderungen, körperliche Misshandlungen.

2. Mit den Dingen beginnend, die du magst, durchlaufe alle fünf Mal (in Summe 25 für jede Kategorie), indem du dich in der Szene siehst (dissoziiert), sie in die Ferne wegschiebst, die Farbe herausnimmst usw. Mach dies schnell und entschieden und stelle fest, wie sich die Intensität der Erfahrung verändert.

3. Mach jetzt jede der Situationen, die du nicht magst, *sehr schnell* größer, lass sie auf dich zurasen, immer detailreicher werdend, stärker in der Intensität der Farbe usw. Lass sie dich vollkommen umschließen (assoziiert), während du die Details verstärkst. Lass die Erinnerungen kreisen, sodass die

Lebhaftigkeit auf neue und intensivere Level steigt, bis die komplette Szene zu knallen scheint. Wenn du das erfolgreich getan hast, wirst du es entweder schwierig finden, das ursprüngliche Erleben im Detail wiederherzustellen oder deine Reaktion darauf wird sich deutlich geändert haben.

4. Denk jetzt an die Situationen, die du zu verändern wünschst. Frage dich: „Brauchst du wirklich weiterhin diese Einschränkung?" Lass sie dann in den Raum hinauskreisen und in die Sonne hineinexplodieren.

*Wichtig:* Führe diesen Prozess vollständig aus. Durch die Erhöhung der Intensität der Erfahrung ohne das Überschreiten ihres Schwellenwerts riskierst du, dass der Klient in einem schlimmeren Zustand bleibt als zuvor.

# 18.

# Die Vergangenheit neu gestalten:

## Die Magie falscher Erinnerungen

⌘

Vor einiger Zeit wies jemand auf eine Untersuchung hin, die besagte, dass es Menschen, die glaubten, dass sie in der Vergangenheit fähig gewesen waren, Gewicht zu verlieren, leichter fiel, wieder abzunehmen, selbst wenn sie dies bisher nicht wirklich getan hatten.

Ich bin mir nicht sicher, wie diese Forscher diese Menschen glauben ließen, dass sie in der Vergangenheit erfolgreich waren, aber es klingt für mich wie eine Art „Falsche-Erinnerung-Syndrom".

Falsche Erinnerungen waren etwas, von dem wir vor ein paar Jahren eine Menge hörten, denn einige Therapeuten installierten tatsächlich durch ihre unwissende Art, wie sie Fragen stellten und Suggestionen gaben, in ihren Klienten Erinnerungen an Dinge, die nie passiert waren.

Dies verursachte schreckliche Probleme für die Personen und ihre Familien, besonders wenn der Therapeut indirekt suggerierte, dass Onkel Fred sie nicht nur gebadet hatte, als sie einige Bilder aus ihrer Kindheit gemeinsam begutachteten. Diese Therapeuten würden die Bilder des Klienten durchgehen und absolut unschuldige Schnappschüsse heraussuchen von, sagen wir mal, einem Baby, das auf dem Knie von jemandem sitzt. Dann würden sie den Klienten Fragen stellen wie: „Wie kannst du dir sicher sein, dass das *alles* ist, was passiert ist? Wie weißt du, dass es vonseiten deines Onkels oder deiner Tante nicht zu *Übergriffen* auf dich gekommen ist?", und natürlich, da sie sich nicht sicher sein konnten, musste es wahr sein.

Es ist sehr einfach, Menschen auf Wege zu leiten, wo man sie dazu bekommt, sich an Dinge zu „erinnern", die nie passiert sind, besonders, wenn sie sehr jung sind oder in einem veränderten Zustand. Ich erinnere mich daran, jene alten Filme von einem Hypnotherapeuten gesehen zu haben, der Menschen altersregressierte, die behaupteten, von Außerirdischen entführt worden zu sein, und sie folgten immer einem bestimmten Muster.

Der Hypnotiseur sagte etwas, wie: „Es ist also eine warme Nacht am 5. Juli und du schläfst in deinem Zimmer, richtig? Und plötzlich hörst du ein Geräusch – du erinnerst dich daran, richtig?"

Der Klient erwiderte: „Ah-hah. Jaa. Ich glaube, ja ...""

„Und du wirst dir bewusst, das, was immer das Geräusch macht, ist dort bei dir nahe an deinem Bett, richtig?"

Die Person sagte mit großer Überzeugung: „Ja. Das ist richtig. Nahe bei meinem Bett."

„Richtig. Nahe an deinem Bett. Geräusche – *und wie viele Außerirdische waren da im Raum?*"

Diese Art von Sprache ist extrem persuasiv, denn sie arbeitet unterhalb der Ebene bewusster Wahrnehmung. Wir kennen diese Muster aus dem Milton-Modell (siehe Ressourcenblatt 5) „Du hörst ein Geräusch", „etwas ist bei dir in dem Raum", „du wirst dir bewusst, dass es nahe ist, richtig?" funktionieren alle wie ein Befehl, etwas zu tun, das in einen scheinbar unschuldigen Satz eingebettet ist. Das Unbewusste des Zuhörers nimmt sie als Vorschriften wahr, statt als Fragen oder Aussagen, und erlebt sie dann als „wahr". Wenn du ihn dazu bekommst, genügend anderen Dingen zuzustimmen – Daten, Zeiten, Orte, usw. –, ist es insgesamt wahrscheinlicher, dass er eine Aussage als wahr annimmt, die die Vorannahme enthält, dass es Außerirdische gibt. Das ist Hypnose in einfachster, aber immer noch sehr mächtiger Form.

Probleme werden schlimmer gemacht, denn das Gedächtnis ist extrem formbar. Es ist etwas, das wir von einem Augenblick zum anderen erschaffen. Wir erinnern uns an Dinge, die nie passiert sind, und manchmal vergessen wir Dinge, die passiert sind. Im Fall der Dinge, die wir vergessen, ist es manchmal ein Segen.

Psychologen bringen immer wieder Klienten zu mir und möchten, dass ich sie dazu bringe, sich daran zu erinnern, wie sie als Kind belästigt wurden oder irgend so ein Unsinn. Selbst wenn es passiert ist, glaube ich nicht, dass das Erinnern von Traumata tief greifend nützlich sein kann. Wenn Menschen echte Amnesie haben, ist das oft eine gute Sache.

Heutzutage finde ich es sehr nützlich, Menschen Amnesie für schlechte Erfahrungen zu geben, die immer noch ihr Leben zerstören. Wenn sie sich nicht daran erinnern, dass es passiert ist, können sie nicht immer wieder durchgehen, wie es war, und sich selbst schrecklich fühlen. Ich bevorzuge eher, Menschen beizubringen, sich an gute Dinge zu erinnern und auf ihre Stärken zu bauen, anstatt ihre Schwächen zu verstärken.

Unsere Fähigkeit, uns an Dinge zu erinnern, die vor vielen Jahren passiert sind, ist offensichtlich grenzenlos. Zwei Klienten, die dies sehr dramatisch zeigten, fallen mir ein.

Eine Frau kam zu mir, weil sie und ihr Ehemann sich seit Jahren stritten. Sechs Monate nach der Heirat verlor sie ihren Ehering und er ließ es sie nie vergessen. Für ihn hatte sie es absichtlich gemacht. Er glaubte, dass sie ihn den Abfluss runtergespült hätte oder weggeworfen, nachdem sie sich gestritten hatten.

Nach 25 Jahren war sie aber immer noch sehr bestürzt darüber. Sie sagte: „Der Ring ist weg und es gibt keine Möglichkeit, wie ich ihn je wiederfinden könnte."

Ich stellte ihr ein paar Meta-Modell-Fragen. Ich sagte: „Nun, was würde passieren, wenn du ihn fändest? Was müsste für dich geschehen, um das zu tun?" und sie antwortete: „Ich denke, in meinem Unbewussten weiß ich, er ist irgendwo ..."

Sobald sie das sagte, antwortete ich: „Gut. Dann lass uns in dein Unbewusstes gehen und es herausfinden."

Ich versetzte sie in eine tiefe Trance und sagte ihr, nicht wieder herauszukommen, bevor sie sich erinnerte, wohin der Ring verschwunden war. Ich wies sie an, ihre Erinnerungen durchzugehen bis zu dem Augenblick, gerade bevor der Ring verschwand, und sagte: „Wenn du ihn findest, lass deine Hand hochsteigen."

Sie saß drei Stunden da, während ich wegging und etwas anderes machte. Dann kam mein Hund rein und benahm sich so, als ob ich zurückkommen sollte (mein Hund war darin ziemlich schlau), also tat ich das und tatsächlich schwebte ihre Hand – vollkommen kataleptisch.

Ich befahl ihr, aus der Trance aufzuwachen und mir nur das zu erzählen, was ich wissen müsse – womit gemeint ist, wo genau der Ring war. Sie setzte sich auf, in der Art, wie Menschen es tun, wenn sie in einer Trance sind, mit leerem Gesichtsausdruck. Dann sagte sie: „Keller – Wasserboiler – rollte drunter –" und fiel in eine tiefe Trance zurück.

Also weckte ich sie wieder auf und fragte: „Lebst du immer noch im gleichen Haus, in dem du lebtest, als du den Ring verloren hast?" und sie antwortete: „Ja. Es ist mein Elternhaus, und als wir geheiratet haben, zogen wir bei ihnen ein, und als sie gestorben waren, blieben wir dort." Sie fuhr fort: „Meine Familie lebt in diesem Haus seit fünf Generationen. Es ist ein sehr großes Haus."

Ich fragte: „Es hat einen Keller, richtig?" und sie antwortete: „Ja", also fragte ich sie, ob ihr Mann zuhause sei.

Sie sagte: „Nein. Er ist draußen im Auto." Aber als wir nach draußen gingen, war er bereits nach Hause gefahren. Er hatte gedacht, die Sitzung würde nicht so lange dauern, speziell, da ich ihm gesagt hatte, dass ich ihn später hereinholen wolle, um an ihren Schwierigkeiten miteinander zu arbeiten. Ich denke, er geriet in Aufregung, weil ich ihn drei Stunden in der Einfahrt sitzen ließ.

Als ich zuhause anrief, war er jedoch verärgert, weil er sicher war, dass sie drei Stunden lang über ihn geredet habe. Ich sagte: „Nun, genaugenommen hat sie über niemanden gesprochen. Sie hat die ganze Zeit dagesessen, in Trance."

Das verärgerte ihn noch mehr. Er sagte: „Was soll das?" Ich sagte: „Nehmen Sie sich eine Taschenlampe und gehen Sie nach unten. Sie haben eine Art Boiler da unten im Keller, richtig?"

Er erwiderte: „Ja. Es ist ein Wassererhitzer", also sagte ich: „Ich möchte, dass Sie all die Wollmäuse unten drunter herausholen und mir sagen, welche Überraschung Sie dort gefunden haben."

Er rief etwa 15 Minuten später zurück, um mir zu erzählen, dass er den Ring gefunden habe. Er sagte: „Sie muss ihn dort all die Jahre versteckt haben und es dann Ihnen gesagt haben und nicht mir."

Ich sagte: „Tatsächlich weiß sie es noch nicht. Ich möchte, dass Sie ihn hierher bringen – und seien Sie vorsichtig, denn sie beschuldigt vielleicht *Sie*, ihn all die Jahre versteckt zu haben."

Als er ihr den Ring gab, konnte sie sich interessanterweise absolut nicht daran erinnern, mir je davon erzählt zu haben. Es verblüfft mich immer wieder, was Menschen in Trance tun können – in diesem Fall 25 Jahre zurückzugehen, obwohl sie nicht bewusst mitbekommen hatte, dass der Ring runtergefallen und unter den Boiler gerollt war. Aber irgendwo in ihrem Unbewussten war sie fähig, die Vergangenheit zu durchsuchen und das Geräusch zu finden und zu wissen, was es bedeutete.

Das Gehirn ist zu erstaunlichen Leistungen fähig. Kürzlich kam eine Frau zu mir, die unter einem post-traumatischen Stress-Syndrom litt. Sie war überfallen worden, war sich jedoch unklar darüber, ob sie vergewaltigt worden war oder nur geschlagen oder ausgeraubt. Ich drängte nicht auf solche Details, denn ich glaube nicht, dass sie immer nützlich sind. Sie hatte aber fast andauernd große Angst, denn sie durchlebte den Überfall immer wieder.

Als ich fragte: „Ist es lebensgroß?", entgegnete sie: „Was meinen Sie, ‚es'?"

Ich erklärte ihr, dass ich durch die Art, wie sie schaute, erkennen konnte, dass sie sich Bilder vorstellte, aber sie sagte: „Ja – aber es ist dunkel." Sie wusste, sie würde sich besser fühlen, wenn sie die Erinnerung aus den Schatten holen konnte. Das Erste, was ich also tat, war, ein paar Lichter hinzuzufügen. Ich hatte ein Corel Draw(TM) Programm, das es dir erlaubt, überall in der Fotografie Lichter einzusetzen, wo du magst, und das brachte mich auf die Idee. Das Gehirn ist auf diese Weise sehr digital. Es war möglich, ein Erlebnis zu nehmen, das aus Angst dunkel und defokussiert war, und es bis zu dem Punkt aufzuhellen, wo sie die Gesichter der anderen Leute in dem Erlebnis sehen konnte.

Ich hatte aber einen Fall, der noch bizarrer war. Jemand packte das Opfer von hinten und hielt ihre Augen zu. Die Polizei war sich nicht im Klaren, was tatsächlich passiert war, also ließ ich den Film langsamer werden und genau, bevor die Hände ihr Gesicht berührten, einfrieren und das Bild vergrößern. Dann ließ ich das Opfer den Fingerabdruck zeichnen – und die Polizei fand den Täter. So genau ist das Gehirn.

Ich sage damit nicht, dass es in irgendeiner Weise schnell ging. Ich brauchte dazu Stunden. Die betroffene Person war ein gutes hypnotisches Subjekt und konnte außerdem recht gut zeichnen. Die Zeichnung des Fingerabdrucks war wirklich groß.

Sobald wir etwas hatten, verkleinerte die Polizei es und glich es mit ihrer Datenbank von bekannten Straftätern ab. Das Bild war keineswegs perfekt, es war nur das, was sie „partiell" nennen, aber es reichte, um einen Treffer zu landen.

Als sie den Kerl zur Vernehmung hereinholten, gestand er sofort. Er gestand nicht nur dies, er gestand etwa 10 andere Vorfälle. Das war von seiner Seite ziemlich hilfreich, denn wenn herausgekommen wäre, wie wir den Fingerabdruck bekommen hatten, hätte es vor Gericht keinen Bestand gehabt.

Manchmal ist es also gut, sich an Dinge zu erinnern, andere Male nicht. Und was die oben erwähnten Forscher entdeckten, es kann nützlich sein, sich an etwas zu erinnern, das nicht einmal passiert ist.

Was sie versäumt hatten, war, den Leuten zu erklären, dass die Tatsache, dass sie in jungen Jahren gut im Abnehmen waren, einfach ein weiterer Weg war, eine Suggestion zu geben. Es spielt nicht wirklich eine Rolle, ob es wahr ist oder nicht. Wenn ein Teil von ihnen es als wahr erinnert, dass sie bereits in etwas erfolgreich waren, wird es beim zweiten Mal nicht so schwer sein.

Aus diesem Grund installiere ich oft falsche Erinnerungen. Ich lasse Menschen reingehen und ein Erlebnis haben, in dem sie vor ein Publikum getreten sind und vollkommen Herr der Lage waren, und dann mache ich es zu einer echten Erinnerung. Ich schaue mir ihre

Realitätsstrategie an, indem sie ein echtes Erlebnis mit dem verglei-
chen, das wir gerade erfunden haben, und dann passen wir das neue
Erlebnis an, sodass es perfekt passt: gleiche Größe, gleiche Lage,
gleiche Entfernung, gleiche Stimmen, gleiche Gefühle.

Was dann passiert, ist, dass, wenn die Person an das neue Verhalten denkt, es so ist, als ob sie es zum zweiten Mal täte.

Ich habe damit auch einige sehr eigenartige Erfahrungen gemacht.
Ich habe Organisationen wie zum Beispiel die NASA beraten (und
andere, die hier nicht genannt werden sollen), von deren Leuten
erwartet wurde, dass sie sich in einige sehr anspruchsvolle und
Angst einflößende Situationen begaben, und ich konnte sie diese in
jeder Hinsicht durchleben lassen, sodass sie mit der echten Situation
zurechtkamen.

Natürlich ziehen Leute im Sport großen Nutzen hieraus. Einer
meiner Klienten war Abfahrtsläufer, der einen Unfall gehabt und
sich wirklich schlimm verletzt hatte. Er war so traumatisiert, dass er
nicht zurück auf die Piste konnte.

Ich versetzte ihn also in Trance und ließ ihn zurück auf die Piste
gehen und in Gedanken den ganzen Weg hinunterfahren. Seine Erinnerung war lebensgroß, ein voll assoziiertes Wiedererleben. Ich erinnere mich, wie ich fasziniert war, ihm zuzuschauen, denn ich konnte
sehen, wie seine Wangen tatsächlich vom Wind zurückgedrückt
wurden.

Als er aus der Trance kam, konnte er es nicht erwarten, wieder
zurück auf die Piste zu kommen, denn ein anderer Teil seiner Erinnerung war wieder hergestellt worden – das schiere Vergnügen, das er
hatte, wenn er Ski fuhr. Vorher konnte er nicht einmal an Skifahren
denken, denn er kam nicht an den schlimmen Erinnerungen vorbei
zu den guten. Indem wir ihm eine gute, neue Erinnerung gebaut
hatten, fiel die alte Erinnerung einfach in sich zusammen und er
konnte sich wieder genau ins Gedächtnis rufen, wie viel Spaß ihm
sein Sport machte.

Manchmal ist es nur eine Wirkung der Reihenfolge. Es hat nicht
nur damit zu tun, auf welche Erinnerungen du zugreifst, sondern
auch, wo sie in deinem Kopf sind.

## Übung:
## Positive Erinnerungen
## installieren

1. Denk an eine Situation in deinem Leben, die einfach erledigt oder besser wäre, wenn du eine vorhergehende erfolgreiche Erfahrung gehabt hättest. Dabei kann es um das Erlernen einer neuen Fertigkeit gehen oder das Verbessern einer, die du bereits besitzt. Oder wie in dem Beispiel oben könnte es ums erfolgreiche Abnehmen gehen, mit Rauchen aufhören oder das Verändern irgendeiner anderen Gewohnheit.

2. Stell dir dich vor, als ob du zu einem früheren Zeitpunkt in deinem Leben in diesem Unterfangen absolut erfolgreich wärest. Leg eine umfassende Liste der Submodalitäten dieser Repräsentation an.

3. Finde eine starke und positive Erinnerung an etwas, von dem du unwiderlegbar weißt, dass du es in der Vergangenheit erreicht hast. Das könnte etwas sein, wie Autofahren lernen, bewandert werden in einer zweiten Sprache oder das Bestehen einer wichtigen Prüfung. Liste die Submodalitäten der Erinnerung detailliert auf.

4. Vergleiche die Submodalitäten und passe jene der neuen Erinnerung an, sodass sie mit denen der echten Erinnerung übereinstimmen.

5. Stell dir jetzt vor, hoch zu schweben und zurück in der Zeit zu einem Punkt, wo du am meisten davon profitiert hast, diese neuen Ressourcen zu haben, und steig in das „Du" ein, das du damals warst.

6. Mach einen Schnelldurchlauf durch alle relevanten Sta-
   tionen in deiner Vergangenheit, wobei du deinem Unbewusstsein erlaubst, alle notwendigen Anpassungen vorzunehmen, das Wissen und die Fähigkeiten einzubetten, wo sie
   am nützlichsten für dich gewesen sein werden, von dem
   Punkt in der Gegenwart bis ganz in die Zukunft – jetzt.

7. Stell dir drei bis fünf Situationen in der Zukunft vor, in denen
   du deine neuen Fertigkeiten voll nutzt. Tue dies assoziiert,
   indem du sie so reichhaltig erlebst, wie möglich. Sieh, was
   du sehen wirst, hör, was du hören wirst und spüre, was du
   fühlen wirst.

8. Stell dir vor, wie diese drei bis fünf Beispiele in dein übriges
   Leben hinausgeneralisieren und alle Möglichkeiten passend
   erweitern, auf eine Weise, die dich überraschen und dir
   Freude bringen wird.

9. Wiederhole diese Übung ein paar Mal – triff dann die Entscheidung, die Fertigkeit oder das Verhalten praktisch zu
   üben, die du dir aneignen möchtest, und nimm wahr, wie viel
   leichter es ist, wenn du dich an Erfolg „erinnerst".

# TRANCE-formation in Aktion

## Anmerkung der Redaktion

Die folgenden Beispiele von Dr. Richard Bandlers Arbeit sind aus Sitzungen mit echten Klienten transkribiert. Es würde ein weiteres Buch, wenigstens so dick wie dieses hier, benötigen, um die Detailfülle und Komplexität seiner Arbeit zu analysieren. Ich rege dich als Leser allerdings an, die Herausforderung anzunehmen und es für dich selbst zu tun. Der Gewinn für deine eigene Entwicklung wird immens sein.

Es ist jedoch wichtig, bei der ersten Lektüre bestimmte Punkte zu beachten. Sei dir erstens bewusst, dass Dr. Bandler sie nicht wie klassische Beispiele für diese Art Störung angeht, auch wenn die Klienten ihr Problem als „Phobie" betrachten. Wie er oft beobachtet, reagieren Phobiker unmittelbar und ohne Ausnahme auf die Auslöser ihrer Angst. Menschen, die unter Angstzuständen leiden, „arbeiten sich darin hoch". Die zwei Klienten hier fallen in die letztere Kategorie.

Die zweite wichtige Beobachtung ist Dr. Bandlers unnachgiebige Jagd nach nützlicher Information. Die dritte ist sein Können im Gebrauch von Sprachmustern, die Menschen von ihren Problemen wegbringen, indirekt, aber machtvoll, hin zu Lösungen, die das Vertrauen in sich selbst erhöhen. Seine Werkzeuge sind Humor, humorvolles Schelten, Metaphern, Submodalitäten-Veränderungen, eingebettete Befehle, sowohl direkte als auch indirekte hypnotische Induktionen und viel, viel mehr ...

GT

# 19.

# Angst vor Spritzen-Nadeln

## Demonstration

⌘

*RB: Also, was ist das Problem?*

Spritzen.

*RB: Spritzen – was ist mit Spritzen los?*

Ähm, das letzte Mal, als ich etwas hatte – mir wurde vor zwei Wochen aus dem Arm Blut abgenommen und ich bin noch nie in meinem Leben bewusstlos geworden. Ich wurde bewusstlos. Die Spritze ist rein, aber –

*RB: Ja, die Spritze war drin, es ist also nicht der Anblick einer Spritze?*

Es ist nicht, nun, ich weiß nicht, aber ich hatte noch nie diese Art von Reaktion in irgendeiner Situation, in der, du weißt, vollkommen äh –

*RB: Aber du hattest vorher Impfungen und es hat dich nicht gestört?*

Es ist in den letzten zwei oder drei Jahren allmählich schlimmer geworden. Es war in Ordnung, aber jetzt mag ich es überhaupt nicht.

*RB: Okay, gut, du magst sie nicht, aber noch einmal –*

Ohnmächtig werden beweist es.

*RB: Verzeihung?*

Ohnmächtig werden.

*RB: Ohnmächtig werden ist ziemlich extrem, aber es muss nicht immer etwas mit der Spritze zu tun haben, nebenbei bemerkt. Eine Menge Leute verspannen sich ein bisschen und, wenn sie ein bisschen hypoglykämisch sind, werden ohnmächtig. Also –*

Stimmt.

*RB: Dein Gehirn assoziiert vielleicht Dinge, aber wenn es im Laufe der Zeit zunehmend schlimmer wird – wie hast du es übrigens geschafft, dass es schlimmer wird?*

Ich habe daran gedacht.

*RB: Ja, und wie nun genau denkst du darüber nach, sodass es schlimmer wird.*

Bilder von – Bilder haben.

*RB: Übrigens, jedes Mal, wenn du das tust, wird die Spritze größer. Ist mir gerade aufgefallen. Du fängst auf diese Art an (gestikuliert) und dann war es so wie das (fängt an, die Gestik zu übertreiben) und dann hast du deine Hände so geöffnet (ungeheuerlich überzeichnete Gestik, Klient lacht).*

*Schau, ich bekomme viel Kohle dafür, dass ich auf Dinge wie dies achte, und als ich sagte: „Wie machst du es, dass es schlimmer wird?", hieltest du inne und du machtest so (große Gestik) und du machtest dann so (größere Gestik) und dann, als du zurückkamst, war die Spritze riesig. Wenn du eine Spritze hättest, die so groß wäre, würde auch ich mir vor Angst in die Hose machen.*

Ich habe versucht, letztes Mal zuzuschauen, denn sie versuchte, sie dort hineinzubekommen, ging nicht, und dann versuchte sie sie da hineinzubekommen und ich meinte: „Zwei Injektionen, warum zwei?" und sie sagte: „Oh, Entschuldigung, es hat beim ersten Mal nicht geklappt". Ich schaute ihr also beim zweiten Mal zu und dann passierte das und, weißt du, mir graust vor dem nächsten Mal, wenn ich eine bekommen muss.

*RB: Okay, dir graut also bereits davor. Es ist eine wiederkehrende Sache? Wenn dir also vor etwas graut, stellst du dir eine Reihe von Bildern vor.*

Ja.

*RB: Okay, sagen wir mal, was wir tun wollen, ist, sagen wir mal, wenn jemand dich einstellt und dir sagt, dass sie dir eine Million Dollar bezahlen, wenn du jemand anderem beibringen kannst, sich vor Spritzen zu fürchten, okay?*

Das könnte ich.

*RB: Du könntest das? Nun, was würdest du mit dem Kerl machen, dem du es beibringst?*

Ich würde ihm diese Geschichte erzählen. Ich würde die Geschichte erzählen und ihm viele schreckliche Bilder geben.

*RB: Okay, aber es sind die Bilder, die dafür sorgen, dass es funktioniert. Die Geschichte ist nicht der wichtige Teil. Die Geschichte ist dazu da, um die Bilder in seinen Kopf zu bekommen. Nun, es gibt zwei Wege, wie du das tun kannst. Einer ist, du kannst deinen Körper in der gleichen Größe lassen und die Spritze größer machen, und der andere ist, du kannst einfach das Bild immer größer machen.*

Ja.

*RB: Welches machst du?*

Ähm, das Blut ist, weißt du, es kommt aus meiner –. Das erste Mal, als sie eine Probe gezogen haben, dachte ich: Ich habe keine Angst, ich fürchte mich nicht, ich schaffe das, und ich sehe, wie sie das Blut abnehmen und dachte, oh, Scheiße, und so was, weißt du, selbst beim letzten Mal, als sie Zeug injiziert haben, sie haben nichts rauslaufen lassen, ich hatte immer noch irgendwie das –

*RB: Bild?*

Das Bild von dem –

*RB: Ja, das ist das, was du uns erzählt hast, dass du es mit einem Bild machst, aber ich fragte dich etwas viel Einfacheres. Ist dein Arm genauso groß wie dein Arm und dann wird die Spritze größer? Mit anderen Worten, du kannst dir ein Bild vorstellen und es ist schlecht. Wie schaffst du ein Bild, das schlimmer ist? Machst du das ganze Bild größer, holst du dir das Bild näher oder stellst du dir das Bild in der gleichen Größe vor und machst die Spritze größer?*

Äh, äh, ähm – ich glaube nicht, dass ich die Spritze größer mache. Ich denke, ich erinnere mich intensiver an den Schmerz, als er war.

*RB: Okay, gut. Um dich an den Schmerz intensiver zu erinnern, musst du etwas mit dem Bild machen. Ich versuche also herauszufinden, wenn wir es so machen würden, dass, anstatt es besser zu machen, wir es schlimmer machen, du etwas mit dem Bild tun müsstest. Du machst das Bild entweder größer – das herauszufinden ist einfach. Was du machst, ist, du schaust dir das Bild an, das das Grausen erzeugt, und das Erste, was du tust, ist, du machst das ganze Bild größer und findest heraus, ob es dich mehr graust, und dann versuchst du, dir das Bild näher heranzuholen – lässt es dich mehr davor grausen? Oder machst du nur die Spritze größer oder lässt du das Blut dramatischer herausschießen. Jeder Bestandteil, den du verändern kannst, der dein Grauen erhöht –*

Ich denke, bei mir ist es so, als ob die Lebhaftigkeit des Bildes, das Blut –

*RB: Du lässt das Bild also tatsächlich nur lebhafter werden?*

Ja.

*RB: Wird es dreidimensional?*

Ja, als ob es echt ist, es ist echt. Ich bin nicht – ich habe Mühe, denn ich empfinde nicht, dass ich sehr gut im Visualisieren bin, aber ich habe ein Bild von wirklich –

*RB: Okay, du hast die Bilder – aber schau, es gibt ein paar Seiten hierzu. Nun, lass mich dir sagen, ich frage das nicht, weil es mich irgendwie interessiert, ob du bewusstlos wirst, wenn du eine Spritze bekommst. Was mich interessiert, ist die Intensität, in der du Gefühle erzeugst. Wenn nun deine Gefühle intensiver werden, weil du ein lebhafteres Bild hast, okay, ein fokussierteres Bild – was ich für dich möchte, ist, anzufangen dorthin zu kommen, wo das Wunder darin ist. Das Wunder ist, dass du etwas erschaffen kannst, das ein großes,* schlimmes Problem ist, okay? Was es wirklich bedeutet, ist, dass du diese Maschine in deinem Kopf drinnen hast, die dazu fähig ist, Dinge intensiver zu machen. Wenn nun deine Fähigkeit, dein Grauen vor etwas zu erhöhen, okay, dir in die Quere kommt, okay, denn wenn du das weiter machst, wirst du schließlich an den Punkt kommen, wo es einen Diabetiker im Raum gibt und er holt eine Spritze hervor und du wirst instinktiv bewusstlos. Oder du schaust dir eine von diesen Krankenhaus-Serien im Fernsehen an.

Es gibt Leute, die haben eine ebenso schlimme Phobie vor Haien. Eine der schlimmsten Hai-Phobien, die ich erlebte – die Frau konnte keine Zeitschriften lesen, denn darin war vielleicht das Bild eines Hais. Als sie mir das erzählte, sagte sie, sie versuche, nur bestimmte Zeitschriften zu lesen, aber ab und zu würde sie immer mal wieder eine Seite aufschlagen, auf der das Bild von einem Hai abgedruckt war und sie würde starke Schmerzen in ihrem Bein spüren. Das lag daran, dass sie sich immer wieder vorstellte, wie sie ins Meer ging und von einem Hai gebissen wurde. Sie sah das in einem Hai-Film oder so etwas und als sie ein kleines Kind war, war sie in einem Wasserbecken und Guppies (Millionenfisch, Anm. d. Ü.) schwammen um ihre Beine herum und machten ihr Angst. Sie sammelte all diese Erinnerungen zusammen und baute diese schreckliche Erfahrung bis zu dem Punkt auf, wo sie wirklich starke Gefühle hatte. Nun, sie kam nicht einmal zu mir, um das loszuwerden. Sie kam aus dem Grunde zu mir, wie sie sagte: „Ich fühle mich wie betäubt in Gegenwart meiner eigenen Kinder." Sie wollte eine gute Mutter sein, aber sie empfand sich ihnen gegenüber als ungeduldig und intolerant, wahrscheinlich, weil sie ihr zahlenmäßig überlegen waren – sie hatte fünf davon – und sie sagte: „Nun, ich finde, dass ich nicht genügend Zeit für sie habe", und bla bla bla. Aber die Wahrheit ist, dass sie nicht die gleiche Maschine genommen und sie für ihre Gefühle benutzt hatte, denn die gleiche Maschine, die Mist erzeugen kann, kann im passenden Kontext etwas wirklich Gutes schaffen. Nun, Psychoanalytiker würden jetzt in deine Kindheit gehen wollen und Dinge sagen, wie: „Gut, Spritzen, sie sind wie ein Penis, also muss es etwas mit

*Penissen zu tun haben." Sie würden sagen: „Es spielt sich alles in deinem Kopf ab, es muss ein Penis sein. Es ist so geformt."*

*Als ich anfing, weißt du, hatten 50% aller klinischen Dokumente mit diesem psychoanalytischen Schwachsinn zu tun. Egal, was die Leute sagten, du verzerrtest es in das Unwahrscheinlichste, was möglich war, und verbrachtest dann fünf Jahre damit, den Klienten davon zu überzeugen. Und in deren Verlauf würden sie Dinge sagen, wie: „Welche anderen Ängste gibst du dir selbst gegenüber nicht zu?" Ich liebe diesen Satz. Die Leute antworten: „Mir fällt nichts ein", und sie erwidern: „Aha, Leugnen!" Nun, soweit es mich betrifft, ist Leugnen nur ein Fluss in Ägypten (Anm. d. Ü.: Leugnen engl.: denial – phonologisch gleich mit: the nile – deutsch: der Nil).*

*Lass uns jetzt also ein kleines Experiment ausprobieren, okay? Denn, wenn du dir ein wirklich lebhaftes Bild von dem machst, erzeugt es ein neues Grauen – richtig? Also, lass uns ein kleines Experiment versuchen. Gedanken-Experimente funktionieren fol- gendermaßen: Als Erstes gehst du zurück, schaust dir dieses lebhafte Bild davon an, wie dir das verfluchte Blut rausgezogen wird, und lässt es einfach verschwimmen. Denk es dir zuerst als flach – kannst du es flach werden lassen?*

Flach?

*RB: Ja, wie ein Bild in einer Zeitschrift?*

Ja.

*RB: Ganz genau. Jetzt lass es defokussieren.*

Okay.

*RB: Ganz genau. Nun, gerade hier in diesem Zustand, fühlst du da Grauen?*

Nein.

*RB: Okay. Nun, wenn wir dein Unbewusstes dazu bekommen, das beim Anblick einer Spritze automatisch zu tun, richtig, dann bewegen wir uns in die richtige Richtung. Dies ist ein winzig kleines Problem, okay? Es ist ein guter Test, denn ich mag gute Tests richtig, und da ich tatsächlich Diabetiker bin, habe ich sogar einen ganzen Haufen Spritzen. Ich habe nicht mehr so große. Sie gaben uns früher riesige Dinger, etwa so groß, und jetzt geben sie uns kleine Injektionsstifte. Sie sind nicht besonders befriedigend, weißt du? Ich ging früher gerne in ein Restaurant, bestelle einen kleinen Salat, ein wenig Wein, und dann hole ich mein Insulin-Set hervor und mache – so etwa und ziehe eine scheißgroße Spritze heraus und eine Flasche und mache* **schluuuuup***, genau so, und beobachte, wie alle Spritzen-Phobien im Raum losgehen. Irgendwer wird immer an mich herantreten und sagen: „Sir, sollten Sie nicht auf die Toilette gehen und das dort tun?" und ich würde erwidern: „Es ist nichts Illegales, wissen Sie." Ich könnte mir ja einen Heroin-Schuss setzen, um Himmels willen. Ich weiß nicht, warum Heroin-Abhängige sich verstecken.*

*Diabetiker müssen es nicht; es ist nicht gegen das Gesetz. Wenn wir uns keinen Schuss setzen, werden wir sogar sterben. Ich habe Jugend-Diabetes, der genetische Typ. Es ist nicht so, dass du dagegen etwas tun könntest. Nachdem sie bei mir festgestellt worden war, ging ich anfangs immer auf die Toilette, um es zu erledigen. Eines Tages dann war ich in einem Restaurant und diese Kellnerin bot mir etwas an und ich sagte: „Ich kann das nicht nehmen, ich bin Diabetiker", und sie fragte: „Haben Sie sich Insulin verabreicht?" Ich sagte: „Nun, ich werde gleich auf die Toilette gehen", und sie sagte: „Warum? Mein Mann macht das nicht, denn er hält das für verrückt. Machen Sie es einfach auf und pieksen Sie sich", und ich dachte: „Nun, das ist ein sehr liberaler Standpunkt", und sobald ich es tat, flippten ein paar Leute in der Nähe aus. Sie brach in Lachen aus und sagte: „Oh, ich liebe das." Es war wie eine augenblickliche Therapie. Plötzlich dachte ich:* **Das könnte mir wirklich Spaß machen!** *Am nächsten Tag saß ich im Flugzeug und sie kamen und* *servierten uns das Mittagessen und ich machte meine kleine Insulin-Packung auf, etwa so, und die Frau, die gleich neben mir saß, schaute mich so an und ich zog die Flasche hervor und machte* **schluuuuup**, *so etwa, und saugte das Zeug heraus und blickte auf meinen Arm und ich krempelte meinen Hemdärmel hoch, etwa so, und ich fragte: „Möchten Sie auch etwas?" und sie fragte: „Was ist das?" Eine interessante Antwort, dachte ich. „Oh, ich bin Diabetiker. Das ist Insulin", und ergänzte: „Wenn ich mir das nicht injiziere, sterbe ich und sie mögen tote Leute im Flugzeug nicht wirklich." Aber nach einiger Zeit gewöhnst du dich an solche Sachen, aber schau, wenn du eine schlechte Erfahrung gemacht hast, es spielt übrigens keine Rolle, was die schlechte Erfahrung ist, und sie ist lebhafter als deine anderen Erinnerungen, wird ein Psychiater dir sagen, dass das ein „Imprint" ist, okay? Aber die Wahrheit ist, dass in dem Moment, als dir Blut abgenommen wurde, du wachsamer warst, als du es die meiste Zeit bist, insbesondere, als sie beim ersten Mal danebentrafen und Schwierigkeiten hatten, eine Vene zu finden, und anfingen, an deinem Handgelenk herumzusuchen, wurden deine Sinne wach. Nun, das ist eine angeborene Sache, ein Selbstverteidigungsmechanismus. Wir müssen so sein. Wenn wir etwa im Urwald herumliefen, leicht benebelt, und ein verfluchter Tiger springt vor uns aus dem Gebüsch, wird es wirklich Zeit, bei Sinnen zu sein, weißt du. Das ist der Zeitpunkt, wenn du wirklich wachsam bist, vollkommen wachsam, und somit wird diese Erinnerung frischer sein. Nun, in der modernen Gesellschaft haben wir Gestalten, die hervorspringen und uns angreifen. Wie in New York City — haben wir dämliche Räuber und wütende Taxifahrer und immer mal wieder einen streunenden Hund, aber weißt du, dein Körper ist dazu gemacht, das zu tun. Nun, was dein Körper gemacht hat, ist, dass er diesen Mechanismus nahm und eine lebhafte Erinnerung erzeugte — das bedeutet aber nicht, dass du es so bleiben lassen musst. Der wichtigere Teil davon ist die andere Seite davon. Nun, denk daran, was du gerne öfter als stärkeres Gefühl haben würdest?*

Ähm, Leidenschaft?

*RB: Jede Form von Leidenschaft?*

Ähm ...

*RB: Du bist der Einzige, der die Antwort darauf kennen muss. Kennst du die Antwort? Wenn du leidenschaftlich wirst, willst du in Bezug auf etwas leidenschaftlich sein, richtig?*

Liebe.

*RB: Nun, das ist ein bisschen vage, du musst etwas Konkreteres heraussuchen. Du fängst mit einer Sache an, okay? Du musst nicht alles auf einmal tun. Schau, denk daran, das Gehirn ist darauf ausgelegt, die folgenden Dinge zu tun. Das Gehirn ist dafür entwickelt – als ich „Die Struktur der Magie" schrieb, wollte jeder Aufbaustudent, der jemals NLP an der Uni studierte, eine Dissertation schreiben, und sie schreiben Dr. Bandler den folgenden Brief: „Sie haben nicht die Quellen für die drei Universalien menschlicher Modellierung dokumentiert." Das liegt daran, dass ich sie aufgestellt habe. Ich habe sie aber definiert. Ihre Existenz ist in allem offensichtlich.*

*Um eine Generalisierung aufzubauen, musst du einige Dinge löschen und andere nicht. Damit du weißt, was Türen sind, auch wenn du die ganze Zeit auf neue Türen triffst, musst du zuerst sagen: „Dies ist von der Wand abgesondert." Dein Gehirn muss das wissen, damit du einige Dinge löschen kannst und dich auf andere konzentrierst. Und doch ist jede Tür anders. Sie haben verschiedene Farben, sie sehen verschieden aus. Einige sind aus Glas, einige aus Holz – auf der molekularen Ebene sind sie vollkommen unterschiedlich, aber irgendwie müssen wir aus ihnen das Gleiche machen. Wir müssen also zuerst einen Teil der Welt aussortieren, und dann müssen wir generalisieren, wir müssen verzerren und alle Türen in die Kategorie passen lassen. Das lässt uns funktionsfähig sein.*

*Worauf du dich also verlassen kannst, ist, dass, wenn du eine Kategorie in deinem Gehirn bildest, dein Gehirn den Rest generalisieren*

*wird. Alles, was du also tun musst, ist, dir ein Beispiel dafür heraus-*
*zusuchen, wann du leidenschaftlicher sein willst. Es kann alles Mög-*
*liche sein. Hast du dir etwas herausgesucht, das dir wichtig ist?*

Ja.

*RB: Okay. Verstanden?*

Ja.

*RB: Richtig, also du weißt, was es ist. Nun, wenn du daran denkst, ist*
*es so lebhaft wie diese Spritze?*

Ähm –

*RB: Ich würde das halten für – ist es das?*

Es ist ziemlich lebhaft.

*RB: Oh, es ist es, hah?*

Nun, ich sag Ihnen, was ich mache. Ich versuche daran zu
denken, leidenschaftlicher in Bezug auf meine Freundschaften
mit Menschen zu sein.

*RB: Alles, was du dir herausgreifen musst, ist eine Situation.*

Ja, und natürlich habe ich mir eine herausgesucht, die ziemlich
leidenschaftlich ist, denn das ist eine, die mir sofort in den
Kopf kommt, aber es sind die anderen, wo –

*RB: Aber du sagtest, du wolltest leidenschaftlicher sein, richtig?*

Ja, ja.

*RB: Okay, okay. Du hast dir also eine ausgesucht, in der du leiden-schaftlicher warst?*

Ja.

*RB: Okay, gut. Greif dir eine heraus, in der du leidenschaftlicher sein **möchtest**.*

Okay.

*RB: Okay, ist die genauso lebhaft?*

Nein.

*RB: Nein, ist sie nicht. Sie ist auch nicht an der gleichen Stelle. Schau auf die Spritze. Wo ist das Bild? Es ist dort drüben und du weißt, wie weit weg es ist und wie groß es ist.*

Ja.

*RB: Nun, wähl dieses andere Bild aus, richtig? Schieb es hinüber zur Wand, zieh es rüber und zieh es hoch, wo dieses eine ist und passe es buchstäblich so an, dass es genau so lebhaft ist. Nun, so wie es leb-hafter wird, werden deine Gefühle stärker?*

Ja.

*RB: Okay. Ist es dreidimensional?*

Nein.

*RB: Okay. Gut, erster Schritt – lass es ins Dreidimensionale hinaus-springen. Es muss diese Charakteristik haben, die sich „Parallaxe" nennt, okay? Wenn sich Menschen Bilder machen, schauen wir oft auf flache Leinwände. Wir verbringen unsere Zeit damit, auf Compu-*

*termonitore zu schauen, Fernsehen zu schauen, uns Magazine anzu-*
*sehen. Wir schauen uns die ganze Zeit zweidimensionale Dinge an.*
*Unser Gehirn selbst ist an sich sehr holografisch. Nun, Parallaxe ist*
*Folgendes: Sie ist da, wo du ein Bild nimmst und es leicht neigst und*
*alles aus der Vorder– und Rückseite herauskommen lässt, auf solch*
*eine Weise, dass du das Bild nehmen und so wie das drehen kannst.*
*Schau es dir von der Seite an, denn unser Gehirn ist fähig, das zu*
*tun. In meinem Labor habe ich ein großes Hologramm von drei*
*Schachfiguren und einem Vergrößerungsglas. Wenn du dir das Ver-*
*größerungsglas anschaust und du schaust es aus einem Winkel an,*
*wird es die erste Schachfigur vergrößern, und so, wie du dich*
*bewegst, wird es die zweite Schachfigur vergrößern und dann die*
*dritte. Nun, wenn ich das Hologramm aufhebe und es so wie das*
*umdrehe und Leute frage: „Siehst du irgendetwas?" schauen sie*
*drauf und sagen: „Nein." Dann lege ich meine Finger auf die Front-*
*fläche und ziehe es hierher vor, wo das Bild ist, denn das Bild ist*
*nicht mehr hinter der Frontfläche, es ist davor. Sobald sie meinem*
*Finger zur richtigen Stelle folgen, bumm, können sie es sehen – und*
*ab dem Tage können sie es nie mehr nicht sehen, denn es ist einfach*
*eine Sache, deinem Gehirn das beizubringen. Geh also zurück und*
*schau dir das gleiche Bild an und lass es flach werden und dann*
*kippe das Bild leicht und zieh das Ding, sodass es vor der flachen*
*Oberfläche und hinter der flachen Oberfläche ist, und drehe es*
*weiter, sodass du auf einen Teil der Seite schauen kannst, dann drehe*
*es wieder gerade zurück und drehe es zur anderen Seite und sieh ein*
*bisschen von der anderen Seite. Nun, das ist es, wozu dein Gehirn*
*fähig ist, und wenn du das tust, werden deine Gefühle viel intensiver*
*– richtig?*

Hhm.


*RB: Okay. Nun, bei der anderen Sache geht es um Knackigkeit.*
*Jeder, der sich mit Fotografie beschäftigt hat, weiß, dass es Linsen*
*verschiedener Qualitäten gibt. Das menschliche Auge ist zu viel*
*mehr Präzision fähig als jede Linse. Das Problem ist, dass Men-*

*schen zu viel denken und du nicht einmal wirklich auf die richtige Stelle siehst, wenn du deine Augen nicht fokussierst.*

*Als ich zuerst anfing, konnte ich bei Weitem nicht so viel sehen, wie ich jetzt kann, und im Laufe der Jahre habe ich gelernt, dreidimensional zu fokussieren. Nun, je mehr du dir innere Bilder anschaust, die die Qualität der Parallaxe haben – das ist jenseits von dreidimensional, wo du dir tatsächlich ein Bild machen kannst und das Bild rotierst und es dir von jeder Seite anschaust – denn das menschliche Gehirn ist dazu imstande ... einer der Messgrößen von Intelligenz in fortgeschrittenen IQ-Tests beinhaltet sogar, kleinen Kindern drei Dinge zu zeigen, die drei Sachen dann hinter einem großen Block zu verstecken und sie dann anzuweisen, das, was hinter dem Block versteckt ist, zu zeichnen. Sie sagen den Kindern, dass sie aus einem bestimmten Winkel zeichnen sollen. Sie sagen: „Wenn du von hier drüben aus das zeichnen würdest, wie würde es aussehen?" In einem bestimmten Alter können Kinder das nicht. Dann, wenn sie das Alter von fünf oder sechs oder sieben Jahren überschritten haben, entwickeln sie plötzlich das Konzept der Parallaxe in ihrem Kopf, sodass du zu merken beginnst, dass, wenn du mit jemandem sprichst, sie einen Rücken haben. Mit anderen Worten, ich schaue nicht auf deinen Rücken, ich kann dich von vorne sehen und ich habe genug Menschen in meinem Leben gesehen, dass ich konstruieren kann, was hinter dir sein muss, da ich diese Stühle gesehen habe, und in dem Maße, wie du aufmerksam bist, siehst du jemanden an, du siehst, was sie anhaben, und kannst dich umdrehen und dir ausmalen, wo die Rückseite des Stuhles ist und all diese Sachen. Nun, wenn du mehr Leidenschaft schaffen möchtest, gibt es da zwei Teile. Der eine ist, du musst das Bild knackiger und frischer machen, und der andere ist, du musst die Dinge tun, die Gefühle verstärken. Welche Gefühle ist aber etwas, das du feststellen musst, denn du kannst es so lebhaft machen, dass du eine Panikattacke bekommst. – Nun, du kamst mit der Spritze einigermaßen klar. Genaugenommen warst nicht du es, sie tat es für dich. Sie war offensichtlich keine besonders gute Krankenschwester, sie verfehlte die Vene. Ich kenne jemanden, der fast nie daneben sticht. Er legt die intravenösen und er kann es im Schlaf. Als ich in dem Krankenhaus war, hatte ich Schwestern, die es fünf oder sechs Mal versucht haben, nach einer Vene suchend. Bei einer davon machte ich es sogar selbst, denn ich war es leid, dass sie mich mitten in der verfluchten Nacht stachen und sagten: „Es wird nur eine Minute dauern", mich damit schlugen und sagten: „Sie werden wieder schlafen, bevor Sie es merken." Dann riefen sie: „Scheiße!" und fingen an, es auf meine Vene zu schieben, die „weglaufen" würde. Ich entgegnete: „Ja, sie tut das die ganze Zeit. Manchmal wache ich morgens auf und meine Venen sind weg auf Party."*

*Aber eines Nachts wurde ich so frustriert, dass ich sagte: „Kann ich das einen Augenblick sehen? Ich will es mir nur anschauen", und ich jagte es rein und das Blut kam raus und sie sagte: „Sind Sie Arzt?" Ich antwortete: „Nein, ich bin nur ein frustrierter Mensch." Ich sagte: „Wie lange machen Sie das schon?" und sie antwortete: „Nun, Sie sind mein Zweiter." Ich sagte: „Das glaube ich Ihnen." Aber es ist eine dieser Sachen, in denen du gut wirst. Nun – eine der Sachen, die die Psychologie herausgefunden hat, ist, dass es „Grund-erfahrungen" gibt. Die Wahrheit ist, sie sind sogar mehr als Grund-erfahrungen. Wir machen alle möglichen Erfahrungen im Leben und wir lernen, bestimmte Emotionen zu haben. Dann lernst du eine Emotion wie Grauen, weil es dir vor einer ganzen Reihe von ver-schiedenen Sachen graust, und du sparst es auf und verknüpfst es mit etwas Neuem. Ich denke, es ist unendlich viel komplexer, als die Psy-chologie es sieht, aber ich glaube auch nicht, dass das der wichtige Teil dabei ist. Der wichtige Teil daran ist: Wenn du eine starke Emo-tion hast, braucht es eine starke Emotion, um sie außer Gefecht zu setzen. Ich werde dich also bitten, ein kleines Experiment auszupro-bieren, okay? Das Experiment geht so. Was ich möchte, das du tun sollst, ist, dich an die lustigste Sache zu erinnern, die dir je passiert ist.*

Die lustigste Sache, die je passiert ist?

*RB: Ja.*

Ich habe jemandem einen sehr komischen Streich gespielt.

*RB: Gut. Wenn du daran denkst, bringt es dich zum Lachen?*

Ja.

*RB: Gut. Kannst du das so lebhaft machen wie das Bild hier drüben? Schließ deine Augen, geh zu dem zurück und erinnere dich an das gute Gefühl. Sieh, was du sahst, als du dort warst, höre, was du hörtest, erinnere dich daran, was du gemacht hast. Fühlt es sich lustig an?*

Oh ja (fängt an zu kichern, lacht dann mit Begeisterung).

*RB: So schau dir das andere Bild an. Die Spritze –*

Kann nicht. Kann es nicht sehen.

*RB: Nun, mach weiter, wirf einen Blick darauf.*

Kann es nicht sehen.

*RB: Kannst es nicht sehen? Nun, was bedeutet das? Es bedeutet, das nächste Mal, wenn jemand zu dir sagt: „Nun, ich muss etwas Blut abnehmen", wirst du dir nicht das gleiche alte Bild machen. Du wirst es sogar genau dorthin stellen, wo das andere Bild ist, die Sache, bei der du Probleme hattest, leidenschaftlich zu sein – es ist bereits hier drüben. Ich bitte dich nicht, das zu tun, dein Gehirn hat es ganz alleine gemacht, siehst du? Dein Gehirn hat bereits einen Weg, sich zu entscheiden: „Das verwässern wir, dies machen wir lebhafter.* " *Es einfach so, dass das Bewusstsein dasjenige sein sollte, das entscheidet, welche Bilder wohin gehen, denn wenn du es dein Unbewusstes tun lässt, kehrt es sich einen Scheißdreck darum, ob es dir Angst macht oder nicht. Es ist einfach nicht wichtig. Es macht diesbezüglich keinen Unterschied. Das ist eines der einfachsten Dinge, die ich im Laufe der Jahre festgestellt habe. Ich hatte Leute, die 15 Jahre mit verfluchter Therapie hinter sich hatten und 15 ver-fluchte Minuten mit mir verbrachten und wenn ich dann fragte: „Welche anderen Probleme hast du?", fingen sie an zu kichern, richtig? Ich erhalte eine Menge Gelächter, wenn ich arbeite. Des-wegen bin ich aus meinem ersten Büro rausgeflogen. All die Psycho-therapeuten dort sagten, dass ich nicht ernsthaft genug sei. Die eine Sache, bezüglich derer ich ernsthaft bin, ist, jemandem Freiheit zu geben. Freiheit baut nicht darauf auf, in deinen Problemen zu ver-weilen, sie baut darauf auf, sich mit der Zukunft zu befassen und eine gute Ressource zu nehmen und sie hier zu platzieren –.*

# 20.

# Flugangst

## Demonstration

⌘

Ich fliege viel, im Schnitt so um die 50 Stunden pro Monat.

*RB: Ja.*

Und ich, ähm, von Zeit zu Zeit habe ich ein wirklich ernstes Problem, gleich vor dem Start, ich bin überzeugt, das Flugzeug wird (klatscht stark in die Hände) kurz nach dem Abheben oder Landen zerstört. Es kann bis zu dem Punkt gehen, dass – es vorbei ist, soweit es mich betrifft. Wenn ich oben bin, denke ich nie so, es sei denn, es gibt starke Änderungen im Luftdruck, und es passiert nicht, wenn ich wirklich, wirklich – wenn ich eine Menge Dinge zu erledigen habe.

*RB: Du quälst dich also nur in deiner Freizeit?*

Ja, oder wenn ich wirklich müde bin. Ich bin vor etwa einem Monat nach New York geflogen und glücklicherweise bekam ich weit hinten im Flugzeug einen Platz, aber ich fühlte mich so nahe an der Nase, was auch immer sonst noch, so fühlte ich mich dort hinten dann wie eingeschlossen, aus welchem Grund auch immer. Wissen Sie, manchmal, bevor sie abheben, stinkt das Flugzeug nach Benzin, denn sie tanken es auf und ich bekomme dieses Gefühl, dass ich aus dem Flugzeug raus muss, bevor sie die Tür schließen, wissen Sie, und ich stand also tatsächlich auf und ging dorthin, wo man das Flugzeug verlässt, und die Stewardess kam zu mir und fragte: „Wie kann ich Ihnen behilflich sein?" Ich kann nicht aus dem Flugzeug steigen, also stehe ich da, wissen Sie, sollte ich, sollte ich nicht –

*RB: Geh zurück, geh zurück, denn du benimmst dich an diesem Punkt bereits wie ein Idiot. Aber, bevor du dich wie ein Idiot benimmst – was passiert? Geh einfach eine Minute zurück, okay? Du sitzt also auf dem Platz, wie bekommst du dich dazu, nervös genug zu werden, sodass du weg willst? Hört sich an, als jagen deine Gedanken durch eine Reihe von –*

Ja, nun, wenn das passiert, was –

*RB: Anh-anh-anh – zurück zum Anfang, okay? Du sitzt also dort, du denkst also entweder an die Sachen, die du erledigen musst, oder du denkst an was? Das Flugzeug wird abstürzen? Was?*

Ja, ich meine, wissen Sie, ich meine, es ist kein Entweder-oder. Es ist normalerweise, wenn ich sehr müde bin und ich keine Unmengen habe, über die ich nachdenken muss, oder ich zu müde zum Nachdenken bin, wenn mein Kopf also einfach zu erschöpft ist, dann – ich –

*RB: Gut, ja, toll – aber was tust du, sobald du erschöpft oder müde bist oder wenn du zu viel Freizeit hast? Du gehst nicht nach innen und sagst irgendetwas Beruhigendes zu dir, oder? Es macht nicht viel Spaß, mit mir zu fliegen, denn wenn ich das Flugzeug besteige, schlafe ich ein. Ich war nie zuvor in der Lage, in Flugzeugen zu schlafen, bis einmal ein Kerl neben mir saß und er steckte seine Daumen in seinen Sicherheitsgurt, lehnte sich zurück und war am Schnarchen, bevor sie überhaupt die Triebwerke angelassen hatten. Ich weckte ihn also auf und sagte: „Verzeihung, Sir", und er blickte auf und sagte: „Was stimmt nicht?" Ich sagte: „Absolut alles. Sie wollen tief und fest schlafen, und wenn Sie nicht möchten, dass ich 10 Stunden lang auf Sie einrede, erklären Sie mir, wie Sie das tun." Er dachte einen Augenblick nach, dann sagte er: „Ich konnte früher in Flugzeugen nie schlafen, aber ich habe herausgefunden, wenn ich meine Daumen nehme und sie nach innen drehe, in den Sicherheitsgurt stecke und mir dann sage, ich sollte jetzt einschlafen, meine Augen schließen und dann einfach die kleinen Lichter vorbeigehen sehen, keine Bilder. Nur Punkte. Die weißen Punkte kommen dann vorbei, immer mal wieder eine grüner darunter, und wenn du einen blauen siehst, fokussiere dich in ihn und steige hinein." Nun, es stellte sich heraus, dass das einer vedischen Meditation sehr ähnlich ist, mit der sie Schlaflosen beibringen, wie sie einschlafen. In dieser vedischen Meditation gehst du nach innen – siehst einen roten Kreis, – dann einen grünen Kreis – und dann einen blauen Kreis – dann siehst du wieder einen grünen Kreis – einen roten Kreis. Dann lässt du den roten Kreis größer werden, dann lässt du ihn zusammenschrumpfen. Du machst den grünen irgendwie größer und du lässt ihn zusammenschrumpfen. Dann machst du den blauen Kreis groß genug, dass er dich so weit umgibt, dass du dich in deinem Kopf um 360 Grad in dem blauen Kreis drehen kannst – dann lässt du ihn in deinem Kopf zusammenschrumpfen und du – schläfst ein.*

*Nun, als ich in Indien war, traf ich diesen liebenswerten Guru und fragte ihn: „Was genau tut ein Guru? Ich habe von euch Jungs gehört, aber ich bin mir nicht wirklich sicher, was es ist, das ihr macht." Er antwortete: „Leute kommen hierher, sagen mir, was mit ihrem Leben nicht stimmt und ich gebe ihnen Meditationen, um ihr Leben zu verändern. Wir haben verschiedene Veden, die uns eine*

*Reihe von mentalen Dingen geben, die wir tun können."* Er erzählte
*mir zum Beispiel von einer Technik, wo, während du – einatmest, du*
*dem Zentrum deines Körpers hinabfolgst, hinab zum Zentrum deiner*
*Beine, dann, während du – ausatmest, kommst du zurück hoch von*
*deinen Beinen, und dann visualisierst du blaue Ringe um jeden*
*Rückenwirbel dein Rückgrat hinauf. Dann, während du Luft ausstößt*
*und ein Bild davon machst und, in dem Bild drin, bist – konzentrierst*
*du dich auf die Dinge in deinem Leben, die du verändern musst.*

*Nun – du hast eine Meditation, wenn du ein Flugzeug besteigst.*
*Deine Meditation ist entweder: denk an Arbeit oder denk an deinen*
*bevorstehenden Tod. Während du weiter an deinen bevorstehenden*
*Tod denkst, tust du es auf eine Art, die richtig körperlich auf dich*
*wirkt, oder? Andernfalls würdest du nicht aufstehen und versuchen,*
*das Flugzeug zu verlassen, richtig? Diese speziellen Bilder sind*
*stark genug, dass sie dich physisch beeinflussen. Sind sie sehr*
*lebendig?*

> Wissen Sie, es ist nicht wirklich (Klient macht eine ablehnende
> Geste nahe an seinem Kopf und dreht seinen Kopf von seiner
> Hand weg) – ich meine, es könnte so sein, als gäbe es eine Ver-
> zögerung im Flugzeug, zum Beispiel rennen die Mechaniker
> hin und her, und währenddessen sehe ich keinen Absturz oder
> brennende Flugzeuge oder solche Sachen (wiederholt Gestik).
> Ich weiß nur, es wird (klatscht mit den Händen), wissen Sie,
> vorbei sein. Sobald ich zu diesem Schluss gekommen bin, dann
> ist der Zeitpunkt, wissen Sie –

*RB: Richtig gut. Du denkst nicht, dass diese Schlussfolgerung in*
*einem Bild ist?*

> Ja – denke ich. Es ist nicht sehr – es ist sehr schnell –

*RB: Gut, aber keiner sagte, dass du lange bei dem Bild verbleibst.*
*Wie du sagtest, es ist ein sehr schnelles Bild. Du machst das schnelle*

*Bild und dann wird es einfach eine Tatsache. Du denkst: „Oh Gott, ich habe Gelder nicht auf die richtigen Bankkonten transferiert – ich habe vergessen, die Versicherungspolice auszufüllen – lieber Gott, ich habe die Autoschlüssel mitgenommen. Wie werden sie den Volvo fahren?" Aber, weißt du, das ist die Stimme von jemandem in dem Bild, der bereits tot ist, weißt du. Dies sind Dinge, die du in deinem Leben nach dem Tode bedauern kannst.*

Ja, Sie haben recht.

*RB: Ja. Aber du bist nicht der einzige Mensch, der das tut. Ich kannte einmal einen Kerl, der seinen eigenen Selbstmordversuch aus dem gleichen Grund unterbrach. Er dachte, er habe Krebs, nahm eine Pulle voll Tabletten, hielt dann plötzlich inne und dachte: „Ich habe meine Lebensversicherungspolice nicht da abgelegt, wo sie jemand finden kann. Und keiner wird wissen, wo ich meine Autoschlüssel verstecke." Also rief er den Rettungsdienst an mit der Bitte, diese Dinge für ihn zu regeln. Der Rettungsdienst ist aber auf diese Art nicht besonders kooperativ. Er erzählte mir später im Krankenhaus: „Ich sagte ihnen, dass ich Tabletten genommen habe, und bat sie, meine Schlüssel aus dem obersten Schubfach oben zu holen und die Papiere aus dem dritten Schubfach runterzubringen, damit ich sie schnell noch unterschreiben könnte, und die Sanitäter sagten: ‚Halten Sie den Mund, sagen Sie uns, was Sie genommen haben.'"*

*Als Nächstes war er im Krankenhaus und ihm wurde unglücklicherweise ein Betreuer zugewiesen, was in Kalifornien bedeutet, dass irgendein Fremder die Kontrolle über deine Angelegenheiten übernimmt. Ich wurde vom Gericht bestellt, weil es einige Probleme mit dem Betreuer gegeben hatte. Er hatte Geld von Leuten gestohlen und das Gericht wollte, dass ich herausfinde, ob dieser Kerl wirklich einen Betreuer brauchte. Ich versuchte, ihm den Selbstmord auszureden. Ich sagte: „Es gibt bessere Möglichkeiten als Selbstmord", und er sagte: „Nun, ich halte den Schmerz nicht aus", also sagte ich: „Dann wäre eine der Möglichkeiten, die Schmerzen loszuwerden."*

*Er antwortete: „Es gibt keinen Weg auf Erden, wie jemand den Schmerz beherrschen kann." Plötzlich schrie ich mir die Lunge aus dem Leib und knallte ihm eine, genau über seiner Kehle. Dann blickte ich ihn an und fragte: „Wie viel Schmerz hast du verspürt, als ich das gemacht habe?" und er schaute mich an und sagte: „Keinen", und ich sagte: „Nun, alles, was wir tun müssen, ist, es zu schaffen, dass du diesen Zustand beibehältst", denn das Problem kann die Art der Beurteilung durch die Leute sein.*

*Sobald du also dieses Bild in deinem Kopf laufen lässt, genau, vermute ich, dass du darin besser geworden bist, weil du es ein paar Mal gemacht hast.*

Oh, ich bin wirklich gut darin.

*RB: Ja, nun, er auch, aber noch einmal, solange du dir das Bild machst – natürlich ist es wahr, jedes Mal, wenn du in ein Flugzeug steigst, kann es abstürzen. Aber dann wiederum sind Flugzeuge, anders als Aufzüge, einer der sichersten Wege, um zu reisen. Es ist sogar wahrscheinlicher, dass du stirbst, während du die Kensington High Street überquerst, als wenn du mit einem Flugzeug fliegst. In einigen Städten in den Vereinigten Staaten bezahlen sie Autofahrer, um dich zu überfahren. In Kalifornien trainieren wir Autofahrer, sich von Fußgängern fernzuhalten, aber es gibt einige Städte wie Seattle, wo Fußgänger keine Vorfahrt haben, sie können also genausogut Zielscheiben auf sich draufmalen und die Straße betreten. New Orleans ist dem recht ähnlich. In Los Angeles haben Autofahrer Vorfahrt, es sei denn, es gibt ein bestimmtes Licht, eine bestimmte Farbe oder so etwas – aber ich bin da sehr misstrauisch. Ich versuche zu warten, bis keine Autos da sind, die mich möglicherweise überfahren könnten, und überquere dann die Straße. Ich denke, die beste Verteidigung ist eine Panzerung. Die Leute kritisieren mich immer, denn ich fahre große Autos, aber ich finde, wenn ich in einen Unfall verwickelt werde, will ich gewinnen. Früher in den Siebzigern fuhr ich diesen gigantischen Lincoln Continental, den ich für 900 Dollar gekauft hatte, und brachte Stahlstangen an allen Seiten an. Die Leute fragten: „Warum fährst du diesen großen Panzer?" und ich antwortete: „Weil ich Kinder habe, deswegen." Ich sagte: „Wenn jemand in mich reinfährt, will ich, dass sie sterben, nicht meine Kinder." –*

*Nun, wenn du zurückgehst und nachdenkst – du sagtest immer wieder, die Bilder wären wichtig, aber wenn du das tatest, machtest du diese wunderschöne Geste (imitiert die ablehnende Geste des Klienten). Du meintest: „Nein, nein", es ist nicht so, dass das Bild wichtig ist. Das ist so, wie: Was diesbezüglich wichtig ist, ist, dass du es dir nicht ansiehst, denn wenn du es dir ansehen würdest und anfingst zu denken, wie albern es ist, würdest du vielleicht nicht all das Unangenehme durchmachen. Denn die andere Sache, die du tun kannst, ist, zu überlegen, dass der Grund, weswegen die Mechaniker draußen sind, ist, dass sie das Flugzeug reparieren. Das ist genaugenommen eine gute Sache, weißt du. Anstatt dich mehr zu beruhigen, jagst du dir bis zu dem Punkt Angst ein, wo du das Gefühl hast, dass du bereits tot bist. Und es ist schön, dass du daraus keinen langen Vorgang machst, in dem du leidest. Einige Flugzeug-Phobiker sterben sogar langsam im Feuer und stellen sich vor, mit sehr langsamer Geschwindigkeit auf dem Boden aufzuschlagen, sodass ihr Tod ein Maximum an Unannehmlichkeiten hat. Sie ziehen es in Zeitlupe 35 Minuten in die Länge und fühlen jede Zelle ihres Körper verbrennen und das ist natürlich verrückt, oder?*

*Du siehst schockiert aus. Warum **würde** jemand das tun? Nun, meine Frage ist: Warum würde irgendjemand das tun? **Einfach, weil es eine schlechte Gewohnheit ist.** Der Trick ist aber, wie siehst du überhaupt das Bild, das du dir nicht anschaust? Übrigens, wo ist es? (Klient zeigt dorthin.) Es ist genau da? Okay. Nun, da gibt es, es gibt Dinge, von den du einfach weißt, dass sie nicht wahr sind, oder? Zum Beispiel: Gibt es einige Leute, die in deiner Firma arbeiten, die dir Sachen erzählen, die du nicht glaubst?*

Oh ja.

*RB: Richard ist wirklich gut darin, diese zu finden. Ich habe einiges an Insider-Informationen darüber ... Also, nun, wenn du an das Beispiel denkst, das in deinem Kopf auftauchte, die Sache, die dir jemand erzählte, die du absolut nicht geglaubt hast. Okay? Wo ist das Bild? Genau an der selben Stelle?*

Ja.

*RB: Okay. Was ist der Unterschied zwischen dem Bild und dem anderen? Sind beides Filme? Gibt es irgendeinen Unterschied in der Größe? Ist eines fokussierter als das andere?*

Nein, es ist so – ich kann das (das Bild des Unglaubens) sehr deutlich als genau das sehen, was es ist, aber das andere ist sehr – ich kann nicht wirklich greifen, was in dem Bild ist.

*RB: Sickert es bereits herein?*

Ja, ja.

*RB: Okay. Schau dir das eine an, wo du es als das sehen kannst, was es ist, dasjenige, das dir sagt, dass es absoluter Mist ist, richtig? Nun, nimm das vage Bild und lass es wie das werden, von dem du weißt, dass es Quatsch ist.*

Gut, das ist sehr – sehen Sie, das Bild von der nicht so guten Sache, dem Flugzeugabsturz, es ist nicht einmal eine bestimmte Sache.

*RB: Nein, ist es nicht. Es ist überhaupt keine bestimmte Sache. Das macht es einfach, die Lücken auszufüllen. Sobald du es definierst, scheint es kein Mist zu sein? Deswegen sagtest du, das wird nicht funktionieren.*

Ja, natürlich.

*RB: Richtig, also versuch es einfach auf meine Art. Okay, da du nicht weißt, wie es abstürzen wird, weißt du nicht, was passieren wird, sobald du es bestimmst, wird daraus ein Problem, mit dem man umgehen kann. Okay, denn eine der Möglichkeiten ist, dass du von einem Raumschiff Außerirdischer abgeschossen wirst.*

(Lacht) Ja, okay, das ist es nicht –

*RB: Okay, du wirst also sterben, während es die Startbahn runterrollt?*

(Klient zuckt mit den Schultern.)

*RB: Okay, gut, aber wie genau?*

Ich weiß nicht.

*RB: Gut, du weißt es nicht, also, warum nicht von einem Raumschiff abgeschossen werden?*

Sie haben recht (lacht).

*RB: Nun, wenn du es deutlich machen würdest, würde dein Gehirn wahrscheinlich denken: „Das ist Quatsch", glaubst du nicht? Ist das nicht so, wie du entschiedest, dass die andere Sache Quatsch war? Du konntest es klar als das sehen, was es war. Das ist genau, was du zu mir gesagt hast. Alles, was ich mache, ist, was du mir gesagt hast. Nun, wenn du dieses Bild nimmst und du machst es deutlich, wirst du entscheiden können, ob es Quatsch ist oder nicht.*

Ja.

*RB: Es gibt also die Wahl, dass du es entweder vage lässt und dich zu Tode ängstigst. Du könntest dir sogar auf diese Art Angst vor allem einjagen, denk mal darüber nach.*

Sie haben recht, ja.

*RB: Ja, könntest du. Du könntest – bist du verheiratet?*

Ja.

*RB: Ja. Nun, du könntest dir unklare Bilder machen, wie deine Frau mit einem anderen Mann davonrennt, dein Bankkonto plündert und eine wertlose, unbekannte Gestalt –. Du könntest dir jeden Tag Angst einjagen – oder du könntest diesen Quatsch als den Quatsch ansehen, der er ist, und es nicht tun.*

Ja.

*RB: Verstehst du?*

Ja.

*RB: Okay. Siehst du, ich stelle fest, dass oftmals, wenn ich Sachen mit Leuten mache, sie sich hinterher umdrehen und mich anschauen werden und fragen: „Und dafür bekommst du Geld?" – Sieh, die Angst, die du erzeugst, wird daraus erzeugt, kein klares Bild zu haben, das dir sagt, ob es Quatsch ist oder nicht. Ich meine, wenn du das Bild klar machst, wird es sich manchmal als Quatsch herausstellen und manchmal wirst du sagen: „Das ist richtig." Aber solange das Bild nicht klar ist – zum Beispiel, um Verwandte zu ertragen, die sich von dir immer wieder Geld leihen und es dir nicht zurückzahlen, würdest du das Bild schwammig lassen, richtig?*

*Okay. Als ich das erste Mal verheiratet war, lieh sich jeder Verwandte meiner Frau Geld von mir und nach dem zweiten oder dritten Mal wusste ich, dass sie es nicht zurückzahlen würden, auch wenn sie sagten: „Ich werde dir das Geld zurückzahlen, was ich dir schulde, genauso wie dieses Geld." Es erschien in dem Quatsch-Bild und dann stellte ich mir vor, wie ich mit meiner Frau darüber streiten müsste, und ich ließ das Bild einfach verschwimmen und gab ihnen Bares.*

*Ich war aber klug genug, nach oben zu gehen und es **nicht** in der Rubrik „Das Geld werde ich zurückbekommen" abzulegen. Ich habe eine Liste voll von Leuten, die es mir nie zurückzahlen werden. Es hat nur einen Vorteil. Wenn es ein bestimmtes Ausmaß erreicht, kommen sie nicht mehr vorbei und fragen nach mehr, denn sie wissen, dass du es zum Thema machen wirst. Und ich versuche im Voraus zu errechnen, wie viel das sein wird. Ich lege Listen mit den Leuten in meinem Leben an, die sich Geld von mir geliehen haben, und versuche zu berechnen, wie viel es mich kosten wird, bevor sie mir für den Rest meines Lebens aus dem Weg gehen werden, und ich wäge ab, ob es eine lohnenswerte Investition ist oder ob es billiger wäre, ihnen zu sagen, dass sie sich verziehen sollen. Bei einigen Leuten ist es wirklich nicht so teuer. Für einige reichen weniger als 100 Mäuse. Sobald sie dir 50 Dollar schulden – sie werden um 20 bitten, aber du schaust sie an und du sagst: „Sag mal, warum leihe ich dir nicht 50 und du zahlst mir nächstes Mal 70 zurück, wenn du mich siehst?" **Pfffft**. Sie sind Vergangenheit und kommen nie wieder. Nun, ich habe mir früher immer wieder die Haare gerauft, bis ich die Entscheidung traf, es so zu machen, dass ich wusste, was Quatsch war und was nicht. Wonach du fragst, ist, wie du deine Gedanken vereinfachst. Zu lernen, wie du mehr gute Gefühle zur richtigen Zeit haben kannst. Behalte das im Kopf ...*

# Eine Trance im Vorbeiflug

*... Meine Güte, ich fuhr einmal in ein bestimmtes Land, und nachdem ich einen Vortrag gehalten hatte, kam jemand zu mir und kritisierte mich **tatsächlich**, so lange bei dem Thema zu verweilen, sich gut zu fühlen. Er sagte mir, dass gute Gefühle nicht echt und schlechte Gefühle echt wären.*

*Nein, dachte ich. Als nationales Modell für ein Land würde das zu massiver Depression führen. Zum Glück stimmte nicht jeder in dem Land mit ihm überein, aber er sagte mir, dass man guten Gefühlen nicht trauen könne, am Ende würdest du immer ein schlechtes haben. Er würde sich also lieber die ganze Zeit schlecht fühlen und enttäuscht sein. Was mich betrifft, ich lebe lieber ein einem Zustand von Selbsttäuschung und – mich die meiste Zeit gut zu fühlen, und sollte ich mich schlecht fühlen, es so kurz wie möglich zu halten.*

*Es ist nicht so, dass Menschen dich nicht enttäuschen werden oder dass Mist nicht passieren wird. – Wer weiß? Vielleicht wird eines Tages das Flugzeug aus dem Himmel fallen – aber all das Sorgen und sich ärgern wird nicht dazu führen, dass weniger passiert. Daher kannst du deine Zeit auf diesem Planeten Erde so angenehm wie möglich gestalten. Also wackele ein bisschen mit deinen Zehen und lass ein Gefühl deine Beine hochkommen, das in einem Lächeln endet. – So ist es richtig. Im Laufe deines Lebens hast du hunderttausende Male gelächelt. Ohne darüber nachzudenken, wird dein Herz über zwei Milliarden Mal in deinem Leben schlagen. Manchmal schlägt es etwas schneller als sonst, manchmal schlägt es ein bisschen langsamer. – Dein Blutdruck wird hochgehen – und runter – manchmal geht er ein bisschen zu hoch und manchmal – ist er ein wenig zu niedrig. Der natürliche Prozess für Menschen ist, dass*

*Dinge schwanken und – eine Balance erreichen. Nun, das bedeutet für mentale Aktivitäten – wenn du aus dem Gleichgewicht bist, sollte es eine natürliche Neigung sein – eine homöostatische (selbststabilisierende, Anm. d. Ü.) Reaktion zu finden. Wenn du anfängst, massives Grauen zu erzeugen, solltest du fähig sein – einen Sinn für Humor dafür zu entwickeln. Ich finde, dass ein Kichern in dieser Hinsicht viel ausmacht. – Wenn du ein Flugzeugunglück in deinem Kopf erschaffst, kannst du es genausogut durch fliegende Untertassen verursachen lassen. Du kannst genausogut entscheiden, dass Außerirdische durch das Universum gereist sind, nur um dein Flugzeug abzuschießen, denn, wenn du das tust, kannst du – es bis zu dem Punkt treiben, wo es so albern scheint, wie es ist. Wenn du deine Angst gestaltlos, vage, versteckt in verschwommenen Bildern lässt und es erzeugt in dir Qual. Du kannst genauso gut – intensiven Fokus, Klarheit, dreidimensionale Bilder erschaffen und dann – wählst du aus, was du in sie hineinstellst. Übe, übe, übe. Wenn du anfängst, dich selbst zu sehen, wie du in die Richtungen erfolgreicher wirst, in die du es möchtest – während du tiefer und tiefer sinkst, immer noch in das, was es ist, das du noch nicht weißt, aber im Verlauf des in eine tiefe Trance Fallens – ist es sehr einfach zu lernen – wenn du mit dir selbst zu viel redest – gehe nach innen und verlangsame einfach deinen inneren Dialog. Wenn du schlafen musst – sprich mit dir in einer* **schl-ä-ä-ä-ä-f-ri-gen** *Stimme. Wenn du Schwierigkeiten hast, zuzuhören, macht das nichts – ich rede nicht mit diesem Verstand, sondern mit deinem anderen Verstand – dem anderen Verstand – dem Teil deines Verstands, der Sprache versteht, dem Teil deines Geistes, der versteht, wie es ist – eine Funktion zu haben, wie zum Beispiel ihn in die Zukunft zu bekommen. Nun, noch einmal, zwing dich einfach zu lächeln und denk an etwas Fröhliches. Denk ein bisschen an dieses Gefühl und lass es sich ausbreiten, spüre deine Handrücken, die Unterseite deiner Arme, die Rückseite deiner Ellbogen, die Rückseite deiner Schultern und lächle buchstäblich – und du wirst entdecken, dass, wenn Serotonin in deinen Blutkreislauf eindringt, es das Haar deiner Arme ein bisschen kribbeln lässt. Das ist eine natürliche, festverdrahtete Reaktion. Selbst*

*Menschen in Borneo tun das. Lächeln und Lachen sind fest ver-drahtet und es ist fest verdrahtet mit Lernen. Der Grund, weswegen Kinder spielen und lachen und kichern, während sie sich aufs Leben vorbereiten, liegt darin, dass, wenn du Dinge als Spiel übst und das Spiel Spaß macht, es bedeutet, dass du das Gelernte öfter benutzen wirst. Zu oft versuchen Menschen, sich abzumühen, zu verstehen und zu lernen. Wenn etwas ein Kampf ist und du verknüpfst neues Wissen mit Abmühen, ist es schwerer, das Wissen zu nutzen.*

*Nun, ich habe dich gebeten, einfach etwas in deinem Verstand auszu-probieren. Erinnere dich an das, was ich dir gesagt habe, und fang an, es auszuprobieren. Aber bevor du es probierst, fang an, dich gut zu fühlen. Geh zurück und finde ein wirklich glückliches Erlebnis. Jeder hat wenigstens eines, geh zurück und sieh, was du zu der Zeit sahst, hör, was du hörtest. Mach das Bild lebensgroß, sodass du wieder einiges von dem einfangen kannst, was auch immer du an gutem Gefühl hattest, ob es die Geburt deines ersten Kindes war, ob es der Gewinn eines Preises war, ob es eine Verabredung war – es spielt keine Rolle, was es ist, denn das ist nur Inhalt. –*

*Während du zurückgehst und du siehst, was du sahst, und hörst, was du zu der Zeit hörtest, gibt es dir eine Chance, einiges der Chemie in dir, die gute Gefühle erzeugt, wieder zurückzubekommen. Nun, wenn du den Umfang dieses Bildes vergrößerst, werden deine Gefühle stärker werden. Wenn du es ein bisschen näher holst, werden deine Gefühle stärker werden. Wenn du die Helligkeit hochdrehst, werden deine Gefühle stärker. Wenn du die Lautstärke aufdrehst – wenn du sogar größere Lautsprecher in deinen Kopf stellst, sodass du diesen Surround-Klang hast – bringt dir das mehr von dem Erlebnis – und, je mehr dir das von dem Erlebnis bringt, desto mehr der – guten Gefühle werden durch die Oberfläche deines Körpers fließen. Von der Spitze deiner Zehen bis zum Scheitel deines Kopfes, von der Rück– zur Vorderseite, von außen nach innen, während du diese Gefühle durch deinen Körper kreisen lässt und sie sich herumbe-wegen und in dir zirkulieren, gibt es deinem Unbewussten eine*

*Chance, sich bereit zu machen. Und lass das gute Gefühl weiter kreisen und lächle. Wenn du nicht lächelst, wenn du ein gutes Gefühl hast, wirst du nur einen Teil des Guten bekommen. Es ist, wie Sex mit einem Magazin anstatt mit einem Menschen zu haben – einfach nicht das Gleiche.*

*Geh sogar zurück und füge deinem Bild mehr Parallaxe zu, lass es dreidimensionaler werden. Neige das Bild nach rechts und nach links, übernimm das Steuer deines Gehirns. Wenn es nicht lebhaft genug ist, mach es etwas lebhafter. Fokussiere durch dein Bild und mach es ein wenig klarer. Jeder Zentimeter, jedes Pixel, die du hinzu-fügst, jedes kleine Bisschen, das dir mehr von dem guten Gefühl gibt, bereitet dich besser vor. – Denn wenn du in deinem Körper lächeln kannst, wenn du in deinem Herzen lächeln kannst, dann bist du bereit zu beginnen, deinen Dämonen entgegenzutreten – den Dämonen, mit denen wir leben. Denn die Ketten der Freien sind nicht Gefängnisse und Hunger und Armut. Die Ketten der Freien sind aus der Art geschmiedet, wie wir in unserem Kopf denken. Was wir als möglich empfinden und was wir als unmöglich empfinden, was wir in Bezug auf die Art Mensch, die wir sind, glauben und die Gefühle, die wir uns selbst erlauben zu haben. Denn wenn du zurückgehst und du schaust dir die Glaubenssätze an, die du hast, die dich einschränken – und dieses Mal dreh sie buchstäblich um und sieh, was auf der anderen Seite ist und es mag zunächst vielleicht nicht so klar sein, aber dein Unbewusstes möchte und muss jetzt wei-tergehen. –*

*Nimm also die Sache, die am dringendsten war, und stell dir vor, du denkst anders über sie. Stell dir vor, du tust es nur für einen Moment in einer entspannten, ruhigen Art, und wenn sich dein Unbewusstes eine andere Art zu fühlen einfallen lässt, möchte ich, dass du beginnst, es zu tun. Denn das ist einfach ein Schritt in dem Prozess. Dies ist vom Anfang bis zum Ende dazu angelegt, eine Sache zu erreichen, nämlich, dein Leben wieder zurückzugewinnen, sodass du – anfängst, die Dinge zu erreichen, die du mehr möchtest.*

*Du bist bereits sehr erfolgreich, sehr gut in dem, was du tust. Nun, wenn du es optimieren kannst, bedeutet es nur, dass du es nur um soviel besser tun wirst. Und du hast dich damit (diesem Problem) eine lange Zeit abgemüht. Ich empfehle dir, das Abmühen aufzugeben und einfach damit weiterzumachen. Je mehr du dich abmühst, desto mehr wirst du gut darin, dich abzumühen, je mehr du dich entspannst und anfängst, an dem Prozess Freude zu haben, desto eher wirst du einen einfacheren, fröhlicheren Weg finden, die Dinge schneller erledigt zu bekommen.*

*Nun, in einem Moment werde ich dich bitten, aus dieser Trance zu kommen, aber lass für einen Moment deine Phantasie mit dir durchgehen. Fang an zu denken, dass es vielleicht noch ein paar andere Dinge in deinem Leben gibt, die du aufregender machen könntest, einige Dinge, die du einfach unwichtig machen kannst, denn einige Dinge machen wir so, dass sie einfach keine scheiß Rolle mehr spielen. Nun, einige Dinge spielen keine Rolle und einige tun es. – Vielleicht müssen wir einige der Dinge, die keine Rolle spielen, zu den Dingen stellen, die eine Rolle spielen, und einige Dinge, die eine Rolle spielen, zu den Dingen, die es nicht tun. Wenn wir unser Leben neu kategorisieren und du dir einfach vorstellst, deine Gedanken und deine Gefühle durchzusortieren und fähig zu sein, sie methodischer zu platzieren – gut, unbewusst – das ist das, was du jede Nacht tust, während du schläfst und während du träumst. Heute Nacht also, während du schläfst, während du gerade träumst, wird sich dein Unbewusstes an diese Trance erinnern – und in einem Augenblick werde ich von 1 bis 10 zählen und, mit jeder Zahl, möchte ich, dass du soweit aufwachst, wie du es brauchst, und ich möchte, dass dein Unbewusstes weiter genau das tut, was es auf eine neue Art gemacht hat. Jetzt – eins – anfangen aufzuwachen – zwei, ein wenig mehr aufwachen – drei, lächeln, lächle, lächle, lächle – na los – lächle, vier, fünf, sechs, sieben, acht, neun, 10 – Aaahh –*

# 21.

# Zum Schluss ...

⌘

Als ich dieses Buch zu schreiben begann, habe ich mich selbst als Optimisten bezeichnet. Trotz allem, was in der Welt passierte und einiger Dinge, die ich gesehen habe, werde ich immer ein Optimist bleiben. Das liegt daran, dass ich an unsere menschliche Fähigkeit, zu lernen und uns zu verändern, glaube.

Es wird wahrscheinlich immer Menschen geben, die sagen „das geht nicht", und diese sind, so glaube ich, die wahren Pessimisten. Als ich ein Kind war, erzählten sie uns immer, es wäre unmöglich, zum Mond zu fliegen. Wir sind auf dem Mond gewesen. Wir waren mehrmals dort, auch wenn wir absolut davon überzeugt sind, dass es dort nichts von Wert gibt.

Letztendlich werden wir zu den Sternen fliegen. Wir werden herausfinden, wie wir Raum überqueren können, anstatt ihn zu durchfliegen – und das wird aus dem kommen, was wir glauben, was möglich ist – und es dann tun.

Psychiater sagten mir viele Male, dass die Schizophrenen in ihrer Obhut „chronisch" wären und keine Hoffnung für sie bestünde. Ich glaubte das nicht und so ging ich mit dem Konzept rein, dass sie falsch lagen und dass selbst den chronisch Kranken und den Hoffnungslosen Freiheit gegeben werden konnte.

Viele von ihnen bekamen ihre Freiheit zurück. Das liegt daran, dass wir die Fähigkeit haben, zu lernen und zu wachsen. Es gibt viele Dinge, die in unserer Kindheit wichtig waren und nicht mehr länger eine Rolle spielen. Wir können Dinge in unserem Kopf umschalten, sodass sie ihre Bedeutung vollkommen verändern. Wir haben die Fähigkeit, unsere Generalisierungen zu verzerren, und das ist es, was uns klug macht und uns die Fähigkeit gibt, solch intelligente Dinge zu tun.

Mein Interesse an Hypnose und veränderten Zuständen führte mich in viele verschiedene und lohnende Bereiche. Da ich herausfinden wollte, wie weit wir Dinge treiben können und ob es Grenzen für unsere Fähigkeit zu wachsen und uns zu entwickeln gibt, entwickelte ich drei wichtige Verhaltenstechnologien.

Neurolinguistisches Programmieren, manchmal beschrieben als das Studium der subjektiven Erfahrung und was daraus abgeleitet werden kann, entmystifizierte Hypnose und brachte seine zugrundeliegende Struktur in die bewusste Wahrnehmung. Design Human Engineering(TM) (DHE) demonstrierte, dass wir vollkommen neue Zustände und Erfahrungen für uns erschaffen können, nur begrenzt durch unsere Vorstellungskraft. – Und Neuro-hypnotisches Repatterning(TM) (NHR), es wurde dazu entwickelt, den hypnotischen Prozess zu nutzen, um Menschen auf der Ebene ihrer kortikalen Pfade neu zu strukturieren.

Es bringt mich auf die Palme, dass einige Menschen immer noch an ihren einschränkenden Glaubenssätzen über all diese Sachen festhalten. Ich treffe Menschen, hauptsächlich christliche Fundamentalisten, die mir erzählen, dass Hypnose des Teufels Werk ist. Ich bin anderer Meinung.

*Dummheit ist des Teufels Werk.*

Manchmal gibt nur der Klang eines Wortes bestimmten Menschen ein schlechtes Gefühl – also sage ich, gib ihm einen anderen Namen. Nenn es Hypnose oder nenne es „veränderte Zustände". In der Praxis interessiert mich das aber nicht wirklich. Es spielt für mich keine

Rolle, welches Wort wir benutzen, für mich ist wichtig, was wir erreichen können.

Als ich mit meiner Arbeit anfing, stellte ich fest, dass Menschen sich selbst Probleme schaffen, weil sie gewohnheitsmäßige Verhaltensmuster zeigen, die sich in Schleifen wiederholen. Ich erinnere mich, vor mehr als 30 Jahren in einem Buch gelesen zu haben, dass Schizophrene in einer kleinen, sich aber wiederholenden Realität leben. Wenn ich in psychiatrische Kliniken ging, merkte ich, dass der Autor absolut recht hatte. Diese Leute hatten sehr eingeschränkte Verhaltensmuster, die fortwährend immer nur in einer Schleife liefen. Es gab keine Abweichung – außer manchmal beim Abendbrot.

Es faszinierte mich zu sehen, wie sie ihre Schizophrenie einfach für ein kleines Ereignis beiseitelassen konnten. Aber das bedeutete, dass, wenn sie das dann tun konnten, sie es auch zu anderen Zeiten konnten.

Es liegt jetzt viele Jahre zurück, dass ich meine Kinder mit zu einer Kirche zu nehmen pflegte, die jedes Jahr zu Thanksgiving Essen an Obdachlose austeilte. Die Art, wie wir es taten, war anders, denn dies waren ältere Leute ohne Wohnung und Familie. Viele von ihnen waren geistig ernsthaft beeinträchtigt, denn zu dieser Zeit hatte Reagan viele der psychiatrischen Kliniken geschlossen und die Mehrzahl der Insassen auf die Straße gesetzt.

Anstatt sie also in Schlangen anstehen zu lassen und Essen auf ein Tablett geklatscht zu bekommen, arrangierten wir es wie ein Restaurant. Wir hatten Tische und Stühle und Tischdecken und Servietten. Und die Leute wurden an der Tür empfangen und zum Waschraum geführt, wo sie sich vor dem Essen waschen konnten, und wenn sie zurückkamen, trafen sie auf Menschen, die sie bedienten. Wir setzten Leute zu Gruppen von zwei oder vier zusammen und mischten sie mit Menschen, die in der Gemeinde lebten.

Was mich daran faszinierte, war, dass, obwohl einige dieser Leute absolut verrückt waren, die Art, wie man mit ihnen umging, irgendeinen alten Anker auslöste und sie sich zu dem Punkt zurückentwickelten, wo sie ihre Krankheit an der Tür ablegten.

Niemand verhielt sich verrückt. Tischmanieren und Höflichkeit griffen um sich. Es war so eigenartig, dass ich dachte, es wäre einfach nur eine Gruppe. Aber es kamen immer mehr und, egal, wie schlimm ihr Zustand war, wenn sie eintrafen, sie schalteten unmittelbar um. Sie saßen an den Tischen, unterhielten sich nett miteinander, waren zuvorkommend zueinander und zu den Menschen, die sie bedienten. Dies waren Leute, die sich auf der Straße gegenseitig das Essen stahlen und andere verprügelten, aber wir hatten keinen einzigen Streit. Es gab kein einziges lautes Wort. Sie standen auf und fingen an, ihr Geschirr abzuräumen, und wir sagten: „Nein, nein. Überlassen Sie das der Hilfskraft."

Die Wahrheit ist, wenn du Menschen in die richtige Umgebung versetzt, wird sich ihr Verhalten verändern. Die schlimmste Umgebung von allen sind psychiatrische Kliniken. Es gibt so viel Wettbewerb, wer der Verrückteste dort ist, dass Menschen ihre Verrücktheit hervorheben, um Aufmerksamkeit zu bekommen.

Ich erinnere mich an einen paranoiden Schizophrenen in einem Krankenhaus, der sich hinter einer Couch versteckte. Er verbrachte den ganzen Tag damit, plötzlich aufzutauchen und hervorzulugen. Ich setzte mich also auf die Couch, und als sein Kopf hochkam, schrie ich: *„Buh!"* und erschreckte ihn zu Tode. Ich machte damit eine Stunde lang weiter, wobei ich jedes Mal in eine etwas andere Position ging und „Buh!" rief.

Nach einer Weile fing er an zu lachen. Dann zog ich ihn hinter der Couch hervor und ließ ihn sich neben mich hinsetzen und ich sagte: „Wenn du nicht neben mir sitzt, werden sie dich holen."

Ich ließ meinen Blick misstrauisch über die Couch schweifen, als ob etwas Schlimmes dahinter sei. Ein wenig später hing er an der Kaffeemaschine rum, trank Kaffee und unterhielt sich mit Leuten.

Die Sache war, dass sein Psychiater ein ganzes Jahr damit verbracht hatte, ihm zu sagen, dass es Nichts gab, worüber er sich Sorgen machen müsse – aber, Verzeihung, wenn ich dich andauernd anschauen und dir sagen würde: „Nun, es gibt nichts, worüber du dir Sorgen machen musst", würdest du wahrscheinlich genauso ausflippen.

Der Psychiater hörte nicht auf seine eigene Sprache und erkannte nicht, dass er es in Wahrheit war, der noch mehr Paranoia in diesem Kerl induzierte. Mein Gefühl war: Gib ihm etwas, vor dem er paranoid sein kann und dann wird er aufhören, paranoid vor Nichts zu sein.

Immer wieder bin ich in der Situation gewesen, wo ich von einer Familie angeheuert wurde, um jemandem zu helfen, sich von einem Krankenhausaufenthalt zu erholen. Heute weiß ich, dass es die Schuld des Krankenhauses ist, dass sie überhaupt dorthin gekommen sind, aber es ist definitiv ihre Schuld, dass sie dort geblieben sind. Den Wahnsinn von Menschen zu tolerieren und sie mit anderen Wahnsinnigen Umgang haben zu lassen, wird gezwungenermaßen eine Wirkung haben. Sie müssen wirklich in einer Situation sein, die ihr bestes Verhalten erfordert und auslöst.

Mir wurde klar, dass es keine populäre Ansicht ist, aber ich denke, dass Reagan etwas Gutes tat, indem er die Leute aus den psychiatrischen Anstalten holte und sie dazu zwang, zurechtzukommen. Sicherlich wurden einige von ihnen obdachlos, aber viele von ihnen nahmen Jobs an und fanden eine Bleibe. Einige von ihnen funktionierten besser als andere, und je mehr wir Menschen zwingen, fähig zu sein zu funktionieren, desto besser wird es ihnen gehen. Vielleicht werden sie immer noch verrückt sein – aber ich treffe verrückte Menschen überall, jeden Tag.

Mit diesem Buch hoffe ich einiges von meinem Optimismus weiterzugeben – und eine Menge anderer Dinge, die ich nicht in Vergessenheit geraten lassen möchte.

Es gibt viele Muster, die ich entwickelt habe, über die nicht geschrieben wurde. Es gibt einige, die in Büchern beschrieben sind, aber diese Bücher sind nicht mehr unmittelbar erhältlich.

Ich möchte, dass Menschen diese älteren Sachen haben und einige der neuen Entwicklungen, denn die Art Dinge, die ich mit Menschen mache, hat funktioniert. Meinen Klienten geht es besser und den Klienten von so vielen Menschen, die ich trainiert habe, geht es besser.

Aber das Problem ist, dass es sich wie mit einer Ausstechform verhält. Wenn du deine Ausstechformen aus meinen Keksen machst und dann macht jemand anderes seine Ausstechform aus deinen Keksen und je weiter das geht, hast du Kopien von Kopien von Kopien und es ist nicht mehr länger so deutlich, wie es sein sollte.

Ich habe Dinge immer auf die einfache Art gemacht. Ich schaue mir an, wie andere Leute Trainings machen, und sehe Menschen mit Practitioner- oder Master-Practitioner-Zertifikaten aus ihren Seminaren kommen und sie können noch nicht einmal eine Phobie heilen. „Frogs into Princes" (deutscher Titel: „Neue Wege zur Kurzzeittherapie") erklärt dir genau, wie du das machst. Menschen lesen die Schritte in dem Buch, befolgen sie und schicken mir Postkarten, auf denen zum Beispiel steht: „Ich bin meine Phobie für $8,95 losgeworden, nachdem ich $160.000 für Therapie ausgegeben habe. Vielen Dank." Und ich habe ihnen mit den Worten zurückgeschrieben: „Taucht nicht das Wort ‚Rückerstattung' in Ihrem Kopf auf?" Das würde es definitiv bei mir tun.

Mein Anliegen bezieht sich auf die Menschen, die sich selbst in Ordnung bringen wollen, und die Menschen, die andere wirklich in Ordnung bringen wollen. Ich möchte, dass ihnen die grundlegenden Werkzeuge deutlich erklärt und in ihrer Wirkung nicht durch all den Unsinn, den es da draußen gibt, gemindert werden.

Einige Menschen sagen, dass die Dinge, die ich entwickelt habe, Allgemeinwissen sind, daher sei jeder zu ihrer Nutzung berechtigt. Mein Gefühl ist: Jeder ist berechtigt, der sie richtig macht und bei dem sie funktionieren. Alle übrigenen sind nicht dazu berechtigt, Bücher über meine Arbeit zu schreiben, und nicht berechtigt, darüber zu sprechen. Das hat alles mit Rechten an geistigem Eigentum zu tun.

Nun, ich könnte jeden Möglichen verklagen, wenn ich wollte, aber ich denke, die beste Lösung ist, klare Repräsentationen zu veröffentlichen, sodass die Menschen, denen es ernst damit ist, das tun zu wollen, zu lernen, wie sie ihr Leben verändern, zu lernen, das Leben von anderen Menschen zu verändern, die Ressourcen haben, die sie brauchen.

Im Laufe der Jahre habe ich eine Anzahl von Büchern geschrieben. Sie beschäftigen sich alle mit unterschiedlicher Materie, aber da sie seltener verfügbar werden, möchte ich nicht, dass das Wissen in ihnen verloren geht. Ich möchte auch, dass einige der Dinge, die noch nicht in Büchern stehen, darin niedergeschrieben werden, damit sie nicht verloren gehen.

Ich werde nicht für immer da sein. Ich werde durchaus noch für einige Jahre Seminare geben, aber nicht jeder kann zu einem Trainingsseminar kommen. Einige der Menschen, die keine Ausbildung haben, werden aus Büchern lernen wollen. Ich kenne Leute, die meine Arbeit in Ländern lernen, von denen ich noch nicht einmal wusste, dass es sie gibt. Es gibt auch einige Menschen, die an schlechten Trainings teilgenommen haben und die ihre Missverständnisse ausräumen wollen.

Sobald dieses Buch erscheint, wird es in andere Sprachen übersetzt und wieder einmal wird es der Ausstechform-Effekt sein. Es wird ein wenig verzerrt. Aber die Menschen, die lesen wollen, was ich tatsächlich in meiner eigenen Muttersprache gesagt habe, sollten alles für sich verfügbar haben. Diejenigen, für die das nicht zutrifft, werden wenigstens Übersetzungen dessen haben, was ich gesagt habe – nicht das, was jemand anders sagt, das ich gesagt hätte.

Ich hoffe, dass meine Botschaft über Lernen und Veränderung fortdauern wird.

> *Ich denke, wir brauchen alles, was uns hilft,*
> *unsere gegenwärtigen Beschränkungen zu überwinden*
> *und in die Zukunft zu gehen.*

Die Zeichen stehen gut. Ich arbeite die ganze Zeit mit Moslems und Hindus und Christen und Juden und Atheisten und Heiden. Sie sitzen alle im gleichen Raum und kommen absolut perfekt miteinander zurecht.

Das ist eine der Sachen, die mir an meinen Seminaren Freude bereiten, besonders in Städten wie London, wo sie kosmopolitisch und multireligiös sind. Es gibt Menschen jeder Rasse, Hautfarbe und

Überzeugung, oft aus 20 oder 30 verschiedenen Ländern. Ich habe ein Seminar in Florida gegeben, wo wir Leute aus Kuwait hatten und Leute aus Jerusalem. Wir hatten Juden und Araber, die zusammen Übungen gemacht haben.

Dies ist möglich, weil eine der Sachen, die uns allen gemeinsam ist, Denken ist. Wir alle denken und wir alle glauben – und sobald du erkennst, dass du dein Denken und deine Überzeugungen verändern kannst, verändert sich die Art, wie du dich verhältst.

*Glaubenssätze haben nichts mit Wahrheit zu tun.*
*Glaubenssätze haben mit Glauben zu tun.*
*Sie sind Leitfäden für unser Verhalten.*

Es gibt viele Menschen, die die gleichen religiösen Ansichten haben, aber sich vollkommen anders verhalten. Es gibt Moslems, die sehr friedvolle Menschen sind, und es gibt Moslems, die Mörder sind. Es gibt Christen, die Mörder sind, und Christen, die Pazifisten sind.

Es hat nichts damit zu tun, an welchen Gott du glaubst. Es hat damit zu tun, wie du deine Glaubenssätze aufbaust, um dein Verhalten zu leiten. Je mehr wir es schaffen, dass Menschen das verstehen, desto weniger bauen sie Glaubenssätze auf, die sie dazu zwingen, andere Menschen zu töten – und ich denke, das ist schlussendlich eine sehr wichtige Sache.

*Dr. Richard Bandler*

# Begriffe-Verzeichnis

⌘

### Ankern
Der Prozess, eine innere Reaktion mit einem äußeren Auslöser zu assoziieren, sodass die Reaktion schnell wieder zugänglich gemacht werden kann. Signale können visuell, auditiv, kinästhetisch, olfaktorisch und/oder gustatorisch sein.

### Auditiv
Bezieht sich auf das Hören oder auf den Hörsinn.

### Augenzugangshinweise
Augenbewegungen, die offenbaren, welches Repräsentationssystem der Klient benutzt, um Informationen zu verarbeiten.

### Bevorzugtes Repräsentationssystem
Der systematische Gebrauch eines Sinnes im Vorzug gegenüber den anderen, um Erfahrung in einem gegebenen Kontext zu verarbeiten und zu organisieren.

### Ergebnisse
Richtungen, Ziele oder gewünschte Zustände, die ein Mensch oder eine Organisation zu erreichen anstrebt.

## Future Pacing
Der Prozess, eine zukünftige Situation mental einzuüben, um sicher-stellen zu helfen, dass das gewünschte Verhalten natürlich und auto-matisch auftritt.

## Gustatorisch
Bezieht sich auf den Geschmackssinn.

## Installation
Der Prozess, die Aneignung einer neuen Strategie oder Verhaltens-weise zu unterstützen. Eine neue Strategie kann systematisch durch NLP-Techniken installiert werden.

## Kalibrierung
Der Lernprozess, die unbewussten, nonverbalen Reaktionen von anderen zu „lesen“.

## Kinästhetisch
Bezieht sich auf Körperempfindungen. Im NLP wird der Begriff kinästhetisch benutzt, um alle Arten von Gefühlen abzudecken, einschließlich taktiler, innerer und emotionaler.

## Kongruenz
Vollkommen gemeinsame Ausrichtung der inneren Überzeugungen, Strategien und Verhaltensweisen eines Menschen, mit dem Ziel, ein spezifisches Ergebnis sicherzustellen.

## Kontext
Die Rahmenbedingungen, die ein spezielles Ereignis umgeben. Diese Rahmenbedingungen bestimmen oft, wie eine bestimmte Erfahrung oder ein Ereignis interpretiert wird.

## Kriterien
Die Werte oder Standards, die ein Mensch nutzt, um Entscheidungen zu treffen und Bewertungen vorzunehmen.

## Meta Model(TM)

Ein Modell, entwickelt von Richard Bandler und John Grinder, das Kategorien von Sprachmustern identifiziert, die problematisch oder mehrdeutig sein können.

## Metapher

Geschichten, Parabeln und Analogien. Wird im NLP und in der Hypnose benutzt, um Veränderung zu unterstützen.

## Milton Model(TM)

Ein Modell, entwickelt von Richard Bandler und John Grinder während der Untersuchung der hypnotischen Sprachmuster von Dr. Milton H. Erickson.

## Modelling

Die Handlung des Kreierens einer Analyse, die ein gegebenes System beschreibt.

## Neurolinguistisches Programmieren (NLP)

Die Erforschung der Struktur subjektiver Erfahrung und was daraus abgeleitet werden kann.

## Oberflächenstruktur

Eine Äußerung.

## Olfaktorisch

Bezieht sich auf das Riechen oder den Geruchssinn.

## Pacen

Eine Methode, die von Kommunikatoren benutzt wird, um schnell Rapport herzustellen, indem sie bestimmte Bestandteile ihres Verhaltens dem des Menschen angleichen, mit dem sie kommunizieren; das Angleichen oder Spiegeln des Verhaltens.

**Prädikate**
Prozessworte (wie Verben, Adverben und Adjektive), die ein Thema beschreiben. Prädikate werden im NLP gebraucht, um zu identifizieren, welches Repräsentationssystem ein Mensch benutzt, um Informationen zu verarbeiten.

**Rapport**
Die Anwesenheit von Vertrauen, Harmonie und Kooperation in einer Beziehung.

**Repräsentationssysteme**
Die fünf Sinne: Sehen, Hören, Berühren (Fühlen), Riechen und Schmecken. Auch bekannt als: Visuell, Auditiv, Kinästhetisch, Olfaktorisch und Gustatorisch (VAKOG).

**Sinnesschärfe**
Der so vollkommen wie mögliche Gebrauch aller Sinne, um ein Maximum an Daten aus einem Zusammentreffen mit einer anderen Person zu ziehen.

**Strategie**
Ein Set von expliziten mentalen Schritten und Verhaltensmustern, um ein spezielles Ergebnis zu erreichen.

**Submodalitäten**
Die besonderen sinnesspezifischen Qualitäten, die durch jeden der fünf Sinne wahrgenommen werden. Visuelle Submodalitäten beinhalten zum Beispiel Farbe, Gestalt, Bewegung, Helligkeit, Tiefe usw., auditive Submodalitäten beinhalten Lautstärke, Tonhöhe, Tempo usw. und kinästhetische Submodalitäten beinhalten Druck, Temperatur, Oberflächenstruktur, Ort usw.

### Synästhesie

Der Prozess des Überlappens zwischen Repräsentationssystemen, charakterisiert durch Phänomene wie Sehen-Fühlen-Verschaltungen, in denen eine Person Gefühle aus dem ableitet, was sie sieht, oder Hören-Fühlen-Verschaltungen, wobei ein Mensch Gefühle aus dem bekommt, was er hört. Jegliche zwei sensorische Modalitäten können miteinander verknüpft sein.

### Teile

Anthropomorphe oder metaphorische Beschreibung von Programmen und Strategien von Verhalten, die vielleicht so erscheinen, als ob sie nicht unter der Kontrolle der Klienten stehen.

### Tiefenstruktur

Die inneren Sinneslandkarten (sowohl bewusst als auch unbewusst), die Menschen benutzen, um ihr Verhalten zu organisieren und zu steuern.

### Transderivationale Suche

Der Vorgang des Erforschens subjektiver Erfahrung, um die Aussage einer anderen Person zu verstehen.

### Überlappen

Das Ausweiten der Verarbeitungsfähigkeit und die Erweiterung von Erfahrung durch den Wechsel von einem Repräsentationssystem zu einem anderen.

### Verhalten

Physische Handlungen und Reaktionen, durch die wir mit den Menschen und der Welt um uns herum interagieren.

### Verhaltensflexibilität

Die Fähigkeit, sein eigenes Verhalten zu variieren, um eine bestimmte Reaktion bei einem anderen Menschen hervorzurufen.

**Visuell**
Bezieht sich auf das Sehen oder den Sehsinn.

**Wiederbelebung**
Das erneute Durchleben einer vergangenen Erfahrung in Trance, so, als ob sie sogar in der Gegenwart abliefe, statt eine Erinnerung aus der Vergangenheit zu sein.

**Wohlgeformte Bedingungen**
Im NLP ist ein spezifisches Ziel wohlgeformt, wenn es (1) positiv ausgedrückt ist, (2) vom Einzelnen selbst initiiert und aufrechterhalten werden kann, (3) ökologisch ist und (4) durch Erfahrung überprüft werden kann – d. h. sinnlich erfahrbar ist.

**Zugangshinweise**
Subtile Verhaltensweisen, die anzeigen, welches Repräsentationssystem ein Klient beim Denken benutzt. Zugangshinweise schließen ein: Augenbewegungen, Stimmton, Sprechtempo, Körperhaltung, Gestik und Atmungsmuster.

**Zustand**
Die gesamten laufenden mentalen und physischen Umstände, auf deren Basis ein Mensch agiert.

⌘

# Ressourcenblätter

⌘

# Ressourcenblatt 1
## Anker und Ankern

Ein Anker ist ein „Auslöser" oder ein Reiz, der eine spezifische Reaktion hervorruft. Er kann in jedem der fünf Sinne gesetzt werden. Anker treten in der Form von Sprache, physischen Berührungen oder Handlungen, spezifischen Anblicken oder unverwechselbaren Geräuschen auf. Oder sie treten möglicherweise innerlich auf, als Schlüsselwörter, Selbstgespräch, Bilder oder Empfindungen.

Worte sind wahrscheinlich die verbreitetste Form von Ankern, die man erlebt. Da die Beschreibung (das Wort) nicht die „Sache" ist, die sie beschreibt, muss sie in größerem oder kleinerem Ausmaß Assoziationen auslösen, aus denen der Zuhörer „Sinn ableitet".

Ankern kann außerhalb der bewussten Wahrnehmung auftreten oder absichtlich eingesetzt werden. Anker können unbeabsichtigt installiert werden, wie bei dem „Ein-Durchlauf-Lernen", das Phobiker erleben. Einige mögen genetisch sein – z. B. die Reaktion auf das Lächeln eines Babys. Das „Abfeuern" eines Ankers kann eine positive oder eine negative Wirkung auf den Klienten haben.

Ankern wird im NLP benutzt, um das Zustandsmanagement zu unterstützen, entweder von einem Anwender oder von dem Klienten selbst. Zu diesem Zweck wird ein starker, bekannter, gewünschter Zustand erzeugt und ganz bewusst mit einem Auslöser verknüpft. Dies unterstützt einen bewussten, reflexiven Zugang zu einem erwünschten Zustand.

Effektive Anker müssen verschiedene Kriterien erfüllen.
Sie müssen

- *einzigartig und spezifisch* sein (an der gleichen Stelle, mit der gleichen Lautstärke und Tonalität usw.), andernfalls tritt keine Konditionierung auf,

- *gesetzt werden, wenn die Reaktion ihren Höhepunkt erreicht,* um das Ankern des Zustands zu vermeiden, wenn er wieder nachlässt, und
- *regelmäßig aufgefrischt* werden, andernfalls wird die Wirkung naturgegeben verschwinden.

Anker können
- *gestapelt* werden (ähnliche Zustände auf den gleichen Auslöser geankert erzeugen einen stärkeren „zusammengefassten" Zustand),
- *verkettet* sein (eine Reihe von Ankern, wovon ein jeder den nächsten abfeuert), und
- *verschmolzen* werden (zwei ungleiche Anker werden gleichzeitig mit der Absicht abgefeuert, dass sie sich entweder gegenseitig neutralisieren oder einen „integrierten" Zustand erzeugen).

## Übung:
## Einen Anker setzen

1. Erinnere dich an eine Zeit, als du eine besonders starke, positive Emotion erlebtest – z. B. Spaß, Glück, freudige Anspannung usw.

2. Erzeuge diese Erfahrung so vollkommen wie möglich, indem du siehst, was du sahst, hörst, was du hörtest, und spürst, was du fühltest.

3. Verstärke das Gefühl, indem du die Richtung wahrnimmst, in die es sich bewegt, und lass es schneller und schneller kreisen. Erhöhe die Intensität der anderen Submodalitäten, mache die Farben strahlender, hole das Bild näher heran usw.

4. Während das Gefühl anfängt, seinen Höhepunkt zu erreichen, drücke fest auf deinen Handrücken und lass genau
dann los, bevor du spürst, dass das Gefühl nachzulassen
beginnt.

5. Verändere deine Körperhaltung (Zustandsunterbrechung)
und teste dann den Anker, indem du deinen Handrücken fest
auf genau die gleiche Art drückst wie zuvor. Nimm wahr,
wie viel des ursprünglichen Gefühls zurückkehrt.

6. Wiederhole dies, wenn notwendig, bis der Anker zuverlässig
platziert ist.

7. „Lade" ihn regelmäßig auf, wenn du möchtest, dass der
Anker von Dauer ist, da die Wirksamkeit der Anker dazu tendiert, mit der Zeit abzuklingen.

*Anmerkung:* Du kannst Anker „stapeln", indem du mehrere
Reaktionen mit dem gleichen Auslöser verknüpfst. Die Reaktion wird eine Synthese all der einzelnen Anker sein, sollte aber
intensiver erlebbar sein als jeder Einzelne von ihnen. Sie
können auch verkettet werden – d. h. gesetzt werden, um in
einer Abfolge abzulaufen, wie in Kapitel 17 demonstriert.

Wo eine einfache Reaktion Probleme hervorruft (z. B. Irritation
durch das Klingeln der Handys von anderen Leuten), kann der Anker
effektiv verschmolzen werden.

# Übung:
## Anker verschmelzen

1. Erzeuge einen starken Ressourcen-Zustand, indem du dich zunächst an eine Zeit erinnerst, als du passend reagiert hast, tritt hinein und intensiviere es, ankere es dann an einem Teil deines Körpers. Wenn nötig, stapele den Anker, um sicherzustellen, dass der Zustand kraftvoll und der Anker richtig gesetzt ist. Wechsle den Zustand.

2. Denk jetzt an den Zustand, den du zu verändern wünschst, und, während du ihn nochmals erlebst, ankere deine Reaktion an einem anderen Teil deines Körpers. Wechsle den Zustand.

3. Feuere jetzt beide Anker gleichzeitig ab. Der Effekt von zwei gegensätzlichen Ankern, die integriert werden, ist gewöhnlich etwas verwirrend. Halte die Anker, bis jegliche Verwirrung verschwindet.

4. Lass langsam den Anker des ungewünschten Zustands los, ein paar Sekunden später den Anker des ressourcenvollen Zustands.

5. Teste ihn, indem du versuchst, die ungewollte Reaktion auszulösen. Stattdessen sollte deine Reaktion neutraler sein oder sogar den ressourcenvollen Zustand einnehmen.

# Ressourcenblatt 2
## Sinnesspezifische Prädikate

Das Identifizieren der sinnesspezifischen Prädikate des Sprechers kann (1) seine Präferenz für einen Kanal gegenüber den anderen anzeigen oder (2) die Abfolge, die er benutzt, um sich zum Handeln zu motivieren (seine Strategie). Sich der sinnesspezifischen Präferenz des Sprechers anzugleichen, ist ein Mittel, um Rapport zu erreichen, während es seine Verhaltensflexibilität erhöht, wenn man ihn in andere Systeme führt (Leading).

Wenn der Sprecher sinnesspezifische Prädikate benutzt, die seinen Augenzugangshinweisen nicht entsprechen, besteht der starke Verdacht, dass er beeinflusst durch Dinge außerhalb seiner bewussten Wahrnehmung spricht oder sich verhält (z. B., wenn er nach oben und nach links schaut, dann nach unten rechts blickt, während er sagt: „Es geht mir ohne Grund schlecht", reagiert er wahrscheinlich auf ein unbewusst zugegriffenes eidetisches Bild).

Die folgende Liste ist weit davon entfernt, vollständig zu sein.

## Sinnesspezifische Prädikate

| Visuell | Auditiv | Kinästhetisch |
|---|---|---|
| Offenbart sich | Ist hörbar | Ist aktiv |
| Blickwinkel | Gespräche | erträglich |
| Aspekt | Klick | Kalt |

| Visuell | Auditiv | Kinästhetisch |
|---|---|---|
| Hell | Kommunikativ | Cool |
| Klar (auch auditiv) | Diskutieren | Fühlen |
| Im Dunklen | Ohrenschmaus | Haftung |
| Dämmrig | Hörweite | Fluss/Flow |
| Fokus | Ausdruck | Auffassungsgabe |
| Trüb | Hören | Bauchgefühl |
| Licht (im _ von) | Stille | Griff |
| Schaue, sieht aus wie | Höre | Schwer |
| Beobachten | Laut (+_ und deutlich) | Heiß/hitzköpfig |
| Perspektive | Gepflegte (Sprache) | Benommen |
| Bild | Erwähnen | Lauwarm |
| Anwendungs-bereich | Lärm/laut | Schmerz/schmerz-voll/nervig usw. |
| Kurzsichtig | Kein Blatt vor dem Mund | Druck |
| Sendung | Aussprechen | Rauh |
| Tunnelblick | Ruhig | Empfindlich |
| Anschauen | Klang | Spannung |
| Zeuge | Berichten | Untragbar |

## Übung:

Wähle ein Sinnessystem aus und verbringe ein oder zwei Tage damit, auf Worte oder Ausdrücke zu hören, die nicht in der vorhergehenden Liste stehen. Wenn du eine Spalte gefüllt hast, geh zum nächsten Sinnessystem über und wiederhole das Ganze. Mache das Gleiche für das dritte Sinnessystem.

## Sinnesspezifische Prädikate

| Visuell | Auditiv | Kinästhetisch |
|---------|---------|---------------|
| _____ | _____ | _____ |
| _____ | _____ | _____ |
| _____ | _____ | _____ |
| _____ | _____ | _____ |
| _____ | _____ | _____ |
| _____ | _____ | _____ |
| _____ | _____ | _____ |
| _____ | _____ | _____ |
| _____ | _____ | _____ |
| _____ | _____ | _____ |
| _____ | _____ | _____ |

# Ressourcenblatt 3
## Einige Submodalitäten-Unterscheidungen

Submodalitäten sind die Qualitäten, die jede Modalität besitzen kann. Diese Liste ist weit davon entfernt, vollständig zu sein. Das Notieren weiterer Differenzierungen wird deine Fähigkeit massiv erhöhen, sowohl deine subjektive Erfahrung als auch die deines Klienten zu verstehen und darauf einzugehen.

| Visuell | Auditiv | Kinästhetisch |
|---|---|---|
| *Assoziiert/dissoziiert* | *Rauh/einlullend* | *Ort* |
| *Farbe/Schwarz-weiß* | *Laut/leise* | *Bewegung* |
| *Bewegt/Standbild* | *Im Kopf/außerhalb* | *Richtung* |
| *Ort* | *Ort (Kopfseite)* | *Druck/Gewicht* |
| *Größe* | *Tonhöhe* | *Reichweite (wo es beginnt und wo es aufhört)* |
| *Nah/mittel/weit weg* | *Tempo* | |
| *Lebhaft/pastellfarbig* | *Unaufhörlich/ unterbrochen* | *Temperatur* |
| *Gerahmt/panoramisch* | | *Dauer* |
| *Klar/vage* | *Entfernung* | *Intensität* |
| *2D/3D* | *Deutlich/Diffus* | *Gestalt* |
| *Einzelbild/mehrere Bilder* | | |
| *Fest/wackelig* | | |
| *Einzeln/Mehrfach* | | |
| *Waagerecht/schräg* | | |
| *Glatte/sprunghafte Übergänge* | | |

# Ressourcenblatt 4
## Das Meta-Modell in Kürze

Denk daran, das Meta-Modell wurde dazu entwickelt, den Teil des Modells eines Menschen, der funktioniert, von dem zu trennen, der es nicht tut. Auch wenn die Muster hier unter den Überschriften Tilgung, Verzerrung und Generalisierung dargelegt werden, suche immer nach der Frage mit dem größten Chunk, die dir verfügbar ist. „Größter Chunk" bezieht sich auf die Frage, die dir die maximale Menge an Informationen in der kürzest möglichen Zeit geben wird. Die nützlichste Frage ist gewöhnlich: „Wie weißt du das?" Um diese zu beantworten, muss der Klient die Prozess-Sprache statt der Inhaltssprache (Erlebnis) benutzen.

Beachte auch, dass wir vermeiden müssen, uns wie im Verhör anzuhören, auch wenn wir uns manchmal auf die Fragen beziehen, die wir benutzen, um verloren gegangene Informationen zurückzugewinnen.

## Tilgungen

**Einfache Tilgung:**
Information wird in der Aussage ausgelassen.
*Beispiel:*
„Ich bin ängstlich."
*Frage(n):*
„Wie weißt du, dass du ängstlich bist?" – „Wie weißt du, dass du nicht in Wirklichkeit aufgeregt bist?" – „Was passiert eigentlich, das dich wissen lässt, dass du deprimiert bist?"

**Unspezifischer referentieller Index:**
Der Gegenstand einer Aussage ist unspezifisch.
*Beispiel:*
„Die mögen mich einfach nicht."
*Frage(n):*
„Wer genau mag dich nicht?" – „Wie weißt du, dass jemand dich nicht mag?"

**Getilgter Vergleich:**
Ein Vergleich wird gemacht, aber es ist nicht klar, wer oder was verglichen wird. Sei auf der Hut bei Wörtern wie: wenigstens, meist, mehr, weniger, besser, schlimmer.
*Beispiel:*
„Die Art, wie wir das machen, ist besser."
*Frage(n):*
„Woran werden wir merken, dass es besser ist?" – „Besser als was?" – „Besser als wer?"

**Unspezifische Verben:**
Der Urheber oder Akteur einer Handlung ist unklar.
*Beispiel:*
„Es verursacht Probleme in meiner Ehe."
*Frage(n):*
„Wer/wie/was genau?" – „Wie weißt du das?"

**Nominalisierung:**
Ein Prozess (Verb) wurde in eine „Sache" verwandelt. Nominalisierungen sind abstrakte Substantive. Sie haben keine physische Existenz in der Welt. Europäische Sprachen favorisieren Substantive gegenüber Verben, mit dem Ergebnis, dass viele Prozesse als „in Stein gemeißelt" wahrgenommen werden, anstatt als fließende Bewegungsereignisse. Der Test für eine Nominalisierung ist: „Kann ich es in einen Karton stellen – auch wenn es ein großer Karton ist?" Bei-

spiele für Nominalisierungen sind: Liebe, Beziehung, Kommunikation, Respekt, Wahrheit, Freiheit, Angst, Depression usw. Fragen haben das Ziel, den Prozess in „festgefahrenen" Zuständen wieder herbeizuführen.

*Beispiel:*

„Meine Beziehung ist in Schwierigkeiten."

*Frage(n):*

„Was an der Art, auf die du dich beziehst, bereitet dir Schwierigkeiten?" – „Wie weißt du, dass die Art, auf die du dich beziehst, dich veranlasst, dich in Schwierigkeiten zu fühlen?" – „Wann weißt du, dass deine Beziehung in Schwierigkeiten ist?"

## Verzerrungen

**Gedanken lesen:**

Der Sprecher behauptet zu wissen, oder benimmt sich, als wüsste er, was eine andere Person oder eine Menschengruppe denkt, empfindet oder glaubt.

*Beispiel:*

„Wenn ich aufstehe, um zu sprechen, werden die Leute mir gegenüber kritisch sein."

*Frage(n):*

„Wie weißt du das?" – „Was lässt dich denken, dass sie einfach über das nachdenken, was du sagst?"

**Verlorener Performativ:**

Ein Werturteil wird ohne die Aussage, wer das Urteil getroffen hat, gefällt.

*Beispiel:*

„Richtig-denkende Menschen sind der Meinung, dass Pornografie schlecht ist."

*Frage(n):*
„Richtig-denkend wem zufolge?" – „Wie weißt du, dass sie richtig denken?" – „Wie weißt du, dass das, was sie wissen, schlecht ist?"

## Ursache-Wirkung:
Eine spezielle Handlung wird genommen, um sie als Ursache für eine spezielle Reaktion darzustellen. Hör auf Wörter, wie zum Beispiel: weil, wenn ... dann, lässt, führt dazu, zwingt, verursacht.
*Beispiel:*
„Die Art, wie sie mich ansieht, bringt mich auf die Palme."
*Frage(n):*
„Wie genau bringt dich die Art, auf die sie dich ansieht, auf die Palme?" – „Wie weißt du, dass du fühlst, wie du auf die Palme gehst, wenn sie dich ansieht?" – „Was genau passiert, wenn sie dich ansieht, das dich auf die Palme bringt?"

## Komplexe Äquivalenz:
In dieser Situation wird eine Handlung, eine Erfahrung oder ein Verhalten genommen, um eine „andere zu bedeuten", ohne Erklärung oder Beweis. Achte auf Worte, wie zum *Beispiel:* bedeutet, demzufolge, beinhaltet.
*Beispiel:*
„Seine Email war so kurz, er muss wütend auf mich sein."
*Frage(n):*
„Wie weißt du, dass eine kurze Email bedeutet, dass er wütend auf dich ist?" – „Kann es nicht sein, dass er eher sehr beschäftigt war als wütend?" – „Hast du jemals eine besonders kurze Email abgesetzt? Bedeutete das automatisch, dass du wütend auf den Menschen warst, an den du sie geschickt hast?"

## Präsuppositionen:
Eine Annahme, oder Annahmen (nicht in dem Satz benannt), die als wahr oder vorausgesetzt angenommen wird, damit der Satz einen Sinn ergibt.

*Beispiel:*
„Wann wirst du anfangen, deine Zuneigung zu zeigen?" Die Annahmen beinhalten: Dass du deine Zuneigung nicht zeigst, dass du Zuneigung zeigen könntest (wenn du es wolltest), dass es eine Art von Beziehung gibt, in welcher das Zeigen von Zuneigung angemessen ist. Das Beantworten des falschen Teils der Aussage wird die Kommunikationsprobleme oft verschlimmern.
*Frage(n):*
„Wie weißt du, dass ich keine Zuneigung zeige?" – „Was muss geschehen, das dich wissen lässt, dass ich Zuneigung zeige?"

# Generalisierungen

**Universalquantoren:**
Universelle Quantifizierer treten sehr oft auf, wenn sich Menschen in einer Sackgasse fühlen oder ihnen die Orientierung fehlt. Sie implizieren, dass es keine Ausnahme für ihre Erfahrung gibt. Achte auf Worte, wie zum Beispiel: immer, niemals, jeder, alle, jeder Einzelne, kein Einziger, alles, nichts usw.
*Beispiel:*
„Ich bin immer deprimiert."
*Frage(n):*
Übertreibe entweder die Generalisierung, um die Wirkung leichter zu machen, oder benutze Gegenbeispiele. „Was? Immer? Selbst unter der Dusche? Selbst, wenn du schläfst?" – „Du hast heute Morgen ein bisschen gelacht. Da schienst du nicht deprimiert zu sein."

**Modaloperatoren der Notwendigkeit oder Möglichkeit:**
Modaloperatoren der Notwendigkeit suggerieren, dass etwas notwendigerweise zu passieren hat oder nicht erforderlich ist. Achte auf Wörter, wie zum Beispiel: muss, darf nicht, sollte, sollte nicht,

braucht, benötigt usw. Modaloperatoren der Möglichkeit beinhalten Worte, wie zum Beispiel: kann, kann nicht, möglich, unmöglich, wird, wird nicht, kann sein, kann nicht sein. Modaloperatoren werden problematisch, wenn sie den freien Willen einschränken.

*Beispiel:*

„Ich kann morgens nicht in die Gänge kommen."

*Frage(n):*

Stelle die Willensäußerung wieder her und die Einschränkung infrage. „Du sagst mir also, dass du noch nie morgens in die Gänge gekommen bist?" – „Was würde passieren, wenn du anfangen würdest?" – „Was würde passieren, wenn du es nicht tust?" – „Was hält dich davon ab, in die Gänge zu kommen?" – „Wie weißt du, wenn du nicht in die Gänge kommen kannst?"

# Ressourcenblatt 5
## Das Milton-Modell

Die hypnotischen Sprachmuster des Milton-Modells folgen der Erfahrung des Zuhörers durch den einfachen Prozess, ihm zu erlauben, den Aussagen einen Sinn aus seiner eigenen Erfahrung zu geben, anstatt aus der von jemand anderem. Dies bedarf einer Sprache, die „kunstvoll vage" ist – aber auf eine systematische Art und Weise. Das Milton-Modell wird manchmal als „Spiegelbild" des Meta-Modells bezeichnet, aber es beinhaltet mehrere Bereiche, die für das Letztere nicht relevant sind. Da die Muster den Zuhörer in höhere Gedankenebenen und zu mehr nach innen gerichteten Bewusstseinszuständen führen, sind sie naturgegeben trance-induzierend.

### 1. Gedanken lesen
Wissen zu meinen, was die Gedanken oder Gefühle von jemand anderem sind, ohne zu spezifizieren, wie du diese Informationen erlangt hast.
*Beispiele:*
„Ich weiß, du bist die Art von Person, die lernen möchte, wie man in Trance geht."
„Viele Menschen empfinden so wie du, dass die Dinge nur besser werden können."
„Ich weiß, dass du glaubst, dass das schwierig sein wird, aber es ist es wert."
„Du merkst, wie viel von der Art, wie du fühlst, unter deiner Kontrolle ist."

## 2. Verlorener Performativ

Werturteile, die es unterlassen, die Person zu identifizieren, die das Urteil fällt.

*Beispiele:*

„Entspannen ist gut, wenn du einmal weißt, wie."

„Es ist gut zu wissen, dass die Dinge einfacher werden."

„Eine Sache, die wir wissen, ist, dass Kommunikation eine erlernbare Fertigkeit ist."

„Es ist eine bekannte Tatsache, dass Menschen Menschen mögen, die so sind wie sie selbst."

## 3. Ursache und Wirkung

Aussagen, die implizieren, dass eine bestimmte Handlung eine bestimmte Reaktion bewirkt.

*Beispiele:*

„Zu erkennen, dass du ein Problem hast, ist Teil des Weges, wie du es löst."

„Ihren Ausdruck zu sehen, macht mich wütend."

„NLP zu lernen wird dich zu einem großartigen Kommunikator machen."

„Da du hierher gekommen bist, wirst du viele Fertigkeiten lernen können."

## 4. Komplexe Äquivalenz

Suggeriert, dass eine Sache mit einer anderen verknüpft ist oder etwas anderes „bedeutet". Dies kann wahr sein oder auch nicht.

*Beispiele:*

„Hier zu sein, bedeutet, dass du dich leicht verändern wirst."

„Deine Hand sinkt nach unten. Das bedeutet, dass du tiefer in Trance gehst."

„Dein Gesicht wird weicher. Du musst im Begriff sein, dich zu entspannen."

„Du hast den bequemsten Stuhl gewählt, daher wirst du noch tiefer in Trance gehen."

## 5. Präsupposition
Etwas, das nicht erwähnt ist, von dem aber angenommen wird, dass es vorhanden oder wahr ist, um der Aussage Sinn zu verleihen.

*Temporal-Präsuppositionen*
Worte, die das Vergehen oder die Wichtigkeit von Zeit suggerieren – z. B. wann, nachdem, während, bevor usw.
*Beispiele:*
„Sobald du deine Augen schließt, wirst du beginnen, dich zu entspannen."
„Nachdem du dir etwas Zeit genommen hast, dich zu entspannen, möchte ich, dass du dich fragst, was du als Nächstes tun wirst."
„Während du in Trance gehst, beachte den Unterschied, den du zwischen deiner linken Hand und deiner rechten Hand spürst."

*Ordnungspräsuppositionen*
Sequenzieren der Erfahrung des Zuhörers durch den Gebrauch von Nummern und Position.
*Beispiele:*
„Nimm einfach wahr, welcher Teil deines Körpers sich als erster angenehmer anfühlt."
„Denk darüber nach, was nach dem ... geschehen wird und gleich nach dem ...""
„Das Nächste, was wahrscheinlich passieren wird, ist, dass deine Hände anfangen werden, sich warm anzufühlen."

## 6. Universalquantoren
Universalquantoren implizieren, dass es keine Ausnahmen zu der aktuellen Erfahrung gibt.
*Beispiele:*
„Jeder hat die Erfahrung gemacht, in Trance zu gehen, auch wenn sie es vielleicht nicht als Trance wahrgenommen haben."
„Niemand muss dein Geheimnis kennen, wie du unter anspruchsvollen Umständen ruhig bleibst."
„Jedes Mal, wenn du ausatmest, wirst du ein bisschen entspannter."

## 7. Modaloperatoren der Notwendigkeit oder Möglichkeit

Modaloperatoren der Notwendigkeit suggerieren, dass etwas notwendigerweise geschieht oder nicht notwendigerweise geschieht.

*Beispiele:*

„Du brauchst nicht einmal daran zu denken, zu versuchen, dich zu entspannen."

„Du kannst leicht wahrnehmen, wie sehr dein ganzer Körper bereits begonnen hat, sich zu beruhigen."

„Wir müssen nicht versuchen, in Trance zu gehen, wir lassen es einfach auf seine eigene Art geschehen."

## 8. Nominalisierung

Prozesse, die als „Dinge" repräsentiert werden. Verben, die in Substantive verwandelt werden.

*Beispiele* (kursiv):

„Während du tiefer driftest, kannst du zu einem neuen *Verständnis* kommen."

„*Trance* ist ein natürlich auftretendes Phänomen."

„Dein *Unbewusstes* wird dir helfen, neues *Wissen* zu schaffen."

## 9. Unspezifische Verben

Impliziert Handlung, ohne zu beschreiben, wie die Handlung in Erscheinung getreten ist oder treten wird.

*Beispiele:*

„Du kannst dir vorstellen, wie die Dinge besser werden."

„Du kannst anfangen, die Veränderungen jetzt zu treffen."

„Wir können dadurch zu einer besseren Beziehung kommen."

## 10. Bestätigungsfragen

Eine Frage, am Ende einer Aussage/Frage angefügt, dazu gemacht, um die Zustimmung zu erhöhen. Auch wenn sie als Frage formuliert ist, geht die Betonung wie bei einer Aussage oder einem Befehl nach

unten. Die Wirkung wird entweder verstärkt oder geschwächt, abhängig davon, wo die Bestätigungsfrage im Satz platziert wird.
*Beispiele:*
„Während du auf diese Stelle an der Decke starrst, fängt dein Blick an, sich zu verändern, oder nicht?" (stark)
„Menschen können, stimmt es nicht, entscheiden, wichtige Veränderungen zu treffen?" (schwächer)
„Würdest du es nicht vorziehen, deine Augen zu schließen und dich jetzt auszuruhen?" (am schwächsten)


## 11. Fehlen des referentiellen Index
Der Satz spezifiziert nicht, wer der Handelnde oder das Objekt einer Handlung ist.
*Beispiele:*
„Menschen können sich einfacher verändern, als sie denken."
„Man kann sehr bald die Wirkung von regelmäßigem Üben spüren."
„Meditation ist für diejenigen gut, die keine besonders ausgerichtete Trance-Erfahrung brauchen."


## 12. Vergleichende Tilgung (unspezifizierter Vergleich)
Ein Vergleich, der gemacht wird, ohne dass spezifiziert wird, wie oder was verglichen wird.
*Beispiele:*
„Du wirst anfangen zu merken, wie du dich besser fühlst."
„Selbst wenn du es stärker versuchst, wird es unwahrscheinlich sein, dass du Erfolg haben wirst."
„Immer mehr Menschen akzeptieren Hypnose als das nützliche Werkzeug, das es ist."


## 13. Aktuelle Erfahrung pacen
Das Benutzen von sinnesbasierten, verhaltensspezifischen Informationen, um die gegenwärtige Erfahrung zu beschreiben.

*Beispiele:*
„Du sitzt gerade im Stuhl ...“
„... mit deinen Füßen auf dem Boden ...“
„und deinen Händen auf deinem Schoß, während ...“
„... du anfängst, dich zu entspannen ...“

## 14. Double Bind

Auch bekannt als die „Illusion der Wahl“. Zwei Aussagen, die dem Klienten die Wahlmöglichkeit zu geben scheinen, obwohl beide die Absicht des Sprechers erfüllen werden.
*Beispiele:*
„Möchtest du jetzt beginnen oder ein wenig später?“
„Möchtest du auf diesem Stuhl sitzen oder auf dem andern, um in Trance zu gehen?“
„Du kannst vielleicht sofort Veränderungen bemerken, oder in ein, zwei Tagen. Das Wichtige ist, aufmerksam zu sein, was sich verändert und besser ist.“

## 15. Eingebettete Befehle

Ein Befehl, der Teil eines längeren Satzes ist. Der Befehl ist subtil „analog markiert“, um das Unbewusste des Zuhörers auf seine Wichtigkeit hinzuweisen. Das kann durch eine Veränderung der Lautstärke, Tonhöhe oder Körpersprache geschehen.
*Beispiele:*
„Der Anblick von Spritzen gibt dir also kein *angenehmes Gefühl jetzt?*“
„Wir sagen nicht, *Veränderung ist leicht.*“
„Es ist gut, dass du entschieden hast, *Nichtraucher zu werden.*“

## 16. Konversationelle Postulate

Eine „rhetorische Frage“, die, wenn man sie wörtlich nimmt, eine Reaktion oder Handlung erfordern würde. Konversationelle Postulate können auch eingebettete Befehle beinhalten.

*Beispiele:*
„Kannst du die Sorgen für heute beiseitelassen und einfach deine Füße hochlegen und dich entspannen?"
„Könntest du die Tür schließen und dich setzen?"
„Ist es möglich, dich zu entscheiden, die Art zu verändern, wie du mit deinen Kindern kommunizierst?"

## 17. Erweitertes Zitat
Eine Abfolge von Zitaten, die darauf angelegt sind, leichte Konfusion beim Zuhörer zu erzeugen, Suggestibilität und Zustimmung zu erhöhen und Prozess-Instruktionen oder Befehle einzubetten.
*Beispiele:*
Vor einiger Zeit, als ich ein Seminar in Oakland gab, sagte einer der Teilnehmer zu mir: „Wissen Sie, mein Großvater hatte sehr ähnliche Gedanken. Er sagte: ‚Du musst dich nicht abkämpfen, um Dinge zu erreichen. Ich sage den Leuten immer: Wisse, was du willst und finde den leichtesten Weg, um es zu erreichen.' Und er sagte, er habe immer festgestellt, dass Planen der beste Weg sei. Ich erinnere mich an den Tag, als er sagte: ‚Wenn es nicht leicht ist, ist es nicht richtig.'"

## 18. Selektive Restriktionsverletzungen
Einem unbelebten Objekt Intelligenz oder Gefühle zuschreiben.
*Beispiele:*
„Dein Stuhl unterstützt dich darin, entspannter zu werden."
„Das Symptom sagt: ‚Es ist Zeit, sich zu ändern.'"
„Deine Ziele möchten, dass sich andere Menschen verändern, nicht du."

## 19. Ambiguitäten
Wörter oder Aussagen, die mehr als eine Bedeutung haben. Mehrere Tiefenstrukturen für eine einzelne Oberflächenstruktur, die eine transderivationale Suche aufseiten des Zuhörers auslösen.

*Phonologische Ambiguität*
(verschieden geschrieben, aber gleich ausgesprochen)
*Beispiele:*
„dein Unbewusstsein" – „dein unbewusst sein"
„Der Tänzer soll die Tänzerin fair führen" – „Der Tänzer soll die Tänzerin verführen."
„Er hat in Havanna liebe Genossen." – „Er hat in Havanna Liebe genossen."
Vielversprechend/viel versprechend, Wecker/Wecker, Dichter/dichter, wird/Wirt, Schaf/scharf.


*Syntaktische Ambiguität*
Die syntaktische Funktion eines Wortes oder eines Ausdruckes kann nicht einfach aus der Aussage geschlossen werden.
*Beispiele:*
„Die Hypnose von Hypnotiseuren kann trickreich sein."
„Die Probleme haben ihre Ursache im Besuch von Verwandten."


*Abgrenzungsambiguität*
Der Kontext ist insofern nicht deutlich, auf welchen Teil eines Satzes sich Verben oder Modifikatoren beziehen.
*Beispiele:*
„Ich spreche zu dir als ein Mensch, der zur Veränderung entschlossen ist." (Wer ist zur Veränderung entschlossen, der Sprecher oder der Zuhörer?)
„Die störenden Gedanken und Gefühle." (Sind die Gefühle auch störend?)
„Die langen Nächte und Tage." (Sind die Tage ebenfalls lang?)


*Interpunktionsambiguität*
Wohlgeformte Sätze, die durch ein Wort oder eine Formulierung verknüpft werden, um einen nicht wohl-geformten Satz zu bilden. Dies ruft Verwirrung und transderivationale Suche beim Zuhörer hervor.

*Beispiele (Verknüpfungswort kursiv):*

„Ich mag dein *Aussehen*, wie dein Atem sich zu beruhigen beginnt."

„Du kannst lernen, jeden Muskel in deinem Körper zu *entspannen*."

„Ich mag dein *Kichern*, wenn das gute Gefühl zu kreisen beginnt."

## 20. Utilisation

Sich dem Klienten angleichen, indem man die Gesamtheit seines inneren und äußeren Erlebens einbezieht. Was auch immer passiert, kann als Teil des Prozesses genutzt werden.

*Beispiele:*

Klient 1: „Ich habe keine Veränderungen bemerkt."

Antwort: „Das ist in Ordnung. Du hast dich mit anderen Dingen beschäftigt, also warst du noch nicht bereit, nach Veränderungen zu suchen."

Klient 2: „Ich habe nichts von dem verstanden, was Sie gesagt haben."

Antwort: „Nicht bewusst. Du kannst aber sicher sein, dass dein Unbewusstes das getan hat."

Utilisation kann auch benutzt werden, um die Wirkung äußerer Störungen zu minimieren („und all der Lärm und all die Aktivität da draußen kann dich daran erinnern, wie gut es ist, sich innerlich zu entspannen") oder um die innere Erfahrung und Gedanken des Klienten zu „lesen" („So ist es richtig ...").

## 21. Faktische (Wahrnehmungs-)Prädikate

Wahrheit voraussetzend durch den Gebrauch von Wörtern, wie: merke, wisse, werde dir bewusst, verstehe usw.

*Beispiele:*

„Hast du bemerkt, dass dein Körper angefangen hat, sich natürlich zu entspannen?"

„So, wie du dir bewusst wirst, wie deine Atmung langsamer wird, beginnst du, dich wohler zu fühlen."

„Wenn du merkst, dass du Veränderungen erreichen kannst, wird es für dich kein Halten mehr geben."

## 22. Kommentierende Adjektive und Adverben

Wörter, die voraussetzen, dass der Zuhörer die Qualität von allem, was folgt, akzeptiert – z. B. nett, nützlicherweise, überraschend usw.

*Beispiele:*

„Glücklicherweise musst du nichts tun, um dich zu entspannen. Erlaube es einfach geschehen zu lassen?"

„Interessanterweise ist dein Unbewusstes sehr beschützend für dich."

„Deine Atmung hat deutlich begonnen, sich zu beruhigen."

Dieser Abschnitt ist keine komplette Repräsentation all der Strukturen, über die ich in „Patterns: Muster der hypnotischen Techniken Milton H. Ericksons" geschrieben habe. Der Leser wird aber herausfinden, nachdem er sich mit den hier beschriebenen vertraut gemacht hat, dass er viele Werkzeuge haben wird, um tief greifende Veränderung zu schaffen. Mit „sich vertraut machen" meine ich die Anregung: Schreibe so viele Beispiele von so vielen Mustern nieder, wie du kannst, kreiere dann verschiedene Induktionen aus diesen Beispielen. Verbringe ein oder zwei Tage mit jedem Muster. Übe auch, sie sprachlich zu verwenden – zu einem Freund, einem Aufnahmegerät oder sogar zu deinem Hund. Das Üben von hypnotischen Induktionen vor einem Spiegel kann extrem zustandsverändernd sein.

# Ressourcenblatt 6
## Elizitieren und Annotieren von Strategien

Die formale Elizitation einer Strategie erfordert systematische Befragung und Beobachtung. Achte besonders auf Augenzugangshinweise in Relation zu den ausgesprochenen Erwiderungen auf deine Fragen.

Strategien laufen normalerweise außerhalb der bewussten Wahrnehmung ab und Augenzugangshinweise offenbaren möglicherweise „versteckte" Aspekte, die weiterer Erforschung bedürfen.

1. Beginne, indem du jemand befragst, der etwas kann, das du gerne lernen möchtest, wie sie es machen. Höre auf sinnesspezifische Informationen – das ist: was sie sehen, hören und fühlen. Stell sicher, dass sie nicht zu weit mitten in der Strategie beginnen. Frag immer wieder: „Was passiert genau davor?", bis der Startpunkt identifiziert ist.

2. Wenn der Startpunkt identifiziert ist, benutze immer wieder die Frage: „Und was passiert als Nächstes?", bis die Strategie vollständig ist. Benutze die folgenden Symbole, um ihre Antworten aufzuzeichnen.

   Visuell = V
   Auditiv = A
   Kinästhetisch = K
   Erinnert = er
   Konstruiert = k
   Digital = d
   Innerlich für den Klienten = i
   Äußerlich für den Klienten = ex
   Übergang = >

*Beispiele:*

Die Person, die das Gefühl hatte, dass er *nicht* malen *konnte*, benutzte die folgende Strategie:

Ver > Aer > K > Aer > Ver > K

(sah und hörte seinen tadelnden Lehrer, fühlte sich schlecht, erinnerte sich an den Tadel seines Vaters, fühlte sich schlecht), was dann in einer Schleife wieder zum Anfang zurückging, wodurch es das Gefühl erzeugte, dass es keine Alternative zu seiner Situation gab.

Die Person, die empfand, dass sie zeichnen *konnte*, benutzte die folgende Strategie:

Vex > K > Vk > K > Vex > K

(Beobachten der Szenerie, den „Draht" fühlen und sehen, Details der Szene nachzeichnen, sehen und spüren, dass die Markierungen „richtig" waren).

# Empfohlene Literatur und
# audio-visuelle Ressourcen

## Bücher

Bandler, Richard & Owen Fitzpatrick, *Conversations – Freedom is Everything and Love is all the Rest* (Mysterious Publishing, 2005). Deutsch: *Gespräche* (Bookmark NLP, 2008).

Bandler, Richard & John Grinder, *The Structure of Magic Volume I* (Meta Publications, 1975). Deutsch: *Metasprache* (Junfermann, 1981).

Bandler, Richard & John Grinder, *The Structure of Magic Volume II* (Science and Behavior Books, 1976). Deutsch: *Kommunikation und Veränderung* (Junfermann, 1982).

Bandler, Richard & John Grinder, *Patterns of the Hypnotic Techniques of Milton H Erickson Volume 1* (Meta Publications, 1975). Deutsch: *Patterns* (Junfermann, 1996).

Bandler, Richard, Judith Delozier & John Grinder, *Patterns of the Hypnotic Techniques of Milton H Erickson Volume 2* (Meta Publications, 1975).

Bandler, Richard & John Grinder, *Trance-formations* (Real People Press,1980). Deutsch: *Therapie in Trance* (Klett-Cotta, 1984).

Bandler, Richard & John Grinder, *Frogs Into Princes* (Real People Press, 1979). Deutsch: *Neue Wege zur Kurzzeittherapie* (Junfermann, 1981).

Bandler, Richard & John LaValle, *Persuasion Engineering* (Meta Publications, 1996). Deutsch: *Die Schatzkammer* (Junfermann, 1998).

Bandler, Richard & Will McDonald, *An Insider's Guide to Submodalities* (Meta Publications, 1989). Deutsch: *Der feine Unterschied* (Junfermann, 1990).

Bandler, Richard, *Magic in Action* (Meta Publications, 1985). Deutsch: *Bitte verändern Sie sich jetzt ...* (Junfermann, 1991).

Bandler, Richard, *The Adventures of Anybody* (Meta Publications, 1993). Deutsch: *Die Abenteuer von Jedermann* (Bookmark NLP, 2001).

Bandler, Richard, *Time for a Change* (Meta Publications, 1993). Deutsch: *Time for a Change* (Junfermann, 1995).

Bandler, Richard, *Using Your Brain for a Change* (Real People Press, 1985). Deutsch: *Veränderung subjektiven Erlebens* (Junfermann, 1987).

McKenna, Paul, *I Can Make You Rich* (Book and CD) (Bantam Press, 2007). Deutsch: *Ich mach dich reich!* (Goldmann, 2009).

McKenna, Paul, *I Can Make You Thin* (Book and CD) (Bantam Press, 2007). Deutsch: *Ich mach dich schlank!* (Goldmann, 2006).

McKenna, Paul, *Instant Confidence* (Book and CD) (Bantam Press, 2006). Deutsch: *Ich mach dich selbstbewusst* (Goldmann, 2010).

McKenna, Paul, *Change your Life in Seven Days* (Bantam Press, 2005). Deutsch: *Ein neues Leben in sieben Tagen* (Goldmann, 2006).

Thomson, Garner & K. Khan, *Magic in Practice: Introducing Medical NLP – The Art and Science of Language in Healing and Health* (Hammersmith Press, 2008).

Wilson, Robert Anton, *Prometheus Rising* (New Falcon Press, 1983). Deutsch: *Der Neue Prometheus* (Rowohlt, 2002).

Wilson, Robert Anton, *Quantum Psychology* (New Falcon Press, 1990)

## DVD- und CD-Produkte
(Alle folgenden Produkte sind auch erhältlich über www.bookmark-nlp.de)

Bandler, Richard, *Persuasion Engineering* (DVD).

Bandler, Richard, *The Art and Science of Nested Loops* (DVD).

Bandler, Richard, *DHE 2000* (CD).

Bandler, Richard, *Personal Enhancement Series* (CD).

LaValle, John, *NLP Practitioner Set* (CD).

Diese und viele weitere DVDs und CDs sind erhältlich über: www.nlpstore.com.

*Adventures in Neuro-Hypnotic Repatterning* (DVD-Set und PAL-Version).

*Thirty Years of NLP: How to Live a Happy Life* (DVD-Set) und andere Produkte von Richard Bandler sind erhältlich über:

Matrix Essential Training Alliance –
www.metanlp.co.uk; Email: enquiries@meta-nlp.co.uk.
Tel.: +44 (0)1749 871126; Fax: +44 (0)1749 870714

## Websites

http://www.richardbandler.com

http://www.NLPInstitutes.com

http://www.NLPTrainers.com

http://www.NLPLinks.com

http://www.purenlp.com

http://www.paulmckenna.com

http://www.magicinpractice.com

http://www.medicalnlp.com

http://www.neuroing.com

http://www.meta-nlp.co.uk

http://www.rawilson.com

# The Society of NLP

## Richard Bandler Licensing Agreement

The Society of Neuro-Linguistic Programming(TM) is set up for the purpose of exerting quality control over those training programs, services and materials claiming to represent the model of Neuro-Linguistic Programming(TM) (NLP(TM)). The seal below indicates Society Certification and is usually advertised by Society approved trainers. When you purchase NLP(TM) products and seminars, ask to see this seal. This is your guarantee of quality.

It is common experience for many people when they are introduced to NLP(TM) and first begin to learn the technology, to be cautious and concerned with the possible uses and misuses.

As a protection for you and for those around you, the Society of NLP(TM) now requires participants to sign a licensing agreement which guarantees that those certified in this technology will use it with the highest integrity. It is also a way to ensure that all the trainings you attend are of the highest quality and that your trainers are updated and current with the constant evolution of the field of Neuro-Linguistic Programming(TM) and Design Human Engineering(TM), etc.

**The Society of NLP**

NLP(TM) Seminars Group International, PO Box 424,
Hopatcong, NJ 07843, USA
Tel: +1 (973) 770 3600
Website: www.purenlp.com
(c) 1994 The Society of NLP(TM) and Richard Bandler

consulting gmbh

# CORE IDEAS for

## ●–CORE Humans
schöpferische Kernpersönlichkeiten,
die einen Unterschied machen

## ●–COREporations
für schöpferische Unternehmen, die
Ihre Kernwerte leben und verbreiten

**Diplome**

- ●–CORE IDEA DEVELOPER® CID
- ●–NLP & Cmore PRACTITIONER
- ●–NLP & Cmore MASTER
- ●–CORE IDEA TRAINER® CIT
- ●–NLP & Cmore Coach

**Felder**

- ●–LOOP your VISION
- ●–Organisationsentwicklung
- ●–Führungskräfteentwicklung
- ●–Teamentwicklung
- ●–mag(net)ic® sales & marketing

**id´ www.id.co.at**

**more www.cmoregroup.cc**

**Core Ideas**

- ●–Yvonne van Dyck´s Entwicklungen
- ●–id´ LOOP® - die horizontale Dynamik von id´n
- ●–mag(net)ic feelings® - der Antrieb und Navigator von id´n
- ●–mag(net)ic colours® - die vertikale Dynamik von id´n

**www.corehumans.com**

NLP auf dem neuesten internationalen Stand und Yvonne van Dyck´s Entwicklungen.

○ **NLP + id´ LOOP® = Cmore®**

○ „Ideen sind die Kerne unserer Realität und in einem Kern ist alles Potential enthalten." YvD

○ Ideen für schöpferische Kernpersönlichkeiten, die ihr Potential einfach, elegant, effizient, erfolgreich und erfüllt in die Tat umsetzen

**Y www.thankyoo.com**

●–id´ institute consulting gmbh &
Cmore Consulting Group
Gründerin: Yvonne van Dyck
Koordinatorin Cmore Group:
Mag. Nina Valeskini
Furth 60, A - 5231 Schalchen
+43 7742 61116
info@id.co.at
office@cmoregroup.cc

Yvonne van Dyck

fresh®-academy
*feel yourself.*

# NLP fresh-up

Der beliebte wöchentliche
NLP-Podcast (über 100.000 Hörer)
kostenlos bei iTunes, Podster
und auf unserer Webseite:

# www.fresh-academy.de

fresh-academy
Eugen-Friedl-Straße 5, D-82340 Feldafing
Telefon: 0 81 57-92 69 30, E-Mail: info@fresh-academy.de